Thomas

Der Sachunterricht und seine Konzeptionen

Bernd Thomas

Der Sachunterricht und seine Konzeptionen

Historische und aktuelle Entwicklungen

5., durchgesehene Auflage

Verlag Julius Klinkhardt
Bad Heilbrunn • 2018

Dieser Titel wurde in das Programm des Verlages mittels eines Peer-Review-Verfahrens aufgenommen. Für weitere Informationen siehe www.klinkhardt.de.

Bibliografische Information der Deutschen Nationalbibliothek
Die Deutsche Nationalbibliothek verzeichnet diese Publikation in der Deutschen Nationalbibliografie; detaillierte bibliografische Daten sind im Internet abrufbar über http://dnb.d-nb.de.

Bildnachweis Coverfoto: © contrastwerkstatt - Fotolia.com. Tafelbild Sonnensystem © okolaa - Fotolia.com. Bildmontage: AZ Druck und Datentechnik, Kempten.

Druck und Bindung: AZ Druck und Datentechnik, Kempten.
Printed in Germany 2018.
Gedruckt auf chlorfrei gebleichtem alterungsbeständigem Papier.

ISBN 978-3-7815-2210-7

Inhalt

Verzeichnis der graphischen und synoptischen Darstellungen und Übersichten

Vorwort zur 4. Auflage

Seit der ersten Auflage ist fast ein Jahrzehnt vergangen. Schon von daher war es notwendig, diese Neuauflage gründlich durchzuarbeiten und zu aktualisieren. Nach wie vor wurde auf Lesbarkeit großer Wert gelegt. Der vielfältige Gedankenaustausch mit Studierenden des Sachunterrichts war mir dabei wiederum sehr hilfreich. Für die Korrekturarbeiten danke ich meiner Frau Dagmar Thomas und Frau M. Ed. Signe Kiesewetter.

Bernd Thomas

Vorwort zur 5. Auflage

Der bewährte Textbestand der Vorauflage konnte im Wesentlichen beibehalten werden. Kleinere Anpassungen und Aktualisierungen wurden bei der Durchsicht für diese Auflage vorgenommen.

Bernd Thomas

1 Einleitung

Die folgenden Ausführungen haben sich zur Aufgabe gemacht, die konzeptionelle Entwicklung der Heimatkunde und des Sachunterrichts aufzuarbeiten, um von daher wesentliche Strukturen, Inhalte und Methoden der Didaktik des Sachunterrichts zu analysieren und zu begründen und sie in ihrer Entfaltung aspektreich auf den aktuellen Diskussionsstand beziehen zu können (Kap. 3 und Kap. 4). Dabei wurde die vorliegende Untersuchung durch die Bearbeitung des historischen Entwicklungsverlaufs abgesichert.

In diesem Zusammenhang beanspruchen die Ausführungen zur Geschichte (Kap. 2) lediglich in ihrer zugespitzten Systematik einen eigenständigen Wert, denn Arbeiten zur Historie der Heimatkunde liegen vor. Bei diesen kann zwischen breiter angelegten ideengeschichtlichen Beiträgen, die sich um den Heimatbegriff mühen (vgl. z.B. Fiege (1964) 1994), Zusammenstellungen und Kommentierungen von Quellentexten (vgl. Plöger/ Renner 1996 und vgl. Siller/ Walter 1999) und überblicksartig zugeschnittenen Sammelveröffentlichungen (vgl. Kaiser/ Pech 2004) unterschieden werden.

Der Begriff „Sachunterricht" wird im Folgenden als ein Oberbegriff für aktuelle oder historische Ansätze eines Realienunterrichts gebraucht (Realienunterricht zielt demnach auf Sachkenntnisse über die wirklichen Dinge und Tatsachen ausdrücklich unter Einbezug der Naturwissenschaften ab), wie er besonders mit Blick auf die ersten vier Schuljahre entwickelt worden ist. „Sachunterricht" wird damit als gedankliche Grundform (Kategorie) genommen, die alle noch so unterschiedlichen Ansätze übergreifend begrifflich erfassen kann. Dies gilt für aktuelle Ansätze ebenso wie für solche aus der jüngeren oder ferneren Vergangenheit.

Auf diese Weise können mit dem Begriff „Sachunterricht" so ungleiche Konzeptionen wie die „Welterkundung" und der „Integrativ-mehrperspektivische Unterricht" erfasst werden. Desgleichen fallen die verschiedenartigen Ausprägungen der „Heimatkunde" unter den Oberbegriff „Sachunterricht", wodurch eine vergleichende Diskussion überhaupt erst möglich wird. Damit ist das Verständnis von „Sachunterricht" im weiteren Sinne umrissen.

„Sachunterricht" im engeren Sinne bezieht sich auf den naturwissenschaftlichen und sozialwissenschaftlichen Lernbereich der Grundschule, der seit dem Frankfurter Grundschulkongreß 1969 und seit dem Strukturplan des Deutschen Bildungsrates (vgl. 1970, S. 139) bundesweit als „Sachunterricht" bezeichnet wird. Sachunterricht stellt heutzutage ein Kernfach im Grundschulcurriculum dar, das neben naturwissenschaftlichen und sozialwissenschaftlichen Bezügen auch interdisziplinäre Aufgaben, wie etwa Verkehrserziehung oder Bildung für nachhaltige Entwicklung, zu bearbeiten hat.

Schon zu Beginn seines bundesweiten Gebrauchs war der Begriff Sachunterricht in behördlichen Texten jedoch keineswegs neu. Bereits in den „Richtlinien für die Volksschulen des Landes Niedersachsen" aus dem Jahre 1957 taucht die Bezeichnung Sachunterricht auf. Hier allerdings wiederum in einem curricular recht weiten Verständnis, denn der als Sachunterricht benannte Lernbereich umfasste sowohl den Anfangsunterricht der ersten Schuljahre als auch die Heimatkunde im 3. und 4. Schuljahr und spannte den Bogen bis hin zum Unterricht in der Naturlehre (Physik, Chemie, Technik) der Volksschuloberstufe, womit das 7. bis 9. Schuljahr gemeint war (vgl. 1957, S. 41-82). Ilse Rother (1917-1991) führte den Begriff Sachunterricht als Bezeichnung für den heimatkundlichen Lernbereich in der Grundschule schon in ihrem Buch „Schulanfang" im Jahre 1954 in die didaktische Diskussion ein und behielt ihn auch in den folgenden Auflagen wirksam bei (vgl. (1954) 1961, S. 104 und später Lichtenstein-Rother 1969, S. 151).
Wie sich hier schon andeutet, soll auch unter historischer Rücksicht Sachunterricht der Oberbegriff sein, denn bereits Friedrich Wilhelm Dörpfeld (1824-1893) plädierte für einen auf Realien abzielenden Sachunterricht als „die didaktische Basis des gesamten Unterrichts" (Dörpfeld (1873) 1962, S. 15) in der Volksschule. Gemäß den Vorstellungen seiner Zeit umfasste der Sachunterricht dabei die Bereiche „Gott", „Mensch" und „Natur" und erstreckte sich demzufolge auf Religion sowie die humanistischen und naturkundlichen Realien. Auch die uns heute im Zusammenhang mit Sachunterricht geläufige Begrenzung auf den Grundschulbereich kann also unter historischer Rücksicht überschritten werden. Als weiteres Beispiel dafür sei auf das Roloffsche „Lexikon der Pädagogik" aufmerksam gemacht. Darin findet sich unter dem Begriff „Sachunterricht" der Verweis auf das Stichwort „Realien" (vgl. 1915, Sp. 216). Dort wird in Hinblick auf den Volksschulunterricht unter Realien verstanden: „Heimat= u. Welt=(Erd=)kunde, Geschichte, Naturgeschichte, Naturlehre u. Chemie" (ebd., Sp. 215). Welchen Stellenwert die Realien nach damaliger Sicht im tatsächlichen Lehrplan der Volksschule einnahmen, wird daran deutlich, dass sie – und zwar ganz anders als etwa Dörpfeld dies forderte – gegenüber den anderen Fächern als „akzessorische Fächer" (ebd.) bezeichnet wurden. Sie wurden demzufolge nur als nebensächlich und untergeordnet betrachtet. Darüber hinaus hatte die Heimatkunde als Teilbereich des Realienunterrichts auch noch die Aufgabe, „vaterländische Lebenskunde" zu betreiben, also Vaterlands- und Kaiserliebe in Form eines massiv einseitigen Gesinnungsunterrichts zu Wege zu bringen.
Mit dem Begriff „Sachunterricht" als übergreifende Kategorie ist es demnach unter historischer und systematischer Rücksicht möglich, zum Teil auseinanderstrebende Entwicklungen des Realienunterrichts vergleichend zu diskutieren.
Die Motivationsstränge, die zur Ablösung der Heimatkunde und zur Einführung des Sachunterrichts in der Grundschule führten, verweisen auf theoretische Gesichtspunkte, die bei einer Analyse der folgenden und gegenwärtigen Entwicklun-

gen in der Didaktik des Sachunterrichts hilfreich sind. Indes wird hier nicht der Anspruch erhoben, eine „Theorie“ des Sachunterrichts vorzulegen, die ausgefeilte, widerspruchsfreie Aussagen formuliert und deren Voraussetzungen und Hypothesen offen legt, die darüber hinaus einen hohen Erklärungswert geltend macht und Gesetzmäßigkeiten feststellen kann und die intersubjektiv überprüfbar ist und bestätigt oder widerlegt werden kann. Ein solches Werk war lange Zeit ein Fehlstück in der Didaktik des Sachunterrichts. Mit dem Buch von Köhnlein wurde dieses Desiderat nunmehr eingelöst (vgl. 2012). Bei der Bearbeitung des vielperspektivischen Sachunterrichts (Kap. 3, Pkt. 3.9) wird im Rahmen der Möglichkeiten dieser Darlegungen näherhin darauf eingegangen.

Die Didaktik des Sachunterrichts bildete sich von Beginn an vor allem konzeptionell ab. Unter „Konzeption“ wird ein Gefüge von plausiblen und schlüssigen Aussagen über Unterrichts- und Erziehungsmaßnahmen verstanden, die Ziele, Inhalte und Methoden des Sachunterrichts betreffen. Eine Konzeption ist im Vergleich zu einer Theorie erkenntnistheoretisch weniger anspruchsvoll und kann durchaus lediglich ausschnitthaft formuliert sein, wie dies z.B. auf die frühen nur auf die Naturwissenschaften bezogenen Konzeptionen des Sachunterrichts zutrifft.

Für die Sachunterrichtsdidaktik ist es darüber hinaus notwendig, zwischen den sonst oft synonym gebrauchten Begriffen „Konzeption“ und „Konzept“ zu unterscheiden. Kahlert versteht den Begriff „Konzept“ gewissermaßen kleinräumiger als den Begriff „Konzeption“ auf überschaubare Handlungsanlässe bezogen, so dass etwa mit Blick auf die skizzenhafte Planung einer konkreten Unterrichtsstunde von einem „Konzept“ gesprochen werden kann (vgl. Kahlert 2009, S. 153f.). Kognitionspsychologisch bekommt der Begriff „Konzept“ die Zuschreibung von vorhandenen, auszudifferenzierenden oder aufzubauenden kognitiven Strukturen zum Verständnis naturwissenschaftlicher (bisher weniger sozialwissenschaftlicher und technischer) Sachverhalte. Da bereits vorhandene „Konzepte“ für sich noch nicht tauglich sein können, um gegebene naturwissenschaftliche Sachverhalte angemessen in kognitive Strukturen zu integrieren, werden sie auch als Präkonzepte bezeichnet. In der konstruktivistisch rückgebundenen Sachunterrichtsdidaktik geht es vor allem darum, die Weiterentwicklung von Präkonzepten zu tragfähigen Konzepten oder den Aufbau und die Neuentwicklung von Konzepten zu erforschen. Gegenstand dieser Forschungen sind demnach die Veränderungen von Konzepten (Conceptual Change) (vgl. Möller 2004, S. 154f.).

Dem erläuterten Begriffsverständnis nicht unähnlich, aber noch ohne konstruktivistische Rückbindung, ging es den frühen naturwissenschaftlichen Konzeptionen darum, möglichst ohne Umwege tragfähige naturwissenschaftliche Konzepte bei Kindern aufzubauen, so dass für den Bereich der Sachunterrichtsdidaktik von einer spezifischen Besetzung des Begriffs „Konzept“ auszugehen ist. In den hier vorliegenden Ausführungen ist daher auf eine synonyme Verwendung dieser beiden Begriffe verzichtet worden.

Im Folgenden werden die wichtigsten Konzeptionen des Sachunterrichts erläutert und verglichen. Dabei wäre es problematisch, die verschiedenen Konzeptionen nur auf konzeptioneller Ebene zu vergleichen, denn oftmals akzentuieren sie verschiedene Aufgabenkreise und ergänzen sich daher mitunter, was erst in den Blick kommt, wenn die Ebene des Vergleichs von Konzeption zu Konzeption verlassen wird. Es ist demnach nötig, einen übergeordneten Standort einzunehmen, gleichsam einen archimedischen Punkt zu finden, von dem aus es möglich ist, die Konzeptionen des Sachunterrichts kritisch vergleichend zu diskutieren. Es wird jedoch schnell klar, dass es diesen einen magischen Punkt nicht gibt, sondern dass verschiedene Blickwinkel eingenommen werden müssen.

Den Motivationssträngen für die Einführung des Sachunterrichts nachgehend, bieten sich vier übergeordnete Standorte an:

- Der Ideologievorbehalt gegenüber der „alten Heimatkunde" und der hohe Stellenwert der Wissenschaften im neuen Sachunterricht stellen die Fragen nach dem Wissenschaftsverständnis der jeweiligen Konzeption. Dieses wird vergleichend auch mit Bezug auf gegenwärtige Entwicklungen diskutiert.
- Der Wandel der Auffassungen von „Begabung" und „Kindgemäßheit" verweist auf entwicklungspsychologisch-anthropologische Aspekte, unter denen die Konzeptionen des Sachunterrichts gegeneinander abgewogen werden können. Zudem wird damit auf eine überdauernde Problemstellung in der Didaktik des Sachunterrichts aufmerksam gemacht.
- Die Forderungen nach dem Ausschöpfen der Bildungsreserven und dem Abbau von Bildungsbarrieren eröffnen den gesellschaftlichen Blickwinkel und fragen darüber hinaus nach schulpädagogischen und curricularen Konsequenzen. Diese Problembereiche werden im Lichte verschiedener Schulvergleichsstudien (TIMSS, PISA, IGLU) bis heute kontrovers diskutiert.
- Schließlich verweist die eingeforderte Überwindung der „volkstümlichen Bildung" durch die „grundlegende Bildung" auf bildungstheoretische Zusammenhänge. Obwohl sich alle Konzeptionen des Sachunterrichts nach Ablösung der Heimatkunde dem Denkmuster bzw. dem Paradigma einer „grundlegenden Bildung" verpflichtet sahen, sind gleichwohl erhebliche Differenzierungen auszumachen. Im Zuge der Aufnahme des Strukturplans des Deutschen Bildungsrates fielen etwa die frühen Konzeptionen des Sachunterrichts deutlich stärker „wissenschaftsorientiert" aus als spätere. Bildung ist dabei bis in die Gegenwart die Zentralkategorie des Sachunterrichts geblieben (vgl. Köhnlein 2012).

Aus der Vielzahl von Konzeptionen des Sachunterrichts musste eine Auswahl getroffen werden. Ein wesentlicher Punkt für die Auswahl waren rezeptionsgeschichtliche Gründe. Es wurden nur Konzeptionen berücksichtigt, denen auch im heutigen Diskurs (noch) eine bedeutende Rolle zukommt (vgl. z.B. Hempel/

Wittkowske 2011 und vgl. Köhnlein 2012). Folgende Konzeptionen des Sachunterrichts werden dargestellt und unter den genannten Gesichtspunkten analysiert: der fachorientierte Ansatz, das struktur- bzw. konzeptorientierte Curriculum, das verfahrensorientierte Curriculum, der Ansatz Science 5/ 13, das situationsorientierte Curriculum, der integrativ-mehrperspektivische Unterricht (MPU), der exemplarisch-genetisch-sokratische Sachunterricht, Sachunterricht als Welterkundung und der vielperspektivische Sachunterricht.

2 Geschichte des Sachunterrichts – Klärung der historischen Voraussetzungen

2.1 Sachunterricht unter theologischem Vorzeichen

Im Allgemeinen wird der Beginn des Sachunterrichts in seiner Ausprägung als ein grundlegender Realienunterricht mit Wolfgang Ratke (lat. Ratichius; 1571-1635) und vor allem mit Comenius verbunden (vgl. z.B. Siller/ Walter 1999, S. 13). In seinem Werk „Orbis sensualium pictus", das 1653 in lateinischer Sprache und dann 1658 auch auf Deutsch erschien, schuf Johann Amos Comenius (1592-1670) erstmals ein Lehrwerk für den Unterricht, das mit Hilfe von Bildern (Holzschnitte) Sachwissen und Sprachwissen (Latein und Muttersprache) miteinander verband. Das wichtige Unterrichtsprinzip der Anschauung ist auf dieses Unterrichtswerk zurückzuführen. Comenius kritisierte an dem zeitgenössischen Unterricht den bloßen Verbalismus, der Sprache ohne die Sachen lehrte. Die daraus entspringende Einschätzung, Comenius sei der Begründer des pädagogischen Realismus gewesen, muss allerdings seit den Befunden von Schaller etwas eingeschränkt werden. Dieser weist darauf hin, dass Comenius die Weltordnung als gottgegeben auffasst und den Menschen nur dazu auffordert, die Dinge aus Gehorsam zu Gott und nicht aus freiem Willen zu gebrauchen (vgl. Schaller 1962, S. 359). Insofern ist der „Orbis sensualium pictus" ein Allegorienbuch, das die göttliche Schöpfung anschaulich machen will und schon zeitgenössisch nicht immer auf der Höhe der Erkenntnisse war (vgl. Nießeler 2010, S. 46 und 54f.).

Auch ein weiterer Vordenker des frühen Sachunterrichts ist noch voraufklärerisch zu verorten, denn der Pietist August Hermann Francke (1663-1727) argumentierte ebenfalls theologisch. Ab 1695 rief Francke in Halle an der Saale mit seinen Waisenhäusern eine Schulgründung ins Leben, die in ihrer Hochzeit über 2000 Zöglinge beherbergte. Unverzichtbarer Bestandteil dieses florierenden pädagogischen Unternehmens war der konkrete Umgang mit den Sachen in Form von handwerklicher, landwirtschaftlicher und landbaulicher, gärtnerischer und werktätiger Arbeit. Um diese aber angemessen ausführen zu können, benötigt der Mensch handfesten Sachverstand und solides Sachwissen. Allerdings nicht zum freien Gebrauch der Dinge oder Sachen, sondern um „wahre Gottseligkeit" einerseits und „christliche Klugheit" andererseits zu erwerben (vgl. Schmidt 1972, S. 18). Diese wird in Form praktischer Lebensbewältigung in den Dienst des Nächsten gestellt, womit Gottes Wille erfüllt wird. Franckes Realienunterricht war damit eng in die pietistische Glaubensauffassung eingespannt, die noch von einem von der Erbsünde bestimmten negativen Menschenbild ausging (vgl. Ringshausen 1979, S. 89f.). In der Folgezeit führte Franckes Pädagogik zur Gründung von zahlreichen Realschulen und beförderte damit den Realienunterricht in Preußen landesweit. Obwohl Franckes Realienunterricht nicht auf Emanzipation abzielte, bleibt festzustellen, dass Realienunterricht unterschwellig immer aufklärende Momente beinhaltet, da er sich der diesseitigen Welt zuwendet und diese rational erschließt. Vollends zum Durchbruch gelangte das Freisetzungspotential des Sachunterrichts in Form des frühen Realienunterrichts mit der Aufklärung.

2.2 Sachunterricht in der Aufklärung

Unterricht über Realien ist ein Gradmesser für die jeweiligen geistigen Entwicklungen. Seine Bedeutung und sein Sachwissensgehalt nehmen in Zeiten geistiger Aufbrüche enorm zu, während sie in politisch rückwärts gewandten, restaurativen Phasen regelmäßig zurückgedrängt werden. Eine Phase sachunterrichtlicher Blüte ist zweifelsohne die Epoche der Aufklärung in der zweiten Hälfte des 18. Jahrhunderts. In Deutschland wirkte sich die Aufklärung jedoch weniger politisch aus. Vielmehr war sie hier in der Theologie und – im Zuge der Rezeption der Schriften des Philosophen Jean Jacques Rousseau (1712-1778) – vor allem in der Pädagogik hoch wirksam. Die Pädagogen der deutschen Aufklärung bezeichneten sich selbst programmatisch als Philanthropen, also als Menschenfreunde. Die Philanthropen gingen in der Folgezeit von einem positiven Menschenbild aus, das von der Lehre der menschlichen Verderbtheit durch die Erbsünde befreit wurde.
Als bedeutendste Vertreter des Philanthropismus auf theoretisch-konzeptionellem bzw. theoretisch-wissenschaftlichem Gebiet seien hier Johann Bernhard Basedow (1724-1790), Ernst Christian Trapp (1745-1818) und Joachim Heinrich Campe (1746-1818) genannt. Auch pädagogische Praktiker traten in jener Epoche erfolgreich hervor. Christian Gotthilf Salzmann (1744-1811) gründete in Schnepfenthal eine erfolgreiche Reformschule, die – in gewandelter Form – als Salzmannschule Schnepfenthal bis heute besteht. Friedrich Eberhard von Rochow (1734-1805) rief die erste Volksschule (1773) hierzulande ins Leben. Auf seinen Gütern in der Mark Brandenburg richtete er Schulen für die einfache Landbevölkerung ein. Johann Peter Hundeiker (1751-1836) schließlich gründete Schulen in Groß Lafferde (Fürstentum Hildesheim) und Vechelde (Fürstentum Braunschweig), die die Erkenntnisse der Zeit in einen modernen Realienunterricht aufnahmen. Hundeiker verstand es, Volksaufklärung im Sinne einer allgemeinen Erwachsenen- und Kinderbildung zu gestalten und damit einen Sachunterricht einzurichten, der außer bei den großen Mustern Salzmann und Rochow in seiner Zeit unerreicht blieb (vgl. Feige 1997).

2.3 Sachunterricht im 19. Jahrhundert

So unbestritten der Stellenwert des Realienunterrichts bei den einzelnen Philanthropen war, der entscheidende Durchbruch eines Sachunterrichts auch für breitere Schichten der Bevölkerung erfolgte im Deutschland des 19. Jahrhunderts vorwiegend in der Auf- und Übernahme der Pädagogik von Johann Heinrich Pestalozzi (1746-1827). Auf ihn kann auch der Bezug zur Heimat in Form der „nähesten Verhältnisse" zurückgeführt werden, wobei Heimat hier ideologisch unbelastet vor allem als Anschauungshorizont und als Anlass für sachunterrichtliche Lernprozesse gesehen wurde. „Reiner Wahrheitssinn bildet sich in engen Kreisen, und reine Menschenweisheit ruhet auf dem festen Grund der Kenntnis seiner nähesten Verhältnisse und der ausgebildeten Behandlungsfähigkeit seiner nähesten Angelegenheiten." Die bildende Kraft kommt dabei – so in den Ausführungen weiter – den „in ihren Realverbindungen feststehenden Naturlagen der Gegenstände" (Pestalozzi (1779/ 1780) 1945, S. 146) zu. Dabei darf jedoch nicht übersehen werden, dass bei einer ausschließlichen Verknüpfung von Bildung mit dem unmittelbaren Lebensumkreis auch immer die Gefahr mitschwingt, Bildung auf ein triviales Verwertungsniveau zu beschränken und damit das Prinzip Lebensnähe hemmend zu überdehnen.

Den Begriff „Heimatkunde" prägte der Pestalozzianer Christian Wilhelm Harnisch (1787-1864) durch die Vorlage eines mehrteiligen Unterrichtswerkes, das mit der „Kunde der Heimath" begann, dann über die „Kunde der Erde" zur „Kunde des Vaterlandes" führte (vgl. Schaub 2004, S. 197f.). Friedrich August Finger (1808-1888) benutzte etwas später (1844) die Vorgehensweise in konzentrischen Kreisen, die in enger Anlehnung an die Erdkunde die Schüler im allmählichen Fortschreiten vom Nahen zum Fernen führt (vgl. Mitzlaff 2004 und vgl. Thomas 2009d, S. 113f.). Harnischs Ansatz ist noch sehr dem befreienden Verständnis der Aufklärung verpflichtet, was im restaurativen Preußen der Nachkongreßzeit (Wiener Kongreß 1815 zur Neuordnung Europas nach der endgültigen Niederlage Napoleons) nicht ungefährlich war und auch tatsächlich dazu führte, dass Harnisch aus politischen Gründen strafversetzt wurde.

Ein ähnliches Schicksal teilte Friedrich Adolph Diesterweg (1790-1866), der ein weiterer prominenter Vertreter einer realienorientierten Heimatkunde ist. Diesterweg, der im Sinne des deutschen Einigungsgedankens des 19. Jahrhunderts durchaus das Ziel der Erzeugung einer bürgerlich-liberalen – nicht nationalistischen – Vaterlandsliebe mit Hilfe der Heimatkunde nannte, wollte sie inhaltlich vor allem geographisch, naturkundlich und geschichtlich ausgestaltet wissen. Die Vermittlung von Sachwissen stand bei ihm eindeutig im Vordergrund. Auch im Zuge der Restauration nach 1848 pochte Diesterweg in seiner Kritik an den

Stiehlschen Regulativen auf einen realistischen Sachunterricht in der Volksschule (vgl. Krueger 1990, S. 366).

Die nach ihrem Verfasser Ferdinand Stiehl (1812-1878) genannten Erlasse, die 1854 in Kraft traten, sind ein weiteres Beispiel dafür, dass in restaurativen Zeiten immer eine ausgeprägte Tendenz besteht, die Vermittlung von Sachwissen zugunsten gesinnungsbildender und ideologischer Stoffe zurückzudrängen, hier namentlich durch religiöse, volkstümliche und die Herrschaftsverhältnisse glorifizierende Inhalte. Realgeschichtlich darf allerdings nicht übersehen werden, dass die von Stiehl vorgelegten Erlasse wie ein der Schulwirklichkeit angemessenes Minimalprogramm wirkten und auf diese Weise der Ausbau des noch sehr unvollkommenen preußischen Schulwesens funktional befördert wurde (vgl. Jeismann 1977, S. 156). Ein sachlich angemessener Realienunterricht wurde jedoch für die Volksschule zugunsten eines unverblümten Gesinnungsunterrichts, der im besonderen Maße auf die unteren Jahrgänge abzielte, außer Kraft gesetzt: „Wo es aus der Kirche, dem Vaterlande und der Natur in das Leben tretenden Thatsachen gilt, da geht der Unterricht in Feier und Betrachtung über, die vorzugsweise das Gemüth, den Willen und Charakter erfaßt und die Kinder schon früh sich als Glieder einer von Gott geordneten Gemeinschaft erkennen läßt“ (Stiehlsche Regulative (1854) 1993, S. 172).

Im Bereich der oberen Jahrgänge verbesserte sich im Laufe des 19. Jahrhunderts im Zusammenhang mit den sich ändernden gesellschaftlichen, ökonomischen und militärischen Anforderungen der Realienunterricht nach und nach, was besonders an der Entwicklung des gehobenen Realschulwesens deutlich wird. Die vom Francke-Schüler Johann Julius Hecker (1707-1768) in Berlin 1747 gegründete mathematisch-ökonomische Realschule gilt als erste Realschule in Deutschland. Im Verlauf des 19. Jahrhunderts entstanden dann durch den Ausbau von Realschulen das meist nur noch Latein als alte Sprache anbietende Realgymnasium und die ausschließlich neusprachliche Oberrealschule. Statt auf die Vermittlung der alten Sprachen (neu)humanistischer Prägung legten diese neuen Schultypen verstärkten Wert auf einen angemessenen Unterricht in den Realien. Durch die Verleihung des Rechts auf die Erteilung der allgemeinen Hochschulreife im Jahre 1900 wurden diese beiden neuen Schultypen, die im Zeichen des mit der Industrialisierung anwachsenden Modernitätsdrucks entstanden waren, dem klassischen Gymnasium gleichgestellt (vgl. Blankertz 1982, S. 166-171). Auch die 1872 erlassenen „Allgemeinen Bestimmungen“ (vgl. Allgemeine Bestimmungen für die Volks- und Mittelschulen in Preußen (1872) 1993, S. 179-183) sind in diesem Kontext zu sehen. Das Angebot eines flächendeckenden Sachunterrichts in Form von Heimatkunde für alle Kinder der ersten vier Schuljahre wird allerdings erst mit der Einführung der Grundschule ab 1919 allmählich erreicht.

Kosmopolitische (weltbürgerliche) Umwelterschließung nach Harnisch (1816):
Heimat → Welt
Land ↩

Umwelterschließung in konzentrischen Kreisen nach Finger (1844):
Heimat → Land → Welt

2.4 Sachunterricht als Heimatkunde in der Weimarer Grundschule

Die der Weimarer Grundschule (Art. 146 der Weimarer Verfassung) eingeschriebene Konzeption des Gesamtunterrichts rückte die Sachbegegnung und damit die Heimatkunde in den Mittelpunkt des Grundschulunterrichts. Auf den Weg gebracht hatte den Gesamtunterricht der Reformpädagoge Berthold Otto (1859-1933), seine Übertragung auf die Regelschule leistete mit der Einrichtung erster Versuchsklassen im Jahre 1911 der Leipziger Lehrerverein (vgl. Feige 2007). Daneben fand der Gesamtunterricht zahlreiche Gefolgsleute und entsprechend viele Ausprägungen: z.B. bei dem fränkischen Pädagogen Wilhelm Albert (1890-1981) in Form von sogenannten Pädagogischen Symphonien oder bei den norddeutschen Schulmännern Fritz Gansberg (1871-1950) und Heinrich Scharrelmann (1871-1940) in Gestalt des freien Aufsatzes oder auch als spontaner, vielleicht durch die Schüler angeregter Unterricht, der als Gelegenheitsunterricht bezeichnet wurde.

Psychologisch-anthropologisch ließ man sich von einem Ganzheitsverständnis leiten, das nach der Überwindung der Elementenpsychologie in hohem Maße von der Ganzheitspsychologie beeinflusst war. Der Mensch wurde dabei zunehmend als ein aktiv Wollender begriffen, der mit seinem Denken und Fühlen in vielfältigen Beziehungen zur Welt steht, ebenso wurde dem Kind zugesprochen, dass es aus sich selbst heraus aktiv denkend, wollend und fühlend seine Welt erschließt und dass es erhebliche schöpferische Anlagen besitzt, die es behutsam zu fördern gilt, wenn die eigendynamischen Entwicklungsprozesse nicht verschüttet werden sollen (vgl. Schmidt 1972, S. 37).

Die didaktische Konsequenz, die Ganzheit eines Themas durchzuhalten, führte manchmal zu sehr angestrengt wirkenden Unterrichtsvorschlägen. Ein Unterrichtsbeispiel zum Thema „die Katze“, das Dietrich in seiner Quellensammlung mitteilt, verdeutlicht in diesem Kontext die Klebekonzentration, denn alles Mögliche wird nun an der Thematik „Katze“ aufgehängt: der Bogen reicht von Fragen der Gesundheitserziehung (was ist schädlich für Mensch und Tier) über ethische Fragen (Tierquälerei) und physikalische Zusammenhänge (elektrostatische Ladung des Katzenfells) bis hin zur Musik (Katzenmusik) (vgl. Dietrich 1982, S. 106-109). Dazu passend wurde natürlich auch noch gebastelt, gerechnet, gemalt, gelesen, gedichtet und gesungen.

Die Heimatkunde der Weimarer Zeit kann trotz gewisser Überdehnungen des Gesamtunterrichts und des Heimatprinzips als eine Hochzeit des Sachunterrichts für Kinder im Grundschulalter bezeichnet werden. Curricular war sie fest im Grundschulunterricht verankert. In der 1. und 2. Klasse war Heimatkunde als „heimatkundlicher Anschauungsunterricht" festgeschrieben, an dem sich nach und nach die Vermittlung der üblichen Kulturtechniken und andere, z.B. musische Bezüge anlagern sollten. In der 3. und 4. Klasse fächerte sich der Grundschulunterricht allmählich deutlicher aus, wobei die Heimatkunde als „eigentliche Heimatkunde" stärker fachbezogene, propädeutische Aufgaben und Inhalte erhielt und besonders die anschließenden Volksschulfächer Erdkunde, Geschichte und Naturkunde vorbereiten sollte (vgl. Richtlinien zur Aufstellung von Lehrplänen für die Grundschule (1921) 1993, S. 246f.).

Dass in der Forschung bis heute nicht geklärt ist, ob die Heimatkunde in der Weimarer Zeit eher verklärend-rückwärtsgewandter und antidemokratischer Gesinnungsunterricht oder doch mehr sachlich angemessener und aufklärender Sachunterricht war, mag daran liegen, dass verschiedene Quellenarten herangezogen worden sind – etwa Lehrerhandbücher oder Lehrpläne (vgl. Götz 2011, S. 504f.). Darüber hinaus werden in der Schulwirklichkeit auch beide Typen anzutreffen gewesen sein: Heimatkunde als Gesinnungsunterricht und Heimatkunde als Sachunterricht. Zumindest lässt sich die Variante Heimatkunde als Sachunterricht nicht ausschließen, so dass die Heimatkunde jener Zeit wenigstens in Teilen als ein erster Höhepunkt eines angemessenen Sachunterrichts für Grundschulkinder bezeichnet werden darf.

Bildungstheoretisch wird seinerzeit „Heimat" als dem Kind psychisch nah und somit didaktisch in hohem Maße zugänglich aufgefasst. Heimat ist – wie bei den frühen „Heimatkundlern" Harnisch, Diesterweg und Finger – in aller erster Linie der Raum mit seinen Landschaften, Naturerscheinungen, Pflanzen, Tieren und Menschen, der Anlass und Gegenstandsfeld für einen sachlichen Unterricht bietet, und dies – in der Weimarer Zeit zum ersten Mal in Deutschland – für alle Kinder der ersten vier Jahrgänge in einer gemeinsamen Grundschule.

Die bildungstheoretische Ideologisierung des Heimatbegriffs vollzog sich in den zwanziger Jahren des 20. Jahrhunderts durch Eduard Spranger (1882-1963), der anlässlich der feierlichen Gründung der „Studiengemeinschaft für wissenschaftliche Heimatkunde" in Berlin im Krisenjahr 1923 (Inflation, Ruhrkampf) den Festvortrag hielt, in dem er den Bildungswert der Heimatkunde zu bestimmen versuchte (vgl. Spranger (1923) 1949). Die unmittelbare Wirksamkeit dieses Vortrags in der Lehrerschaft mag nicht allzu hoch gewesen sein, denn dieser erlebte erst gegen Ende und nach dem Zweiten Weltkrieg 1943 und ab 1949 seine Folgeauflagen. Hier scheint die Wirksamkeit dieser Schrift größer gewesen zu sein als noch zu Weimarer Zeiten. Gleichwohl markiert Sprangers Beitrag ideengeschichtlich bereits 1923 eindeutig den Beginn der Ideologisierung der Heimatkunde für die Weimarer Zeit.

2.5 Sachunterricht als ideologisierte Heimatkunde

Auch Spranger suchte „das Ganze" zu fassen, was aber im Zeichen des Auseinanderfallens der einzelnen Wissenschaftsdisziplinen immer schwieriger möglich war. Der von vornherein vorfachlichen bzw. fächerintegrativen Heimatkunde der Volksschule traute Spranger dabei noch am ehesten zu, „die verlorene Totalität des Wissenschaftssystems wiederherzustellen" (Spranger (1923) 1949, S. 34). Die Heimatkunde habe dabei die Subjektivität des Menschen mit der sachlichen Beschaffenheit des Ausschnitts von Welt, in der der Mensch konkret lebt, in Beziehung zu setzen.
Heimat sei nur individuell-subjektiv und gefühlsmäßig-religiös zu erschließen. Heimat bekommt bei Spranger darüber hinaus mystisch-hymnische Züge beigelegt, wenn er formuliert: „ *Heimat ist erlebte und erlebbare Totalverbundenheit mit dem Boden.* Und noch mehr: *Heimat ist geistiges Wurzelgefühl*" (ebd., S. 12; kursiv wie im Original; Anm. B.T.). Merkmale dieses „Wurzelgefühls" sind zunächst Subjektivität und naives Naturerleben. Auf Kinder bezogen, fügt Spranger seinen Überlegungen noch umwelttheoretische Akzente hinzu, wenn er mit Jakob Johann von Uexküll (1864-1944) feststellt, dass die Welt der Kinder sich nochmals grundlegend von der je subjektiven Welt der Erwachsenen unterscheide, ähnlich wie die Welt eines Hundes sich von der Welt seines Herrn unterscheide, denn jener finde ganz andere Stellen interessant als dieser. Das Tier sei in „Merkwelt" und „Wirkwelt" verfangen, die symbolisch (sprachlich, gedanklich, mathematisch, abstrakt; Anm. B.T.) vermittelte Bedeutungswelt sei ihm unzugänglich. Dies sei zu vergleichen mit der Differenz im Raumerleben und in der Weltsicht zwischen Kindern und Erwachsenen (vgl. Spranger (1923) 1949, S. 14f.).
Um nun nicht in den Strudel eines bloßen Subjektivismus zu geraten und um die sachlichen Gegebenheiten nicht ganz aus den Augen zu verlieren, ist ein Bezug zu den Wissenschaften herzustellen, die sich in der Heimatkunde „ein Stelldichein" geben, „um diesen Ort und diese Zeit in der Totalität ihres Soseins und der Sinnbestimmtheit ihrer Individualität auszuschöpfen" (ebd., S. 10). Die Wissenschaften werden in den Dienst genommen, um die Bindungsfähigkeit des Menschen zu „seiner engen Scholle" (ebd., S. 32) noch zu steigern, indem er den Bezug zu ihr geistig durchdringt und somit das „geistige Wurzelgefühl" vollständig hergestellt werden kann. Als wissenschaftliche Disziplinen, die Eingang in die neue Wissenschaft Heimatkunde zu finden hätten, nennt Spranger u.a. Geologie,

Geographie, Mineralogie, Biologie, Geschichte, Wirtschafts-, Gesellschafts- und Staatslehre, Kunst- und Religionswissenschaft. Auffällig ist dabei besonders, dass Spranger versucht, die Wissenschaften, die für die Heimatkunde in Frage kämen, sogleich aus dem klassischen Wissenschaftsgebäude herauszubrechen und ihnen einen volksnahen Anstrich zu verleihen. Deutlich wird dieser Zusammenhang am Beispiel der Biologie; denn: „die Biologie spitzt sich hier zu einer Art von Naturbiographie zu, in der die physischen Lebenserscheinungen von Pflanze, Tier und Mensch zu der Besonderheit des Erdfleckens in Beziehung gesetzt werden" (ebd., S. 10). Generell seien alle Wissenschaften für die Heimatkunde in „graphien" zu überführen, im Sinne von Beschreibung und Kunde, was sie für die Erzeugung des „geistigen Wurzelgefühls" um so tauglicher mache. Demnach geht es vorwiegend um die Vermittlung von beschreibendem Wissen, untersuchend-analytisches oder gar kritisches Wissen ist in dieser auf bloße Übernahme bestehender Verhältnisse (Affirmation) abgezirkelten Heimatkunde nicht gefragt. Die Position einer Leitwissenschaft komme dabei der Geographie zu, die „immer den entschiedensten Zug zur Totalität gezeigt hat" (ebd., S. 27). Die so vorgestellte Heimatkunde wird damit gewissermaßen zur Königsdisziplin „einer volkstümlichen Bildung", die es von einer höheren Bildung deutlich zu unterscheiden gelte (vgl. ebd., S. 40f. und s. Pkt. 3.1.4).

Diese zweigeteilte Sicht hielt Spranger auch nach dem Zweiten Weltkrieg durch, wenn er in seiner Schrift „Vom Eigengeist der Volksschule" von „Verkehrswelt" einerseits und von „Wurzelwelt" andererseits spricht, wobei auf Letztere selbstredend die Volksschule vorzubereiten habe. Die Verkehrswelt ist demnach Gegenstand höherer Bildung (vgl. Grotelüschen 1977, S. 32).

Sprangers Beitrag zum Bildungswert der Heimatkunde ist daneben angefüllt mit Vokabeln, die auch unter zeitgenössischer Rücksicht den Ideologieverdacht belegen: beispielsweise „Totalität" (wenn auch hier meist im Sinne von „Ganzheit", aber gerade nicht mit diesem neutraleren Begriff ausgedrückt), „Boden", „totale Einwurzelung", „metaphysische Lebenseinheit", „Elend der Großstädter", „Lokalgötter", „Alleben", „Geheimnis des Bildungswertes der Heimatkunde", „Scholle", „Großstadtnomade" – ausdrücklich nach Oswald Spengler (1880-1936) – ... (vgl. Spranger (1923) 1949, passim).

Das Hin- und Herpendeln der Heimatkunde als dem grundlegenden Sachfach der Volksschule bzw. der Grundschule zwischen Ideologisierung und Aufklärung wird mit Spranger wiederum deutlich, der Heimatkunde mit einem Übermaß an Ideologie belädt und sie zu einem reinen Gesinnungsfach macht.

Grotelüschen zeigt auf, wie sich Sprangers Vokabular später immer anschlussfähiger an die nationalsozialistische Ideologie entwickelte, und er zunehmend von „Blut", „Arbeit", „Ordnung", „Gläubigkeit" und der „kolonisatorischen Kraft des Deutschtums" sprach (vgl. Gotelüschen 1977, S. 30). Die Nationalsozialisten brauchten diese Sprache – in diesem Fall eines angesehenen deutschen Gelehrten

– nur noch zu übernehmen, um ihr eigenes System zu begründen (vgl. Gamm 1964). Während Grotelüschen noch feststellt, „daß Spranger kein Nationalsozialist war" (1977, S. 31), urteilt Keck kritischer und ordnet Spranger in den Kreis jener Pädagogen ein – zusammen mit Erich Weniger und Peter Petersen –, die er gegenüber den Nazis als „opportunistische Anpassungspädagogen" bezeichnet (vgl. Keck 2001).

2.6 Sachunterricht als pervertierte Heimatkunde

Mit den „Reichsrichtlinien für die vier unteren Jahrgänge für die Volksschule" vom 10. April 1937 legte die Naziregierung mit einiger Verspätung einen reichseinheitlichen Lehrplan für den Geltungsbereich der ersten vier Schuljahre vor, die nicht mehr Grundschule, sondern Volksschulunterstufe genannt wurden. Heimatkunde wurde darin – ähnlich wie dies für die Weimarer Grundschule galt – zum zentralen Fach der Volksschulunterstufe, allerdings mit der Hauptaufgabe, die nationalsozialistische Weltanschauung zu transportieren. Auch die Konzeption des Gesamtunterrichts wurde beibehalten, aber nicht mehr vom Kind aus entwicklungspsychologisch oder von der Sache her bildungstheoretisch, sondern allein nur durch eine weltanschauliche Ganzheitsidee begründet. „Verwurzelung" wurde zur Leitchiffre und verwies auf Heimatliebe, Sippe, Stamm, Volk und Führer (vgl. Götz 1997, S. 203f.).

Die weiterführende Heimatkunde für die 3. und 4. Klassen erhielt als vierten und leitenden Bezug – neben den schon in der Weimarer Grundschule bearbeiteten geschichtlichen, erdkundlichen und naturkundlichen Bereichen – den volkskundlichen Zweig, der sich in völkischer Ideologie Themen wie Schicksals-, Blut- und Notgemeinschaft, Deutsch-, Bauern- und Germanentum, Rasseeigenschaften und arteigene Symbole und der Wurzelhaftigkeit annahm. Darüber hinaus wurde in Sagen, Legenden und Liedgut ein oftmals mystisch-magisch überhöhtes Heldentum verehrt. Auch Themen direkter politischer Erziehung fanden Eingang in den Unterricht der vier unteren Jahrgänge der Volksschule. Schaub nennt z.B.: „Der Reichsparteitag", „9. November 1923", „Horst Wessel" oder „Pimpf und Jungmädel" (vgl. 2004, S. 198f.).

Wiederum ist mit der Ideologisierung der Heimatkunde ein Zurückdrängen der Sachbezüge zu verzeichnen. So bleibt etwa von den Arbeitsweisen der Heimatkunde der Weimarer Grundschule wie Erkunden, Beobachten, Experimentieren, Vermessen und Tabellieren nur noch das Beobachten übrig (vgl. Götz 1997, S. 216). Obwohl die Autorin mit ihrer Arbeit der nationalsozialistischen Heimatkunde auch sachliche Anteile nicht ganz abspricht, bleibt die Feststellung, dass die Ideologisierung auf der Ebene der örtlichen oder regionalen Lehrpläne noch viel weiter getrieben wurde (vgl. Schaub 2004, S. 199). Allemal ist in der Nazi-

Diktatur die Ideologisierung der Heimatkunde nochmals verstärkt und mit den Nazi-Vorstellungen von völkischer Herrenrasse, germanischer Großherrschaft, dem Volk ohne Raum und Helden- und Führervergötterung – um nur einiges zu nennen – vollends pervertiert worden.

2.7 Sachunterricht zwischen rückwärtsgewandter und sachlich-moderner Heimatkunde

In der Weimarer Zeit erfuhr Sprangers Schrift „Der Bildungswert der Heimatkunde" keine weiteren Auflagen. Diese erfolgten erst 1943, 1949 und 1955, so dass die These berechtigt erscheint, dass sich die Wirksamkeit dieses Beitrags in der Tat erst weit nach dessen Erstauflage in der Nachkriegszeit nach dem Zweiten Weltkrieg in den drei Westzonen bzw. in der frühen Bundesrepublik Deutschland zeigte. Bis in die 1960er Jahre mühten sich Grundschulpädagogen und Heimatkundedidaktiker mit Sprangers Gedankengut ab, zunehmend mit der Absicht, sich von diesem Gesinnungsballast zu befreien (vgl. z.B. Karnick 1964, S. 3-8). Wie hartnäckig sich jedoch die von Spranger geprägte Ausdrucksweise hielt – oftmals allerdings nur noch zu Worthülsen und Floskeln verfallen – macht Grotelüschen für den genannten Zeitraum deutlich, wenn er feststellt: „Besonders seine Formulierung vom Wurzelgefühl oder von der Verwurzelung ist gängige Münze geworden" (1977, S. 34).
Auch auf der Ebene der lehrplanmäßigen Heimatkunde ist nach dem Zweiten Weltkrieg zunächst noch ein starker Einfluss des Sprangerschen Gedankengebäudes festzustellen, das jedoch in den späteren Richtlinien bzw. Lehrplänen einer zunehmenden Sachorientierung weichen muss (vgl. Götz/ Jung 2001, S. 27f.). Dies wird auch an der Umbenennung des Faches „Heimatkunde" in „Sachunterricht" bereits etliche Jahre vor dem bundesweiten Umbruch von der Heimatkunde zum Sachunterricht deutlich, was etwa in Niedersachsen bereits in den 1950er Jahren geschieht (vgl. Richtlinien für die Volksschulen des Landes Niedersachsen 1957, S. 41).
Vorweggenommen hatte diese Entwicklung das Werk „Schulanfang" (1954) von Ilse Rother, in dem das Wort Heimatkunde keine Beachtung mehr fand und durchgängig von der Bezeichnung Sachunterricht ersetzt wurde, wobei es natürlich nicht nur um den Begriff ging, sondern um eine entschiedene Abkehr von einem wie auch immer ausgeprägten Gesinnungsunterricht, hin zu einem kindbezogenen und nüchternen Sachunterricht. Hand in Hand mit dieser Entwicklung ging die Abwendung von der Konzeption des Gesamtunterrichts und die Abkehr von der bildungstheoretischen Forderung nach einer volkstümlichen Bildung (s. Pkt. 3.1.4).

2.8 Sachunterricht als Heimatkunde in der Unterstufe und der 4. Klasse der Polytechnischen Oberschule in der DDR

Die Heimatkunde der DDR stellte gut zwei Jahrzehnte ein Forschungsdesiderat dar, das zunächst nur ansatzweise in den Blick genommen worden ist (vgl. Jung 2003 und vgl. Giest/ Wittkowske 2007). Als Quellen für die Erforschung der Heimatkunde sind die jeweiligen Lehrpläne zu nennen, die in der DDR Gesetzescharakter besaßen und damit einen deutlich höheren Verbindlichkeitsgrad beanspruchten als Lehrpläne oder Richtlinien in der Bundesrepublik Deutschland. Das Deutsche Pädagogische Zentralinstitut (DPZI, gegründet 1949) der DDR hatte die vornehmliche Aufgabe, diese verbindlichen Lehrpläne auszuarbeiten und den gesellschaftlichen Erfordernissen anzupassen (vgl. Zabel 2011). Auch andere behördliche Texte und die Befragung von Zeitzeugen sind lohnenswerte Spuren. Realgeschichtlich wäre des Weiteren an Schulbücher, Arbeitshefte und Arbeitsmappen als Quellen zu denken, auch weitere Zeitzeugeninterviews – ob aus Lehrer- oder Schülerperspektive – wären noch möglich. Auf diesen Quellenfundus greift in unterschiedlicher Intensität die Arbeit von Jung zu, die nun erstmals die Geschichte der Heimatkunde in der DDR in einem größeren Forschungskontext darlegt (vgl. Jung 2011).

Nach dem Zweiten Weltkrieg kam es in der Sowjetischen Besatzungszone (SBZ) zu umfassenden Säuberungen im Bildungswesen, wovon alle Ebenen – Schulaufsicht, Schulverwaltung, Lehrerschaft – betroffen waren. Ab Oktober 1945 übernehmen viele sogenannte Neulehrer – oft ältere Schüler und Schülerinnen – den Unterricht als Lehrer oder Lehrerinnen ohne vorherige Ausbildung und unter äußerst schwierigen materiellen Bedingungen. Eine Ausbildung wird unter großen Belastungen parallel zur Unterrichtsarbeit vollzogen. Viele dieser Neulehrer gingen – trotz dieser widrigen Bedingungen – mit großem Elan an die Arbeit, so dass die schulische Versorgung bald gewährleistet wurde. Nach und nach kam es zur Konsolidierung und zum Ausbau des Schulwesens in der SBZ und ab 1949 in der DDR, was schließlich in den Jahren 1959/ 1965 in den Aufbau der Polytechnischen Oberschule (POS) einmündete (vgl. Eisenreich 2011).

Heimatkunde in der Unterstufe und in der 4. Klasse der POS der DDR war eng verknüpft mit dem Deutschunterricht. In der Stundentafel war Heimatkunde eigens gar nicht ausgewiesen, so dass sich der genaue Anteil von daher nicht bestimmen lässt. Folgende Stundenzuweisungen werden für Deutsch und Heimatkunde genannt: 11 bzw. 10 Wochenstunden im 1. Schuljahr, 12 Wochenstunden im 2. Schuljahr sowie jeweils 14 Wochenstunden im 3. und 4. Schuljahr. Hinzu kam während der ersten vier Schuljahre jeweils eine Wochenstunde Schulgartenunterricht (vgl. Das Bildungswesen in der DDR 1987, S. 62).

Die Heimatkunde nach Lesart der DDR verstand sich in erster Linie als wichtiger Bestandteil im Rahmen der kommunistischen Erziehung. Schwer zu trennen sind ideologische und sachliche Ziele und Inhalte, da letztere immer in den Dienst der kommunistischen Weltanschauung gestellt wurden (vgl. Autorenkollektiv 1985, S. 214). Als Gegenstandsbereiche der Heimatkunde werden genannt: „Einführung in das gesellschaftliche Leben", „Kenntnisse über die Natur" und „Naturbeobachtungen". Der Heimatkundeunterricht zielte gleichermaßen auf den emotionalen und auf den kognitiven Bereich ab, wobei die erworbenen Qualifikationen dazu beitragen sollten, dass die Kinder allmählich „die Moral der Arbeiterklasse" übernehmen und den Anforderungen der entwickelten sozialistischen Gesellschaft zunehmend entsprechen. Curricular wird vor allem die propädeutische Funktion der Heimatkunde betont. Heimat erhielt im Verständnis der DDR-Pädagogik eine doppelte Funktion: einerseits diente sie als konkreter Anschauungsfundus für die sachliche Arbeit im Heimatkundeunterricht, andererseits war sie stark emotional-ideologisch besetzt und sollte die „Liebe zur sozialistischen Heimat" vertiefen (vgl. ebd., S. 214-216).

Während in der bisherigen Analyse ein Hin- und Herschwingen der Heimatkunde zwischen Sachlichkeit und Ideologisierung mit Pendelausschlägen mal zu der einen und mal zu der anderen Seite hin festgestellt wurde, beanspruchte die DDR-Heimatkunde beide Bereiche gleichzeitig zu bedienen. Differenzieren lässt sich dieser Befund unter Hinzuziehung der eingangs schon erwähnten Forschungen von Jung. Dieser fand eine Bipolarität des Curriculum der DDR-Heimatkunde, bestehend aus gesellschaftskundlichen Bezügen einerseits und naturwissenschaftlichen andererseits, wobei sich diese im Wesentlichen auf geographische, biologische und meteorologische Aspekte erstreckten und vor allem unter Nützlichkeitserwägungen bearbeitet wurden. Die gesellschaftlichen Themen hingegen waren weltanschaulich durchbuchstabiert und standen sogar in zunehmendem Maße voll und ganz unter dem Vorrang der Haltungs- und Gesinnungserziehung (vgl. Jung 2011, hier bes. S. 137-147).

Ähnlich wie in der Bundesrepublik Deutschland setzte auch in der DDR ab Mitte der 1960er Jahre eine Verwissenschaftlichung des Unterrichts ein, die sich auch auf die Unterstufe der POS auswirkte; denn seit 1965 rechnete man die 4. Klasse der Mittelstufe zu. Vor allem der naturwissenschaftliche Unterricht sollte hier nun unter Betonung der Propädeutik ausgebaut werden (vgl. Wiegmann 2011, S. 144f.); der Unterricht lag aber weiter in den Händen der sogenannten Unterstufenlehrerinnen und -lehrer, die separat an Instituten für Lehrerbildung (IfL) ausgebildet wurden. Wissenschaftlichkeit und Parteilichkeit waren fortan die Zielhorizonte des Heimatkundeunterrichts. In den Jahren 1963/ 64 kam es zur Einführung des Schulgartenunterrichts, der dazu diente, die Kinder im Rahmen der polytechnischen Erziehung in sozialistische Produktionsweisen einzuführen (vgl. Giest/ Wittkowske 2007, S. 234).

Deutlich wird in diesem Zusammenhang, dass „Heimat“ als pädagogisch-didaktische Kategorie untauglich ist, da sie der ideologischen Besetzung durch jedwede Couleur schutzlos ausgeliefert ist: der Sprangerschen Wurzelmystik genauso wie dem nationalsozialistischen Blut- und Bodenwahn, dem preußischen Militarismus im gleichen Maße wie dem DDR-Sozialismus oder dem bundesrepublikanischen Nachkriegskonservatismus. Auf diesen ideologiekritischen Vorbehalt gilt es gerade angesichts einer gewissen Renaissance des Heimatbegriffs in der Didaktik immer wieder aufmerksam zu machen (vgl. Götz 2011, S. 507f.).
Der Ideologievorbehalt gegenüber dem Heimatbegriff war auch ein Grund für die Ablösung der Heimatkunde durch den Sachunterricht am Ende der 1960er Jahre in der Bundesrepublik Deutschland. Hinzu kamen die Fragen nach der Ausschöpfung der Bildungsreserven, die Forderung nach einem Überwinden von Bildungsbarrieren, der dynamische Begabungsbegriff und die Neubeurteilung von Kindgemäßheit, die Überwindung der volkstümlichen Bildung durch eine grundlegende Bildung als Teil der Allgemeinbildung und der hohe Stellenwert, den man den Wissenschaften einräumte (vgl. z.B. Der Grundschulkongreß vom 2.-5. Oktober 1969 und Köhnlein 1984).

Das folgende Datenblatt fasst die bisherigen Ausführungen zusammen:

- 1653 (lat.)/ 1658 (dtsch.): Johann Amos Comenius (1592-1670) legt mit dem „Orbis pictus sensualium“ eines der ersten Realienbücher vor, das in der Folgezeit Hunderte von Auflagen und Nachahmungen erfährt.
- 1695: August Hermann Francke (1663-1727) gründet in Halle an der Saale seine berühmte Waisenhausschule, in der dem Realienunterricht eine tragende Rolle zukam. Ebenso wie bei Comenius steht auch bei Francke der Realienunterricht aber noch ganz im Zeichen einer gottgefälligen Lebensführung – es geht nicht um den freien Gebrauch der Dinge.
- 1747: Der Francke-Schüler Johann Julius Hecker (1707-1768) gründet in Berlin die erste Realschule.
- zweite Hälfte des 18. und Beginn des 19. Jahrhunderts: Die Aufklärung formt sich in Deutschland vor allem theologisch und pädagogisch aus. Die Pädagogen der Aufklärung nannten sich Philanthropen (Menschenfreunde). Sie vertraten einen Realienunterricht zum freien Gebrauch der Dinge. Johann Bernhard Basedow (1724-1790) gilt als Begründer dieser Pädagogik. Als bedeutende philanthropische Praktiker sind Christian Gotthilf Salzmann (1744-1811) und Johann Peter Hundeiker (1751-1836) in die Pädagogikgeschichte eingegangen.
- 1779/ 1780: Johann Heinrich Pestalozzi (1746-1827) schreibt den „nähesten Verhältnissen“ eigentliche Bildungswirksamkeit zu. Diese stellen für das Individuum den Anschauungs-, Lern- und Wirkungsraum dar.
- 1816: Christian Wilhelm Harnisch (1787-1864) prägt im Geiste der Aufklärung und im Sinne Pestalozzis mit der Vorlage eines mehrteiligen Lehrwerkes

für die Schule den Begriff „Heimatkunde“. Seine Heimatkunde ist durch eine kosmopolitische (weltbürgerliche) Umwelterschließung (von der Heimat über die Welt zum Land) gekennzeichnet.

- 1844: Friedrich August Fingers (1808-1888) Heimatkunde steht im Zeichen der Erdkunde und geht in konzentrischen Kreisen (allmähliches Fortschreiten vom Nahen zum Fernen) vor.
- erste Hälfte des 19. Jahrhunderts: Friedrich Adolph Diesterweg (1790-1866) gilt als weiterer wichtiger Vertreter einer sachbezogenen Heimatkunde.
- 1854: Im Zeichen der fehlgeschlagenen bürgerlichen Revolution (1848) setzt die preußische Regierung die sogenannten Stiehlschen Regulative (Erlasse) in Kraft, die nach ihrem Bearbeiter Ferdinand Stiehl (1812-1878) benannt wurden. Realienunterricht wird für die Volksschule weitgehend abgeschafft, an seine Stelle treten Vaterlandskunde und Religion. Die Heimatkunde wird damit ideologisch in den Dienst genommen.
- 1872: Die preußische Regierung erlässt die „Allgemeinen Bestimmungen“, die den Realienunterricht wieder stärken. Dies geschieht allerdings nur vor dem Hintergrund des ökonomischen, industriellen und militärischen Qualifikationsbedarfs. Im gehobenen und höheren Schulwesen vollzieht sich eine Weiterentwicklung des Realienunterrichts. Es entstehen die Schultypen Realgymnasium (Deutsch, Mathematik, Sachfächer (Realien), neue Sprachen und nur noch eine alte Sprache, meist Latein) und Oberrealschule (Deutsch, Mathematik, Sachfächer, neue Sprachen, keine alten Sprachen mehr).
- 1873: Der Volksschulpädagoge und Lehrplantheoretiker Friedrich Wilhelm Dörpfeld (1824-1893) bezeichnet den Unterricht über Gott, Mensch und Natur in der Volksschule als „Sachunterricht“. Nach begriffsgeschichtlichem Kenntnisstand ist dies eine sehr frühe Verwendung des Begriffs Sachunterricht – vielleicht sogar die erstmalige.
- 1900: Unter dem Sammelbegriff „Gymnasium“ erhalten neben dem humanistischen Gymnasium auch die Realgymnasien und die Oberrealschulen das Recht, die allgemeine Hochschulreife eigenständig verleihen zu dürfen.
- 1911: Der von Berthold Otto (1859-1933) entwickelte Gesamtunterricht wird vom Leipziger Lehrerverein für die Belange der Regelschule bearbeitet und in Versuchsklassen im 1. und 2. Schuljahr in Leipzig eingerichtet. Mittelpunkt des Gesamtunterrichts ist die Sachbegegnung.
- 1919: nach dem Ende des deutschen Kaiserreichs schreibt die demokratische Weimarer Verfassung im Artikel 146 die Grundschule politisch als gemeinsame Schule aller Kinder für die ersten vier Schuljahre fest.
- 1920: Das Reichsgrundschulgesetz verbietet für die ersten vier Schuljahre alle anderen Beschulungsformen (Vorschulen, Privatunterricht etwa durch Hauslehrer) und führt die Grundschule als rechtlich verbindliche Schulform ein. Ausnahmeregelungen weichen diese Verbindlichkeit jedoch in der Realität auf.

- 1921: Die „Richtlinien zur Aufstellung von Lehrplänen für die Grundschule" schreiben den Gesamtunterricht und die Arbeitsschulmethode in Form einer betont vielfältigen Selbsttätigkeit der Kinder als reformpädagogische Gestaltungselemente fest.
- 1923: Im Weimarer Krisenjahr (Ruhrkrise, Inflation) gründet sich die „Studiengemeinschaft für wissenschaftliche Heimatkunde". Eduard Spranger (1882-1964) hält den Festvortrag über den „Bildungswert der Heimatkunde". Die Ideologisierung der Heimatkunde beginnt erneut.
- 1933-1945: Während der Zeit der Nazi-Diktatur wird der Begriff „Grundschule" abgeschafft und durch „Volksschulunterstufe" ersetzt. Heimatkunde wird durch politische Erziehung in Sinne völkischer Themen (Blut- und Notgemeinschaft, Deutsch-, Bauern-, Helden- und Germanentum, „Der Reichsparteitag", „9. November 1923", „Horst Wessel" und „Pimpf und Jungmädel") und durch „Rassenkunde" pervertiert.
- nach 1945: In der Sowjetischen Besatzungszone und der späteren DDR kommt es zu einer umfassenden Säuberung im Schulwesen – alle Lehrer, Schulaufsichts- und Schulverwaltungsbeamte aus der Nazi-Zeit werden entlassen. Ab 1945/ 1946 übernimmt eine Vielzahl von Neulehrern den Unterricht. Die Bezeichnung „Grundschule" wird mit zunehmendem Ausbau des Schulsystems abgeschafft. Die ersten drei Jahrgänge der Polytechnischen Oberschule (POS, Ausbau und Einführung in den Jahren 1959/ 1965) werden „Unterstufe" der POS genannt. Heimatkunde wird darin mit Deutsch vermischt. Heimatkunde soll Sachunterricht und politische Erziehung im Sinne einer Heranbildung zum „sozialistischen Menschen" sein.
- Nach 1945: In den Westzonen und der späteren Bundesrepublik Deutschland wird an die reformpädagogisch orientierte Weimarer Grundschule mit der ihr zentralen Konzeption des Gesamtunterrichts angeknüpft. Die Sachbegegnung wird in der Heimatkunde dabei jedoch allmählich in den Hintergrund gedrängt (für weitere Entwicklungen s. Kap. 5).

3 Die konzeptionelle Entwicklung des Sachunterrichts – eine systematisch-analytische Untersuchung

Gemäß den in der Einleitung entfalteten Gesichtspunkten werden im Folgenden die Konzeptionen des Sachunterrichts erläutert und sodann unter wissenschaftstheoretischer, anthropologisch-entwicklungspsychologischer, gesellschaftlicher und curricular-schulpädagogischer sowie bildungstheoretischer Perspektive analysiert, kritisiert und verglichen. Wie bereits weiter oben gesagt, werden folgende Konzeptionen des Sachunterrichts dargestellt und analysiert: der fachorientierte Ansatz, das struktur- bzw. konzeptorientierte Curriculum, das verfahrensorientierte Curriculum, der Ansatz Science 5/ 13, das situationsorientierte Curriculum, der integrativ-mehrperspektivische Unterricht (MPU), der exemplarisch-genetisch-sokratische Sachunterricht, Sachunterricht als Welterkundung und der vielperspektivische Sachunterricht.

3.1 Der fachorientierte Ansatz im Sachunterricht

Das Maß des Fachbezuges im Sachunterricht gehört wesensgemäß zu den überdauernden Problemen des Sachunterrichts (vgl. Löffler u.a. 2000). In der Entwicklungsgeschichte des Sachunterrichts sind wechselnde Ausschläge von Pendelschwüngen hin zu mehr Sachorientierung oder weg von ihr zu beobachten. Während in den 1980er und 1990er Jahren eher eine Zurückhaltung in Bezug auf eine fachliche Orientierung zu bemerken war, wird gegenwärtig der Fachbezug des Sachunterrichts wieder stärker wahrgenommen und diskutiert, allerdings immer in Rücksicht auf das Kind und dessen Lebensweltbezug. Damit wird ausdrücklich versucht, die Antinomie Fachbezug versus Lebensweltbezug in ein lohnendes Verhältnis zu setzen.

Aktuell wird demnach eine Vorgehensweise favorisiert, die manche Stimmen der Kritik an der frühen Fachorientierung des Sachunterrichts für nicht möglich hielten (vgl. Süß 1978, S. 50-54). Diese frühe Fachorientierung des Sachunterrichts war die erste konzeptionelle Antwort auf die Forderung nach einer Wissenschaftsorientierung des Sachunterrichts. Verwirklicht wurde sie vor allem auf der Ebene der Richtlinien und Lehrpläne. Als Paradebeispiele für den fachorientierten Sachunterricht gelten in diesem Zusammenhang die Richtlinien von Nordrhein-Westfalen (1969, 1973), der bayerische Lehrplan für die Grundschulen (1971) (vgl. Siller 1981, S. 28-33) und die Berliner Richtlinien (1970) (vgl. Krebs 1977, S. 190).

Die Richtlinien Nordrhein-Westfalens zergliederten den Sachunterricht gleich in neun verschiedene „Lernbereiche“: Physik und Wetterkunde, Chemie, Technik,

Biologie, Geschlechtererziehung, Soziale Studien, Haushaltslehre, Geographie und Verkehrserziehung. Der bayerische Lehrplan fand fünf „fachliche Bereiche“ und benannte sie mit einer Ausdrucksweise, die an die Sekundarstufen erinnert: Physik/ Chemie, Biologie, Erdkunde, Geschichte, Sozial- und Wirtschaftslehre. Auch die Berliner Richtlinien teilten den Sachunterricht in fünf „Aspekte“ ein und nannten den technisch-physikalischen, den biologischen, den erdkundlichen, den geschichtlichen und den sozialkundlichen Aspekt.

Zur Legitimierung eines fachorientierten Sachunterrichts dienten im Wesentlichen drei Grundannahmen:

- Im Zuge der Rezeption des dynamischen Begabungsbegriffs (Heinrich Roth) bestand breiter Konsens darüber, dass die Kinder in der „alten Heimatkunde“ häufig unterfordert gewesen seien. Vielmehr sei es möglich, Kindern höhere Anforderungen zu stellen und mit ihnen Inhalte zu erarbeiten, die vormals erst in späteren Jahrgängen Unterrichtsgegenstände waren. Im Rahmen des Frankfurter Grundschulkongresses 1969 stellte Ferdinand Kopp dazu fest: „Es ist nicht zu bezweifeln, daß durch eine fachspezifische Konzeption vor allem Lernanforderungen besser erfüllt werden können, die heute an die Grundschule – mit Recht – herangetragen werden“ (1970, S. 165). In der Folgezeit kam es in den vielfältigen Richtlinienentwicklungen und auf dem Lehrmittelsektor zu einem „Pushing-down-Effekt“, der dazu führte, dass Unterrichtsthemen aus dem Sekundarbereich in den Primarbereich vorverlagert wurden (vgl. Soostmeyer 1998, S. 47f.).
- Auf diese Weise könne die Grundschule auch ihre Funktion der Vorbereitung des Lernens in Hinblick auf den Sekundarbereich besser erfüllen. Einmal eingeschlagene Lernwege bräuchten in ihrer Richtung nicht mehr geändert zu werden (vgl. Deutscher Bildungsrat 1970, S. 133). Der fachpropädeutischen Funktion des Sachunterrichts wurde in diesem Zusammenhang ein hoher Stellenwert zugemessen.
- Mit der Vorverlagerung von Unterrichtsinhalten aus dem Sekundar- in den Primarbereich hinein und durch eine entschiedene Ausrichtung der Grundschule auf ihre propädeutische Funktion versprach man sich eine spürbare stoffliche Entlastung der Sekundarstufen, auch um dort zusätzlich Raum und Zeit für neue Inhalte zu finden.

3.1.1 Zum Wissenschaftsverständnis des fachorientierten Ansatzes

Orientierte sich die Heimatkunde in ihren fachlichen Ansprüchen noch an den Anforderungen der späteren Volksschuljahrgänge mit ihren Sachfächern Erdkunde, Geschichte, Naturkunde und Naturlehre, wurde der Grundschule der 1970er Jahre ins Stammbuch geschrieben, ihre Arbeit stärker an den Bedürfnissen der

Sekundarstufe I und auch der Sekundarstufe II auszurichten (vgl. ebd.). Damit gerieten die Grundschule und der Sachunterricht massiv unter den Einfluss des ausdifferenzierten Fächerkanons der sich anschließenden Schulstufen.

Die Wissenschaftsorientierung des Sachunterrichts sollte im „Zeitalter der Wissenschaften" (Wilhelm 1967) durch eine intensivierte Orientierung an den Sachfächern der Sekundarstufen erreicht werden. Wissenschaftsorientierung versteht sich hierbei als methodische und inhaltliche Fachausrichtung, wobei die vermeintliche Nähe der jeweiligen Fächer zu den entsprechenden universitären Bezugswissenschaften diese Sichtweise noch unterstützt. Wissenschaft wird dabei als eine „fertige Lehre" aufgefasst, die sich „mit einer ihrem Objektbereich immanenten Logik darstellt und vermittelt" (Krebs 1977, S. 192). Der strenge Fachbezug gewährleiste demnach, dass wissenschaftliche Erkenntnisse und Arbeitsweisen durch die jeweiligen Unterrichtsfächer hindurch zu den Schülern transportiert würden. Dieser Argumentationszusammenhang greift jedoch zu kurz, denn selbst bei Namensgleichheit, wie z.B. Geographie, Geschichte oder Biologie, haben diese Schulfächer mit den gleichlautenden universitären Bezugswissenschaften nur wenig zu tun. Diese sind einem rasanten Wandel und einer stetigen Ausdifferenzierung unterworfen, was von der vergleichsweise groben Einteilung wie die Schulfächer sie vornehmen, gar nicht erfasst werden kann, so dass bei den Schulfächern eine „Zuordnung zu oder gar die Ableitung von einzelnen Wissenschaften höchst fragwürdig ist" (Glöckel 1996, S. 230).

Unter historischer Rücksicht wird das lockere Verhältnis vom Schulfach zur jeweiligen Bezugswissenschaft besonders deutlich. So gab es das Fach Geographie eher in der Schule als an der Universität und Geschichte hatte in der Schule in der Beförderung von Vaterlandsliebe und Herrschaftstreue lange Zeit eine ganz andere Funktion als Geschichte als wissenschaftliche Disziplin (vgl. ebd.).

Andere Schulfächer umfassen trotz eindeutiger Benennungen Aspekte aus zahlreichen anderen Wissenschaften, so verweist das Schulfach Biologie mindestens auf die Disziplinen Botanik, Zoologie, Genetik, Anthropologie, Paläontologie, Humanbiologie und Ökologie (vgl. Köhnlein 2004a, S. 146), während andere Schulfächer überhaupt keine namensähnliche Bezugswissenschaft aufweisen, wie etwa Arbeitslehre oder Werte und Normen. Auch der Sachunterricht besitzt keine Bezugswissenschaft, bzw. fast unüberschaubar viele, wenn er sich fachorientiert auf den Fächerprospekt der Sekundarstufen einlässt. Der Bogen der potentiellen Bezugswissenschaften könnte dann gespannt werden von der Biologie über die Geschichte, der Politikwissenschaft, der Physik, der Chemie, der Technik und der Meteorologie bis hin zur Geographie, um nur einige Bezüge zu nennen (vgl. Soostmeyer 1990, S. 216). Wissenschaftsorientierung konzeptionell über den strengen Fachbezug einzuholen, erscheint – auch angesichts des dargelegten brüchigen Verhältnisses der Sekundarstufenfächer zu den jeweiligen Bezugswissenschaften – bei dieser fast nicht überschaubaren Vielfalt höchst problematisch.

Desgleichen hatte der fachorientierte Ansatz im Sachunterricht zur Folge, dass er sich in Einzeldisziplinen zu verlieren drohte und dass bereits in der Grundschule Mini-Fachunterricht erteilt wurde, was nicht unbedingt zu mehr Wissenschaftlichkeit des Unterrichts führte. Die Konsequenz, dass auf diese Weise nur zusammenhangloses Einzelwissen befördert werde, ist nicht ganz von der Hand zu weisen, mit der Gefahr eines Effekts wie ihn Martin Wagenschein in seinem Pädagogikgeschichte gewordenen Beitrag anlässlich der Tübinger Tagung im Jahre 1951 in Bezug auf den einzeldisziplinären Fachunterricht des Gymnasiums äußerte: „Einstweilen endigen ihre Fachsäulen, auseinander starrend, ins Leere. Auch deshalb sind sie ja der rapiden Verwitterung so preisgegeben" (1952, S. 151).

3.1.2 Fachorientierung und anthropologisch-entwicklungspsychologische Voraussetzungen

Ein Hauptmotiv für das Zustandekommen des impulsmächtigen Frankfurter Grundschulkongresses im Jahre 1969 war die neue Sicht des Kindes, das zunehmend als ein aktiv-lernendes, neugierig-forschendes und kreativ-gestaltendes Subjekt begriffen wurde, dem bereits in der Grundschule entsprechende Lerngelegenheiten geboten werden müsse (vgl. Arbeitskreis Grundschule/ Schwartz 1970a).
Schon früh nach dem Zweiten Weltkrieg begann Heinrich Roth (1906 1983), das Verständnis von Begabung zu dynamisieren und das Augenmerk verstärkt auf das „begabt werden" als auf das „begabt sein" zu richten und warnte vor der allzu großen Sorge vor einer Verfrühung des Lernens oder einer Überbürdung des Kindes durch schulische Anforderungen. Stattdessen betonte er die Bedeutung von anregungsreichen und angstfreien Lernsituationen für die Entfaltung von Begabung (vgl. Roth 1952, S. 402f.). Durch diese grundsätzlich neue Sichtweise wurde die reifungstheoretische Auffassung von der Entwicklung des Kindes relativiert, was im Rahmen des Frankfurter Grundschulkongresses zu der Forderung führte, dass das „organologisch-ganzheitliche Entwicklungsdenken" (Retter 1969, S. 53), das die Reifevorgänge in den Mittelpunkt der kindlichen Entwicklungsprozesse stellte, zugunsten einer kognitionspsychologischen, lerntheoretischen und viel stärker auf das Individuum bezogenen Auffassung von Entwicklung zu überwinden sei.
Dieser Blick- bzw. Paradigmenwechsel fand seinen ausdrücklichen Niederschlag in zahlreichen Formulierungen des Deutschen Bildungsrates, dem Heinrich Roth seit 1966 einflussreich angehörte. So forderte der Strukturplan entschieden den Unterricht bereits in der Grundschule anspruchsvoll zu gestalten und machte Gegner dieser Bestrebungen in den Verfechtern einer überkommenen Ansicht von „Kindgemäßheit" aus, denn: „Das Kriterium des „Kindgemäßen" reicht nicht mehr aus, um Maßstäbe für den Unterricht in der Schule setzen zu können" (Deutscher Bildungsrat 1970, S. 134). Mit der Feststellung, dass Kinder in ihrer kognitiven Entwicklung nicht zurückgehalten werden dürfen, wird der Reifungs-

theorie und der daraus gefolgerten vorsichtigen Herangehensweise an den Unterricht in der Grundschule mit seiner allgegenwärtigen Sorge, die Kinder nicht zu überfordern, eine endgültige Absage erteilt. Insoweit lag der fachorientierte Ansatz im Sachunterricht mit seinen eindeutig gehobenen Ansprüchen an das kindliche Lernen ganz im Zeichen der zeitgenössischen Argumentation, zumal der Strukturplan ausdrücklich neue Inhalte für den Grundschulunterricht forderte; für den Sachunterricht nannte er die Natur- und Sozialwissenschaften (vgl. ebd.). Der ausgeprägte Fachbezug, der dem fachorientierten Ansatz innewohnte, führte jedoch oftmals zu einer Ausblendung der kindlichen Belange und Lebenswelt, so dass Kindorientierung und Lebensweltbezug verloren gingen oder aber nur noch formal als Bezugspunkt, als situativer Anlass für einen dann als Fachunterricht einsetzenden Sachunterricht dienten. An diesem Punkt setzte bald Kritik an. In seiner Lehrplananalyse stellt Süß einen Überhang des „disziplinorientierten Fachunterrichts" im Sachunterricht fest und warnte vor einem Verschwinden der Grundschule als „Schule der Kindheit" (vgl. 1978, S. 50f.). Erneut wurde vor einer unangemessenen Verfrühung gewarnt, die letztlich weder Kind noch Sache diene. Zwar nannten die Lehrpläne und Richtlinien immer wieder den Lebensweltbezug als Ausgangspunkt für den Sachunterricht, was jedoch oftmals nur Lippenbekenntnisse waren, denn es folgten ganze Kataloge von Inhalten und Zielen, die die Kinder zu erarbeiten hatten (vgl. dazu etwa die „Richtlinien und Lehrpläne für die Grundschule in Nordrhein-Westfalen" 1973, die wegen ihres imposanten Umfangs nach der Farbe ihrer Ringordnerdeckel spöttisch als „das grüne Wunder" bezeichnet wurden). Das zunehmend als aktiver Lerner begriffene Kind kommt somit unversehens in die Rolle eines zu belehrenden Objekts, das ohne Umwege möglichst viel Wissen anzuhäufen hat. Dies aber hintertrieb im Zuge der Rezeption des „dynamischen Begabungsbegriffes" das neue Bild vom Kind.

Muss demnach der fachorientierte Ansatz auch unter entwicklungspsychologisch-anthropologischer Rücksicht verworfen werden? In seiner überdehnten Ausformung wird dies zu bejahen sein, gleichwohl hat der Fachbezug im Sachunterricht seine unhintergehbare Bedeutsamkeit.

Das Entstehen der Fächer und der mit ihnen in Verbindung stehenden universitären Fachdisziplinen hängt unmittelbar mit den Fragen an die Welt zusammen, die sich die Menschheit in ihrer geistesgeschichtlichen Entwicklung gestellt hat. Die Strukturierung der Welt durch die Menschen hat das System der Fächerung hervorgebracht, so dass es historisch und kulturanthropologisch rückgebunden ist. Auch dem Kind können fachliche Perspektiven beim Erkennen der Welt dienlich sein, so dass die Grundschule einer maßvollen Fächerung Rechnung tragen muss. So verweisen auch Inhalte und Aufgabenstellungen des Sachunterrichts immer auf Zusammenhänge, denen Fachbezüge zugeordnet werden können (vgl. Soostmeyer 1998, S. 48f.), und der Erwerb sach- und fachgemäßer Arbeitsweisen hilft dem Kind auch beim Lösen von lebensweltlichen Problemstellungen.

Dem Fachunterricht bzw. dem fachbezogenen Sachunterricht wird vorgeworfen, er sei nicht kindgemäß, er zersplittere die Welt und er sei lebensfern (vgl. Glöckel 1996, S. 232). In seinen Fehlformen, die zu Einseitigkeiten führten, ist das sicherlich zutreffend. Andererseits vermittelt der Fachbezug aber auch Kategorien, die die kindlichen Erfahrungen ordnen, die helfen, die Welt systematisch durchschaubar zu machen, die auch lebensweltliche Kontexte erschließen und auf zukünftige Aufgaben vorbereiten. Insofern kann ein wohlverstandener Fachbezug im Sachunterricht, der es ausdrücklich zulässt, dass die kindlichen Erfahrungen berücksichtigt werden und dies kultiviert, auch unter anthropologischer Rücksicht gerechtfertigt werden (vgl. Duncker/ Popp 1994, S. 18f.). Der historisch gewordene fachorientierte Ansatz im Sachunterricht kann diesen Begründungszusammenhang für sich jedoch kaum beanspruchen.

3.1.3 Fachorientierung im gesellschaftlichen Kontext und pädagogisch-curriculare Aspekte

Die zweite Hälfte der 1960er Jahre und der Übergang zu den 1970er Jahren gelten in der Geschichte der Bundesrepublik Deutschland als „Zeiten des Wandels". Die ausgehenden 1960er Jahre standen im Zeichen einer Politisierung der Gesellschaft, die sich besonders in den Protesten der Studentenschaft und anderer außerparlamentarischer Bewegungen (z.B. Außerparlamentarische Opposition (APO), Frauenrechtlerinnen, Friedensbewegung, Bürgerinitiativen) artikulierten. Der Protest richtete sich vor allem gegen die Notstandsgesetzgebung, den § 218, die Pressekonzentration, den Vietnamkrieg und gegen den schlechten Zustand des Bildungswesens (vgl. Borowsky 1998).

1957 erschütterte der Sputnik-Schock die westliche Welt. Nachrüstung auf dem Bildungssektor war in den USA die Folge. 1961 erfolgte der Mauerbau durch die DDR in Berlin. Der Zustrom von Facharbeitern, Technikern, Ingenieuren und anderen Fachleuten aus Ostdeutschland riss jäh ab (vgl. Herrlitz/ Hopf/ Titze/ Cloer 2009, S. 164 und S. 171f.). Georg Picht (1913-1982) warnte vor einer bundesdeutschen Bildungskatastrophe und mahnte zur Ausschöpfung der Bildungsreserven und zur Steigerung der Abiturientenquote. Ralf Dahrendorf forderte 1967 das Bürgerrecht auf Bildung ein, während sich Heinrich Roth für eine realistische Wende in der Erziehungswissenschaft aussprach und fragte, ob denn die Lehrpläne noch zeitgemäß seien. Saul B. Robinsohn (1916-1972) rief zur Bildungsreform durch eine grundlegende Revision des Curriculum auf.

Nach dem Machtwechsel im Jahre 1969 – erstmals nach dem Krieg befand sich die Bundesrepublik unter einer von der SPD geführten Regierung – wurden die Demokratisierung und die Modernisierung der Gesellschaft in Angriff genommen, wobei besonders die Reform des Bildungswesens eine wichtige Rolle spielte. Der vom Deutschen Bildungsrat vorgelegte Strukturplan für das Bildungswesen war die Leitschrift für die geplanten Reformen. In diese Zeit fiel die Einführung des fachorientierten Sachunterrichts, aber auch die nachfolgend noch zu diskutierenden struktur- bzw. konzeptorientierten und verfahrensorientierten Curricula. Die schulpädagogischen Reformen zu jener Zeit lassen sich vor allen Dingen auf den Nenner der Curriculumrevision bringen (vgl. Robinsohn 1972), die im Wesentlichen durch Curriculumentwicklung, Curriculumforschung, Curriculumimplementierung und Curriculumevaluation geleistet werden sollte. Die Grundschule allerdings sah sich mit der Tatsache konfrontiert, dass sie mit der Abschaffung ihrer bis dahin sinngebenden Konzeption „Gesamtunterricht" ohne eigenes Profil dastand und dem Zugriff der Fächerung ausgeliefert war. Dies traf nicht nur für den Sachunterricht zu, sondern galt für die Grundschule generell. Die alte Gemengelage „Gesamtunterricht" wurde gegen einen gefächerten Zuschnitt ausgetauscht. Der Strukturplan führt dazu aus:

„Schon jetzt werden folgende Tendenzen zur Neugliederung der Lernbereiche in der Grundschule immer deutlicher:

- Neugliederung des bisherigen Gesamtunterrichts als Sachunterricht, in dem historisch-kulturelle Gehalte, sozial- und gesellschaftliche sowie naturwissenschaftlich-technische Inhalte und Verfahren angemessen berücksichtigt werden;
- Verstärkung und Neuordnung des Lernens von Sprache;
- Betonung der fachspezifischen Aufgaben im Kunst-, Musik- und Werkunterricht;
- Artikulation und Herauslösung der Kulturtechniken durch Lehrgänge;
- Einführung von neuen Lernbereichen, zum Beispiel einer ersten Fremdsprache" (Deutscher Bildungsrat 1970, S. 139).

Aus den Gehalten und Inhalten wurde sehr schnell – wie bereits gezeigt – der jeweilige Fachbezug, so dass der Sachunterricht curricular nicht „von unten" aufgebaut, sondern vom Sekundarbereich aus gesehen „nach unten" ausgebaut wurde, was als „eine folgenschwere Auslegung" des Strukturplans bezeichnet wurde (vgl. Süß 1978, S. 50f.). Mit dieser Entwicklung einher ging die einseitige Ausrichtung des fachorientierten Ansatzes auf seine propädeutische Funktion, so dass dem Sachunterricht der Verlust einer eigenständigen curricularen Identität drohte und er auf Zubringerdienste reduziert wurde.

3.1.4 Fachorientierung und grundlegende Bildung

Die auf Reform und Innovation hinweisende Begrifflichkeit „grundlegende Bildung" hat in der Grundschularbeit eine längere Tradition als der umbruchartige Wechsel von der Heimatkunde zum Sachunterricht 1969/ 1970 vermuten lässt. Bereits in den Weimarer „Richtlinien zur Aufstellung von Lehrplänen" heißt es: „Die Grundschule als gemeinsame Schule für alle Kinder der ersten vier Schuljahre hat die Aufgaben, den sie besuchenden Kindern eine grundlegende Bildung zu vermitteln, ..." (1993 (1921), S. 246). Schon in diesem Verständnis von „grundlegender Bildung" sollte diese anschlussfähig sein „... für jede Art von weiterführender Bildung ..." (ebd.). Da seinerzeit der Löwenanteil aller Schüler nach der Grundschule auf der Volksschule verblieb, bezog die Grundschularbeit von daher auch ihre Hauptorientierung, so dass trotz der fortschrittlich-demokratischen Formulierungen in dem amtlichen Text eher ein volkstümlich überformtes Bildungsparadigma für die Grundschularbeit angezeigt war. Ob dieses in jedem Falle so ausgeprägt war, wie aus heutigem Verständnis heraus der Begriff „volkstümliche Bildung" erscheint, bleibt realgeschichtlich unentschieden – auf unterschiedliche Befunde dazu ist in diesen Ausführungen bereits hingewiesen worden (s. Pkt. 2.4).

Volkstümliche Bildung ist im heutigen Verständnis und aus der Sicht ihrer Kritiker in den Zeiten des Wechsels von der Heimatkunde zum Sachunterricht negativ besetzt. Sie verklärte das einfache ländliche Leben, betonte eine sentimentale Beziehung zu einer eng umgrenzten Heimat und war auf schlichte Verhältnisse zugeschnitten. Darüber hinaus war sie undemokratisch, da volkstümliche Bildung von wissenschaftlicher und damit weiterführender Bildung strikt unterschieden wurde. Glöckel stellt dazu in Anlehnung an von Hentig fest, dass es in einer Demokratie keine zwei Arten von Bildung geben könne (vgl. 1988, S. 21).

Nach dem Zweiten Weltkrieg setzte die Kritik an diesem einengenden Bildungszuschnitt bereits vor der Einführung des Sachunterrichts ein (vgl. z.B. Glöckel 1964). Die frühen Beiträge von Ilse Rother (vgl. 1954) und Rudolf Karnick (1901-1994) (vgl. 1958) stehen für diese Entwicklungsphase der Heimatkunde. Wiederum war es dem Frankfurter Grundschulkongreß vorbehalten, auch den Paradigmenwechsel von der volkstümlichen hin zur grundlegenden Bildung in der Grundschule endgültig zu vollziehen (vgl. Arbeitskreis Grundschule/ Schwartz 1970b).

Im Gegensatz zu einer in sich geschlossenen volkstümlichen Bildung hat die grundlegende Bildung die Aufgabe, die Basis für eine potentiell allen zugänglichen Allgemeinbildung zu legen, insofern ist sie auch immer auf Weiterführung ausgerichtet. Grundlegende Bildung ist demzufolge der Anfang der Allgemeinbildung, sie hat das solide Fundament zu schaffen, auf dem das Gebäude der Allgemeinbildung aufgebaut werden kann. Dabei ist sie aber nicht nur Mittel zum Zweck, sondern selbst auch Zweck und weist eine eigene Wertigkeit auf. Grundlegende Bildung vollzieht sich in der Befassung des Kindes mit den Dingen und den Sachen der Welt, wobei sie auf Inhalte zurückgreift,

- die aus der Lebenswelt der Kinder stammen,
- die fachlich relevant sind
- oder denen überdauernde Bedeutungen zukommen (vgl. Glöckel 1988, S. 29f.).

Im Rahmen dieses Auftrags hat der Sachunterricht seinen spezifischen Beitrag zu leisten. Köhnlein drückt dies aus, wenn er formuliert, „daß Sachunterricht unter dem Aspekt einer Grundlegung der allgemeinen Bildung eine planvoll geleitete Auseinandersetzung mit der gegenständlichen Welt" (1998b, S. 37) und mit der sozialen Welt sein soll.

Dabei steht der Sachunterricht immer in einem Spannungsverhältnis von kindlicher Lebenswelt und sachlich-fachlichen Anforderungen. Während Kopp, der im Rahmen des Frankfurter Grundschulkongresses zwar für eine fachbezogene Konzeptionierung des Sachunterrichts plädierte, noch vehement den Bezug zur Lebenswelt des Kindes als ein „Grundaxiom" (1970, S. 165) des Sachunterrichts beschwor, stellte Glöckel später mit Blick auf die Umbruchphase in Bezug auf die Fachorientierung fest, dass sie Stückwerk geblieben sei und zu „aufgeblähten Curricula" geführt habe, die oftmals nur Scheinkataloge mit Auflistungen von anzustrebenden Kompetenzen und Qualifikationen gewesen seien (vgl. Glöckel 1988, S. 14). Deutlich wird, dass eine einseitige Fachorientierung im Sachunterricht der Grundschule die Anforderungen einer grundlegenden Bildung nur unzureichend verwirklichen kann, da der kindliche Lebensweltbezug zu sehr ausgeklammert wird.

Auch der Bereich der Inhalte, denen überdauernde Bedeutung zukommt, wird vernachlässigt und ist mit bloßer Fachsystematik nur schwer zu erfassen. Allerdings bleibt Glöckel in Bezug auf diesen Themenkreis etwas nebulös. Er führt dazu aus: „Es sind die Inhalte, die über den engen Bereich des Alltagslebens hinausführen in die Welt des ganz Neuen und Fremden, in das faszinierende Reich der Phantasie, das seelisch so nah und fesselnd sein kann ..." (1988, S. 29). Aus der Sicht der heutigen Diskussion könnten damit Inhalte im Sachunterricht gemeint sein, die gelegentlich als „große Themen" bezeichnet werden und die über das, was man üblicherweise Grundschulkindern zutraut, deutlich hinausführen. Solche „großen Themen" könnten sein: „Erdgeschichte", „Saurier", „Evolution des Menschen" oder „grundlegende Astronomie". Als Referenz sei in diesem Kontext auf Maria Montessori (1870-1952) verwiesen, die sich in ihrem Spätwerk „Kosmische Erziehung" in der 2. Hälfte der 1940er Jahre u.a. dafür ausspricht, mit Kindern auch Themen zu bearbeiten, die komplexe und große Fragen der Menschheit unter evolutionsbiologischer, geschichtlicher, soziologischer, astronomischer, ökologischer und friedens-pädagogischer Rücksicht behandeln (für eine Auflistung möglicher Themen vgl. Schaub 1999, S. 245f.).

Wie dieser kleine Exkurs deutlich macht, reicht im Zuge einer Umorientierung von der volkstümlichen zur grundlegenden Bildung eine nur fachliche Orientierung nicht aus, um dem Bildungsanspruch, der mit der „grundlegenden Bildung" formuliert worden ist, zu entsprechen. Folgerichtig kam es daher bald zu einer Umkehr: Während der Strukturplan 1970 die fachliche Ausrichtung des Sachunterrichts noch sehr betonte, schreiben ihr die KMK-Empfehlungen zum

Sachunterricht zehn Jahre später nur noch eine „dienende Funktion" (KMK in Einsiedler/ Rabenstein 1985, S. 121) zu.

Volkstümliche und grundlegende Bildung in idealtypischer Entgegensetzung:

Volkstümliche Bildung in der Heimatkunde	**Grundlegende Bildung im Sachunterricht**
Verklärung des ländlichen Lebens, oftmals im Sinne einer Agrarromantik	Erschließung der Umwelt
Betonung eines sentimentalen Verhältnisses zu einer eng umgrenzten Heimat, die gleichzeitig den Anschauungsraum für Sachbegegnungen bietet	Inhalte sollen aus der Lebenswelt der Kinder stammen oder sollen auf diese bezogen werden können, sie müssen auch fachlich-wissenschaftliche Relevanz haben
Bevorzugung einer gefühls- und erlebnisbetonten Aneignung der heimatlichen Gegebenheiten	Erschließung der Umwelt erfolgt über alle Fähigkeitsbereiche des Menschen, natürlich auch verstandesmäßig
affirmatives (bejahendes, beipflichtendes) Heimatverständnis	Umwelt wird immer auch kritisch erschlossen, es wird Wert auf prüfendes Denken gelegt
volkstümliche Bildung wird abgegrenzt von wissenschaftlicher, theoretischer mithin höherer Bildung	grundlegende Bildung versteht sich auch als wissenschaftsorientiert
demzufolge gibt es zwei Arten von Bildung, die sich qualitativ unterscheiden	grundlegende Bildung hat die Aufgabe, die Basis für eine potentiell für alle zugängliche Allgemeinbildung zu legen
darf es in einer Demokratie zwei Arten von Bildung geben?	Chancengleichheit im Sinne der Schaffung eines Ausgleichs bei unterschiedlichen Voraussetzungen, Emanzipation im Sinne der Freisetzung des Individuums gegenüber gesellschaftlichen Zwängen

3.2 Das struktur- bzw. konzeptorientierte Curriculum

Der Deutsche Bildungsrat forderte in seinem Strukturplan ausdrücklich für den naturwissenschaftlichen Sachunterricht in der Grundschule, dass dieser sich bei der Ausarbeitung von Curricula an der US-amerikanischen Diskussion zu orientieren habe. Zentrale Denkrichtungen der amerikanischen Curriculumgestalter waren zwei grundsätzliche Auffassungen von Naturwissenschaft. Der eine Weg befasste sich mit den Möglichkeiten, die „Struktur der Disziplin“ (structure of discipline) für Grundschulkinder verfügbar zu machen, während sich der andere Zugriff darum bemühte, „Prozesse als Inhalte“ (process as content) didaktisch sinnvoll umzusetzen (vgl. 1970, S. 139f.). In diesem Zusammenhang kam es zur Entwicklung des struktur- bzw. konzeptorientierten Curriculum und des verfahrensorientierten Curriculum (zu Letzterem s. Pkt. 3.3).
Vorbild für den strukturorientierten Ansatz im Sachunterricht war das amerikanische Curriculum „Science Curriculum Improvement Study“ (SCIS). Den Einsichten des Kognitionspsychologen Jerome Seymour Bruner (1915-2016) folgend, ging der SCIS-Ansatz davon aus, dass es im Bereich der Naturwissenschaften grundlegende Strukturen gebe, die quer zu den Inhalten liegen und diesen in ihrer Bedeutung für den Lernprozess überlegen sind. Diesen Strukturen werden grundlegende, aufschließende und weiterführende Funktionen im Lernprozess eingeräumt. Sie erst ermöglichten ein Lernen in Zusammenhängen mit dem entsprechenden Potential widerstandsfähig gegenüber dem Vergessen und anschlussfähig für Transferleistungen zu sein. Auch sei es vorteilhafter, Strukturen statt schnell veraltenden Einzelwissens zu erwerben (vgl. Bruner 1971, S. 68-73).
Wichtigste Ziele des unter der Ägide von Robert Karplus (1927-1990), Physiker an der Berkeley Universität von Kalifornien, seit 1962 entwickelten SCIS-Ansatzes waren:

- Verständnis naturwissenschaftlicher Prinzipien (Strukturen) aufbauen
- Fertigkeiten für den Erwerb von Wissen ermöglichen
- positive Einstellungen gegenüber den Naturwissenschaften entwickeln (vgl. Thomson/ Voelker 1971)

Für den bundesdeutschen Bedarf fand die curriculare Übertragung des SCIS-Ansatzes ab 1968 durch die Braunschweiger und später Kasseler Arbeitsgruppe unter Leitung von Kay Spreckelsen statt. Dabei kam es aber nicht nur – wie oft behauptet wird – zu einer bloßen Übersetzung oder Adaption der amerikanischen Vorlagen, sondern vielmehr zu einer Neuentwicklung von knapp 100 struktur- bzw. konzeptorientierten Lektionen (vgl. Spreckelsen 2001, S. 99f.).

Diese wurden anhand der folgenden grundlegenden Strukturen oder Basiskonzepte entwickelt:

1. das Teilchenkonzept, das besagt, dass alle Materie (fest, flüssig, gasförmig) aus einzelnen Partikeln besteht und grundsätzlich in diese zerlegt werden kann
2. das Wechselwirkungskonzept, das besagt, dass bei allen chemischen und physikalischen Prozessen verschiedene Einflüsse („Interaktionspartner") aufeinander einwirken
3. das Erhaltungskonzept, das besagt, dass bei Veränderungen zwar Umwandlungsprozesse stattfinden, dass aber bestimmte Größen erhalten bleiben, dass also nichts verloren geht (vgl. ebd., S. 94 und vgl. Spreckelsen 2011, S. 143f.)

Es entstanden sechs aufeinander bezogene Unterrichtseinheiten, die jeweils 15 bis 18 Lektionen umfassen, insgesamt wurden 94 Lektionen entwickelt. Bemerkenswert ist in diesem Zusammenhang die Tatsache, dass gegenwärtig wieder verstärkt die Erarbeitung von naturwissenschaftlichen Konzepten mit Kindern im Grundschulalter beforscht wird, besonders mit Blick auf das Teilchenkonzept. Eine erkennbare Rückbesinnung auf die von Spreckelsen und Mitarbeitern in Pionierarbeit entwickelten didaktischen Wurzeln erfolgt dabei jedoch nicht (vgl. Benedict/ Bolte 2008). Das folgende Diagramm veranschaulicht den Aufbau des struktur- bzw. konzeptorientierten Curriculum (vgl. Spreckelsen 1971):

Konzepte →	**Teilchenstruktur**	**Wechselwirkung**	**Erhaltung**
1. Schuljahr	Stoffe und ihre Eigenschaften		
2. Schuljahr		Wechselwirkungen und ihre Partner	
			Veränderung und Erhaltung
3. Schuljahr	Vom Aufbau der Stoffe		
		Kräfte und ihre Wirkungen	
4. Schuljahr			Die Energien und ihre Formen

Die einzelnen Lektionen sind systematisch angelegt und folgen immer dem gleichen Ablauf:

1. werden die Lernziele angegeben
2. wird die Bedeutung der Lektion in der Unterrichtseinheit erläutert

3. wird der zu lernende Wortschatz mit dem Ziel des Aufbaus einer sachgemäßen Sprache als Vorform einer Fachsprache benannt – wegen dieser Herangehensweise wird der struktur- bzw. konzeptorientierte Ansatz, der von einer grundlegenden wissenschaftlichen Begrifflichkeit ausgeht und diese auch vermitteln und erarbeiten will, gelegentlich als begriffsorientierter Ansatz bzw. als begriffsorientiertes Curriculum bezeichnet
4. werden die benötigten Lehrmittel aufgeführt
5. teilen die Autoren ein Flussdiagramm zum Aufbau der Lektion mit
6. folgt ein sehr genauer Stundenverlauf mit detaillierten methodischen Anmerkungen, diese Ausführungen werden in sich nochmals sehr sorgfältig gegliedert und nennen auch Alternativen
7. werden noch Angaben zu Sachtexten, Tafelzeichnungen, Arbeitsblättern oder Hausaufgaben gemacht (vgl. ebd.)

Diese strengen Einteilungen des gesamten Curriculum – vom Aufbau der Unterrichtseinheit bis zur detailreichen und sehr gründlichen Konstruktion der einzelnen Lektionen – trug Spreckelsen und seinen Mitstreitern bald die vielstimmige Kritik ein, er habe ein „geschlossenes Curriculum" entwickelt, das Lehrer und Kinder unnötig festlege und ihnen keinen eigenen Gestaltungsraum mehr übrig ließe (vgl. etwa Kaiser 1995, S. 74-77). Spreckelsen, der sich bis heute gegen derartige Vorwürfe wehrt, weist demgegenüber darauf hin, dass diese engmaschige Art der Konzeption vor allem auf Wunsch der am Projekt beteiligten Lehrerinnen und Lehrer zu Stande kam und dass die Ausführungen gleichwohl immer nur als Vorschläge und keinesfalls dirigistisch zu verstehen gewesen seien (vgl. 2001, S. 97 und vgl. 2011, S. 145).

3.2.1 Zum Wissenschaftsverständnis des struktur- bzw. konzeptorientierten Curriculum

Das Wissenschaftsverständnis des struktur- bzw. konzeptorientierten Curriculum kann als fachwissenschaftlich, formal, funktional und direkt bezeichnet werden. Die fachwissenschaftliche Rückbindung und damit das selbstverständliche Akzeptieren der fachbezogenen Einteilung des Curriculum ist eindeutig, besonders in der deutschen Fassung. Als fachwissenschaftlicher Bezug sind die Naturwissenschaften zu nennen. Die amerikanischen Curriculumversionen beziehen sich immerhin noch auf drei naturwissenschaftliche Disziplinen: Biologie (vgl. „Populationen" 1973, S. 89-110; hier werden als grundlegende Strukturen genannt: Geburt, Wachstum, Vielfalt, Lebenszyklus, Entwicklung, Nahrungskette, ... Ziel ist der Aufbau eines Verständnisses für „das Organismus-Umwelt-Verhältnis"; ebd., S. 89), Physik und Chemie, deren Basiskonzepte für die Grundschule zusammengefasst werden. Spreckelsens Curriculumvorschläge befassen sich nur noch mit den Fachbezügen Physik und Chemie, so dass sie in Bezug auf diese beiden Fächer auch als ein fachbezogener Ansatz angesehen werden können – ähnlich wie dies bereits mit dem fachorientierten Ansatz im Sachunterricht diskutiert worden ist. Zu diesem besteht jedoch ein gravierender Unterschied: während es im fachorientierten Ansatz zu einer Vorverlagerung ursprünglich für spätere Schulstufen vorgesehener Inhalte in den Sachunterricht der Grundschule kam, entwickelte Spreckelsen seine Curricula – zwar mit Blick auf die Fächer Physik und Chemie – eigens für die Grundschule, was ihnen gegenüber dem fachorientierten Ansatz als Vorteil anzurechnen ist. Dass jedoch der Fachbezug Physik/ Chemie nicht für den gesamten Sachunterricht steht, sieht auch Spreckelsen sehr deutlich, denn er fordert die Vertreter anderer Fachbezüge des Sachunterrichts auf, doch ähnliche Teilcurricula für ihre Bereiche zu entwickeln (vgl. 1971, S. V). Auch Bruner fordert von anderen Disziplinen, curriculumrelevante grundlegende Strukturen freizulegen und nennt die Sozialkunde und den Literaturunterricht (vgl. 1971, S. 71f.).

Die von Spreckelsen identifizierten Basiskonzepte stellen hochformale Kategorien der Physik und Chemie dar. Sie sind von formaler Qualität, da die mit ihnen verknüpften Inhalte vor den erklärungsmächtigen Basiskonzepten als zweitrangig erscheinen. Folglich werden die materiellen Inhalte der Curricula auch nicht extra begründet. Die Bezugswissenschaften Physik und Chemie werden auf diese Weise dominant unter formaler Perspektive betrachtet (vgl. Spreckelsen 1971, S. 29), wobei die inhaltlichen Komponenten vernachlässigt werden. Eine weitere, schwerer wiegende Kritik an dieser Sichtweise tragen Thiel und Gümbel vor. Demnach ist noch nicht einmal erwiesen, ob die hier zur Rede stehenden Basiskonzepte überhaupt Konsens in den entsprechenden Bezugswissenschaften sind, d.h. es ist noch nicht einmal geklärt, ob sich Physik oder Chemie überhaupt darin abbilden lassen. Auch dass das Hervorbringen solcher formalen Konzepte das Ergebnis eines Diskurses sein müsse, der historisch-gesellschaftlich rückgebunden ist, werde in diesem Ansatz übersehen (vgl. Thiel/ Gümbel 1975, S. 155).

Das Wissenschaftsverständnis, das hinter der Konstruktion dieser Basiskonzepte steht, kann des Weiteren als funktional bezeichnet werden. Die Inhalte werden funktional für diese Basiskonzepte in den Dienst genommen, wobei dann die Gefahr besteht, dass neuere wissenschaftliche Entwicklungen, die eventuell ihrerseits curriculare Bedeutsamkeit hätten, vielleicht gar nicht mehr in den Blick geraten.

Schließlich noch zu der Feststellung, dass die Wissenschaftsauffassung, die hinter dem strukturorientierten Ansatz steht, direkt sei. Damit ist gemeint, dass folgende lineare Auffassung vertreten wird: Der die jeweilige Fachwissenschaft ausübende Fachwissenschaftler sei am besten geeignet, über Curriculumfragen entscheidend mitzubestimmen. „Die Erfahrung der letzten Jahre hat zumindest eine wichtige Lehre über den Entwurf eines Curriculum erteilt, das der zugrunde liegenden Struktur seines Gegenstandsbereichs entsprechen will, nämlich: die besten Köpfe einer jeden Wissenschaft müssen für diese Aufgabe gewonnen werden" (Bruner 1971, S. 68f.). Abgesehen von Rekrutierungsproblemen, die diese Forderung mit sich bringen dürfte, wird hier das Deduktionsproblem deutlich (vgl. Hirschberger s. a., S. 364f.). Es ist erkenntnistheoretisch nicht schlüssig möglich, von einem Bestand, der sich zudem selbst ständig verändert, Ziele, Inhalte und Verfahren des (Grund)schulunterrichts notwendig abzuleiten. Endlich ist noch zu bedenken, dass – wie schon bei der Diskussion des fachorientierten Ansatzes vernehmlich wurde – die wissenschaftlichen Fachdisziplinen nur wenig mit den teilweise namensgleichen Unterrichtsfächern übereinstimmen, da die jeweils bestehenden Entstehungs-, Realisierungs- und Verwertungszusammenhänge völlig andere sind. Der „direkte Weg" von der Wissenschaft über den Wissenschaftler ins Curriculum und ins Schulfach und von dort in die Köpfe der Kinder erscheint doch reichlich zuversichtlich gedacht.

3.2.2 Strukturorientierung und anthropologisch-entwicklungspsychologische Voraussetzungen

Der im Zeichen des entwicklungspsychologischen Paradigmenwechsels einsetzende Erziehungsoptimismus drückt sich am besten in der berühmten programmatischen und hypothetischen Formel von Jerome Seymour Bruner aus, die besagt, „daß jeder Unterrichtsgegenstand erfolgreich und in intellektuell vertretbarer Weise jedem Kind auf jeder Entwicklungsstufe gelehrt werden könne" (1971, S. 67). Besonders die Naturwissenschaften seien geeignet, der kindlichen Neugier, Kreativität, Originalität und dem kindlichen Explorationsdrang zu entsprechen, sie hervorzurufen und zu befriedigen. Das Kind wird entsprechend seiner Anlagen geradezu als potentieller (Natur)wissenschaftler gesehen: „Kinder reagieren mit Enthusiasmus und Sachverstand, wenn ihnen Drähte, Batterien, Schalter und andere elektrische Geräte, z.B. Klingeln, Lampen und Spielzeugmotoren mit der Aufforderung vorgelegt werden, mit diesen zu experimentieren. Kinder erfahren eine tiefe Befriedigung aus der originären Begegnung mit den Kräften der Natur. Sie erahnen den Geist der Wissenschaft, wenn ihre Neugier durch Entdeckungen belohnt wird" (Blough 1971, S. 89).

Desgleichen spricht Spreckelsen dem Grundschulkind eine sehr große Lernbereitschaft zu, die auch in Hinblick auf das spätere Lernen unbedingt genutzt werden müsse. Als besonders effektiv wird in diesem Kontext der Weg der sachstrukturellen Erschließung angesehen (vgl. 1970, S. 28). Während aber Blough der hohen kindlichen Lernbereitschaft und dem kindlichen Forschungsdrang mit eher offenen Materialarrangements entsprechen will, führt die gleiche anthropologische Sicht bei Spreckelsen und seinen Mitarbeitern zur Konstruktion relativ geschlossener Curricula, die für Kinder und Lehrer wenig Freiraum lassen. Zudem verweist der strenge, in sich hierarchisch bündige Aufbau der Curricula auf einen Belehrungsüberhang des struktur- bzw. konzeptorientierten Curriculum mit der ihm innewohnenden Tendenz einer gewissen Überforderung der Kinder. Spreckelsen selbst räumt aus späterer Sicht ein, dass die Altersangemessenheit des strukturorientierten Vorgehens nicht immer richtig bedacht wurde und es auf diese Weise zu Überforderungen gekommen sei (vgl. 2001, S. 97). An dem von ihm bereits im Zusammenhang mit der Entwicklung des strukturorientierten Curriculum geforderten „beziehungsreichen Lernen" oder auch „beziehungsvollen Lernen" naturwissenschaftlicher Sachverhalte hält Spreckelsen auch weiterhin fest, allerdings nicht mehr in einem streng lehrgangsmäßigen Unterricht, sondern in Form eines „unschulischen" Präsentierens von Phänomenkreisen, die die Kinder dazu veranlassen, durch Analogiebildungen die den Phänomenen zugrunde liegenden Gesetzmäßigkeiten zu erschließen (vgl. Hagstedt/ Spreckelsen 1986, vgl. Spreckelsen 1997 und Spreckelsen 2011, S. 142). Diese weiterentwickelte naturwissenschaftliche Vorgehensweise gestattet eine stärkere Berücksichtigung kindlicher Vorerfahrungen und Erklärungsmuster, als der ursprüngliche strukturorientierte Ansatz dies zuließ. Jedoch auch dieser bemühte sich schon darum, keine künstlichen Laborwelten zu schaffen, sondern vielmehr an der Alltagswelt der Kinder anzuknüpfen und sie stets aktiv handeln zu lassen. Genannt werden Arbeitsweisen wie Beobachten, Klassifizieren, Messen und Experimentieren (vgl. Spreckelsen 1971, S. VII-X). Das struktur- bzw. konzeptorientierte Curriculum versuchte trotz einer hohen konzeptionellen Genauigkeit die Interessen der Kinder zu berücksichtigen, wobei jedoch der naturwissenschaftliche Fachanspruch zweifellos dominierte.

3.2.3 Strukturorientierung im gesellschaftlichen Kontext und pädagogisch-curriculare Aspekte

Der gesellschaftliche Kontext zu Zeiten der Entwicklung des struktur- bzw. konzeptorientierten Curriculum entspricht weitgehend den bereits zum fachorientierten Ansatz vorgelegten Erläuterungen. Als eine Antwort auf Sputnik (1957) begann man in den USA intensiv, Bildungsanstrengungen auf naturwissenschaftlich-technischem Gebiet anzukurbeln. Im Zeichen dieser Bemühungen kam es 1959 unter der Leitung von Jerome Seymour Bruner zu der inzwischen Pädagogikgeschichte gewordenen Konferenz von Woods Hole – einem Ort auf einer etwa 100 km süd-südöstlich der US-amerikanischen Großstadt Boston vorgelagerten Halbinsel. Dort trafen sich rund 30 Erziehungswissenschaftler, Psychologen, Fachwissenschaftler und Medienexperten. Mit dieser wirkungsmächtigen Konferenz wurde der Siegeszug der Naturwissenschaften und Technik im Lehrplan der Schule bis hinein in die Grundschule eingeleitet – zunächst in den USA, später dann in der Bundesrepublik. Pate für die Entwicklung des struktur- bzw. konzep-

torientierten Curriculum stand dabei – wie schon erwähnt – der amerikanische Curriculumentwurf „Science Curriculum Improvement Study“, den Spreckelsen u.a. als Ausgangspunkt für ihre eigene Arbeit nahmen, wobei er sich in der Folgezeit an verschiedenen Stellen gegen einen Adaptionsvorwurf zur Wehr setzte (vgl. z.B. 2001, S. 99f.). Der Autor der deutschen Version des strukturorientierten Curriculum ging nur am Rande auf die gesellschaftlichen Rahmenbedingungen ein, die die Erarbeitung seines Ansatzes begleiteten und stellte lediglich fest, dass in einer von Naturwissenschaften und Technik bestimmten Welt das Fehlen dieser Inhalte bzw. deren hoffnungslose Unterrepräsentanz im Curriculum der Schule und besonders im Curriculum der Grundschule von der Lehrerschaft nunmehr als großer Mangel empfunden wurde, der mit der Vorlage seines Ansatzes behoben werden sollte (vgl. Spreckelsen 1971, S. IV). Dabei darf man Spreckelsen sicherlich unterstellen, dass er im Zuge der Demokratisierungs- und Emanzipationsdebatte unausgesprochen auch freisetzende Ziele mit seinem Unterricht verfolgte, da er die Kinder zum freien Gebrauch von Realien – hier Physik und Chemie – befähigen wollte und somit dem Aufklärungsimpetus folgte, der stets mit Realienunterricht verbunden ist.
Für diese Aussage spricht ebenfalls der schulpädagogisch-curriculare Zusammenhang. Der struktur- bzw. konzeptorientierte Ansatz baut das Curriculum von unten nach oben als ein Spiralcurriculum auf. Es kommt also nicht – wie etwa beim fachorientierten Ansatz – zu einem bloßen „Pushing-down“ von Inhalten und damit zu einer Art Bevormundung der Grundschule durch die Anforderungen des Sekundarbereiches. Vielmehr beanspruchte Spreckelsen – und dies macht er bis heute deutlich (vgl. 2011, S. 145f.) – mit seiner Konzeption einen fundierenden naturwissenschaftlichen Unterricht für die Grundschule entworfen zu haben, der den Beginn des naturwissenschaftlichen Lernens grundlege und dessen Richtung bis in den Hochschulbereich nicht mehr geändert werden müsse. Dabei sollte auf jeden Fall vermieden werden, dass es zu einer wie auch immer gearteten Vorverlagerung physikalisch-chemischer Lernanforderungen aus dem Sekundarbereich in die Grundschule hinein kam. Die strenge auf Fachbegriffe hin ausgelegte Herangehensweise des strukturorientierten naturwissenschaftlichen Sachunterrichts vom Anfang der 1970er Jahre neigte jedoch dazu, Kinder im Grundschulalter potentiell zu überfordern und die Lebensweltbezüge zu vernachlässigen. Andererseits ist auch nicht von der Hand zu weisen, dass den frühen naturwissenschaftlichen Konzeptionen im Sachunterricht das Verdienst zukommt, Naturwissenschaften unhintergehbar als Gegenstand des Sachunterrichts verankert und damit einen wirkungsmächtigen Impuls für die Entwicklung des weiteren Sachunterrichts gegeben zu haben.

3.2.4 Strukturorientierung und grundlegende Bildung

Der Ansatz des strukturorientierten Curriculum folgte ausdrücklich – wie Spreckelsen auch rückschauend noch betont – dem Paradigmenwechsel von der volkstümlichen zur grundlegenden Bildung in der Grundschule als Fundament einer darauf weiterzuentfaltenden Allgemeinbildung, die potentiell bis in den tertiären Bereich fortzuschreiben ist (vgl. 2001, S. 97f.). Während die Heimatkunde mit ihrer Orientierung an der Naturlehre der Volksschule noch von der „Kunde" zur „Lehre" führte, sieht sich der strukturorientierte Ansatz als Basis einer naturwissenschaftlichen Allgemeinbildung mit dem ausdrücklichen Bezug auf Physik und Chemie. Insofern folgte das Curriculum ebenso dem Demokratiegebot seiner Zeit, da es auf Weiterlernen angelegt war und somit eine naturwissenschaftliche Teilhabekompetenz anstrebte.
Zu den drei inhaltlichen Begründungsmerkmalen grundlegender Bildung nach Glöckel kann festgestellt werden, dass ein Lebensweltbezug dem hier zur Rede stehenden Curriculum nur bedingt zugestanden werden kann.
Auch fachlich ist es nicht unumstritten, da bezweifelt wurde, ob die von den Curriculummachern festgelegten Basiskonzepte überhaupt ihre übergreifenden Ansprüche erfüllen können (vgl. Thiel/ Gümbel 1975, S. 155).
Und schließlich – drittens – bleibt auch angesichts der Tatsache, dass die Basiskonzepte selbst umstritten waren, festzustellen, dass sie keine Inhaltlichkeit darstellen, die eine überdauernde Bedeutung erreichte – ganz abgesehen von der allgemeinen Zurücknahme der Wissenschaftsorientierung ab etwa Mitte der 1970er Jahre. Auch zu den „großen Themen" des Sachunterrichts leisteten sie noch keinen Beitrag, obwohl naturwissenschaftliche Zusammenhänge hier besonders aufgefordert wären – z.B. bei Fragen einer grundlegenden Astronomie. Dazu war aber zu Beginn der 1970er Jahre der Blick noch nicht frei, die Sicht führte manchmal allzu eng durch die jeweilige „Konzept-Brille" (vgl. Jeziorsky 1972, S. 85).
Dass naturwissenschaftliche Inhalte im Verständnis von Physik und Chemie unverzichtbarer Bestandteil von grundlegender Bildung sind, ist in der heutigen didaktischen Diskussion unbestritten. Auf der anderen Seite muss im historischen Kontext jedoch festgestellt werden, dass ihr Anteil nach dem furiosen Start des wissenschaftsorientierten Sachunterrichts teilweise dramatisch zurückgegangen ist. In einer großangelegten Studie stellte dies schon früh Schreier fest (vgl. 1979). Danach zeigten kleinere Untersuchungen, dass sich diese Tendenz fortsetzte (vgl. Einsiedler/ Schirmer 1986), wobei in der Zwischenzeit Biologie zu einer Art Leitfach im Sachunterricht geworden zu sein scheint und somit das einstmalige Leitfach der Heimatkunde, Erdkunde, abgelöst hat (vgl. Koch 2000).
Dass physikalische, chemische und auch technische Bezüge im heutigen Sachunterricht nur noch eine Nebenrolle spielen, kann allerdings nach aktuellen inhaltsanalytischen Studien von Unterrichtsbüchern zum Sachunterricht nicht mehr so eindeutig festgestellt werden. Vielmehr zeigen diese Untersuchungen er-

freulicherweise wieder eine deutliche Zunahme dieser Inhalte (vgl. Blaseio 2009). Gezielte Fortbildungsmaßnahmen, einschlägige fachdidaktische Publikationen, didaktische Materialien, die Arbeit von Fachverbänden wie der Gesellschaft für Didaktik des Sachunterrichts und sicherlich noch andere Faktoren sind an dieser Entwicklung bestimmt nicht ganz unbeteiligt.

3.3 Das verfahrensorientierte Curriculum im Sachunterricht

Ebenso wie der strukturorientierte Ansatz ging die verfahrensorientierte Konzeption auf US-amerikanische Curricula zurück, die letztlich über den Markt an die Schulen verkauft wurden. Seit Sommer 1962 entwickelten verschiedene Expertengruppen unter starkem Einfluss der lerntheoretischen Einsichten von Robert Mills Gagné (1916-2002) das Curriculum „Science – A Process Approach" (S-APA), das sich vor allem darum bemühte, Mädchen und Jungen vom Kindergarten bis in die 6. Klasse naturwissenschaftliche Arbeitsweisen zu vermitteln. Ähnlich wie beim SCIS-Projekt suchte auch diese Arbeitsgruppe angesichts des zu befürchteten schnellen Veraltens naturwissenschaftlicher Einzelkenntnisse nach überdauernden Beständen und erkannte diese in den Verfahren naturwissenschaftlichen Arbeitens, die sie zum Inhalt ihres Curriculum machten. Sie folgten dabei der stufentheoretischen Auffassung von Jean Piaget (1896-1980) und hielten sich an dessen Erkenntnistheorie (vgl. Gagné 1971, S. 111-114).
Diese besagt im Wesentlichen, dass die kindliche Erkenntnisentwicklung von der sensumotorischen und der prä-operationalen Phase über die konkret-operationale schließlich bis zur formal-operationalen Phase verläuft. Dementsprechend entwickelte Gagné eine Hierarchie von acht Lernformen (vom klassischen Konditionieren, das er Signallernen nennt, über das Begriffslernen bis zum Problemlösen), die er seinem Curriculum zugrunde legte. Es wurden 13 naturwissenschaftliche Verfahren in hierarchischer Anordnung festgelegt. Dabei wurden zwei Gruppen voneinander unterschieden: acht grundlegende Fertigkeiten und fünf darauf aufbauende komplexere Fertigkeiten, die das Durchlaufen der grundlegenden Fertigkeiten zur Voraussetzung haben. Gagné bezeichnet die komplexeren Fertigkeiten auch als „integrierte Verfahren".

Als grundlegende Verfahren werden genannt:
1. Beobachten
2. Klassifizieren
3. Gebrauch von Zahlen
4. Messen
5. Gebrauch von Raum-Zeit-Beziehungen
6. Kommunizieren
7. Voraussagen

8. Schlussfolgern

Als komplexe Fertigkeiten oder integrierte Verfahren werden genannt:

9. Operational definieren
10. Formulieren von Hypothesen
11. Interpretieren von Daten
12. Variablenkontrolle
13. Experimentieren

Diese Anordnung der Fertigkeiten und Verfahren bedeutet nun nicht, dass sie nacheinander abgearbeitet und dann gleichsam abgehakt werden, vielmehr werden alle Fertigkeiten zwar in der gegebenen Reihenfolge eingeführt und aufbauend entwickelt, aber bereits gelernte Verfahren werden im Laufe des Lehrgangs beibehalten und immer weiter ausgebaut. So bedeutet die unter 3. genannte Fertigkeit „Gebrauch von Zahlen" nicht mehr, aber vor allem auch nicht weniger als Mathematik, die in den für das Curriculum vorgesehenen sechs Schuljahren und der Vorschulzeit wie üblich vom Zählen und Addieren im Kindergarten und im 1. Schuljahr bis zum Bruchrechnen im 6. Schuljahr geführt werden soll. Übergreifendes Ziel war es, dass die Kinder das Experimentieren erlernen und in der 6. Klasse beherrschen sollten. Das Experiment war der Schlussstein und das oberste Ziel des verfahrensorientierten Curriculum und wurde als die höchste Form der Integration charakterisiert (vgl. Gagné 1971).

Die an der Universität Göttingen von Heinrich Roth eingerichtete Arbeitsgruppe für Unterrichtsforschung (AfU) erarbeitete ab 1968/ 69 unter Leitung von Hans Tütken eine deutsche Fassung des S-APA-Curriculum (vgl. Lauterbach 2011, S. 108-113). Die Arbeitsgruppe publizierte ihre Unterrichtsvorschläge – wie z.B. zu den Aggregatzuständen von Flüssigkeiten – u.a. auch in der seinerzeit noch sehr jungen und mit viel Schwung startenden Fachzeitschrift „Die Grundschule" (vgl. AfU 1970, S. 21-27).

3.3.1 Zum Wissenschaftsverständnis des verfahrensorientierten Curriculum

Das Wissenschaftsverständnis des S-APA-Curriculum, dem sich das verfahrensorientierte Curriculum besonders in seiner ersten Fassung eng anlehnte, kann als formal und behavioristisch beeinflusst bezeichnet werden, wobei es sich hierzulande für den Grundschulbereich lediglich naturwissenschaftlich ausprägte und somit fachwissenschaftlich rückgebunden blieb. Soostmeyer merkt zwar an, dass der verfahrensorientierte Ansatz grundsätzlich interdisziplinär möglich sei (vgl. 1998, S. 47), jedoch bleibt festzustellen, dass für den Sachunterricht in der Grundschule nur naturwissenschaftliche Zusammenhänge thematisiert worden sind und dass diese in der deutschen Fassung – ähnlich wie beim strukturorientierten Curriculum – vor allem auf die Fachbezüge Physik und Chemie bezogen blieben. In der US-amerikanischen Vorlage fanden auch vielerlei biologische, mathematische, etwas geologische und für die späteren Schuljahre auch empirisch fassbare sozialwissenschaftliche Sachverhalte Berücksichtigung. Für den bundesdeutschen Zusammenhang kann hingegen mit einigem Recht gesagt werden, dass das dem verfahrensorientierten Curriculum zugrunde liegende Wissenschaftsverständnis fachlich naturwissenschaftlich ausgerichtet war. Der verfahrensorientierte Ansatz erhob demnach auch nie den Anspruch – hierin gleicht er dem struktur- bzw. konzeptorientierten Curriculum – den ganzen Sachunterricht vertreten zu wollen. Für die Anfangsklassen des Sekundarbereichs und teilweise auch noch mit Bezug zur 4. Jahrgangsstufe gab es gleichwohl Bemühungen, eine verfahrensorientierte Vorgehensweise auch auf sozialwissenschaftliche Problemstellungen zu beziehen (vgl. Lippitt/ Fox/ Schaible 1975), die aber für den Sachunterricht in der Grundschule weitgehend folgenlos blieben.

Der Inhaltsfrage im materialen Sinne wird insgesamt eine eher geringe Bedeutung zugemessen. Das dahinterstehende Wissenschaftsverständnis kann folglich als formal gekennzeichnet werden. Die Arbeitsgruppe um Tütken führt dazu aus: „Wissenschaft wird aufgefasst als ein strukturierter und gerichteter Weg, Fragen aufzuwerfen und zu lösen" (AfU 1970, S. 21). Den Verfahren, Wissen zu erwerben und Probleme zu lösen, werden gegenüber dem Wissen selbst der Vorrang eingeräumt.

3.3.2 Verfahrensorientierung und anthropologisch-entwicklungspsychologische Voraussetzungen

Den US-idealistischen Erziehungsoptimismus, der seit John Dewey (1859-1952) in Theorie und Praxis der amerikanischen Schule wirksam ist, teilten auch Gagné und seine Mitstreiter. In dieses Bild passt dann auch die plakativ gewordene 90/ 90-Formel, die auf Studien des US-amerikanischen Erziehungswissenschaftlers und Lerntheoretikers Benjamin Bloom (1913-1999) zurückging. Dieser fand heraus, dass 95% aller Lernenden mit Hilfe geeigneter Angebote und entsprechender Zeit und Geduld die gesetzten Lernziele erreichen könnten. Die 90/ 90-Formel des S-APA-Ansatzes besagt nun, dass 90% der Kinder 90% der Lernziele erreichen könnten (vgl. Gagné 1971, S. 120f.). Um dies sicherzustellen, wurden ausführliche Beispiele dargelegt, die Kinder zu bestimmten Aktivitäten, zu Stellungnahmen und zu Ausführungen auffordern. Die Lektüre dieser Sequenzen hinterlässt jedoch gelegentlich den Eindruck eines lehrerzentrierten Frage-Antwort-Unterrichts: Der Lehrer präsentiert den Schülern in streng sachlogischer Abfolge kleine Experimente (z.B. zu den Aggregatzuständen und Fließgeschwindigkeiten von Flüssigkeiten oder zum Verlöschen einer erstickenden Kerzenflamme) und fordert sie meist mit W-Fragen auf, dazu Stellung zu beziehen, Vermutungen zu äußern oder Voraussagen zu machen. Ist nun ein Lernschritt erledigt, folgt der nächste usw. (vgl. Handreichungen 1971, S. 125-136 und vgl. AfU 1970,

S. 22-27). Diese mitgeteilte Vorgehensweise löste Kritik in der bundesdeutschen Pädagogenschaft aus. Krebs etwa spricht von der Gefahr einer „Ökonomisierung“ des Unterrichts, der um der Verfahren willen, Sachinhalte und Kinderwünsche vernachlässige (vgl. 1977, S. 208). Lauterbach weist jedoch darauf hin, dass diese Art des Unterrichts dem Autonomieverständnis der Person nicht entgegenstand, denn „das idealistische US-Denken geht grundsätzlich von der Vorstellung einer absoluten Autonomie der Person aus, also auch von Kindern. Lehr-Lern-Kurse (Drill and Practice) beeinträchtigen diese Auffassung nicht“ (2006).
Des Weiteren wurde der mangelnde Lebensweltbezug des verfahrensorientierten Curriculum vielstimmig beklagt. Auch hier gilt es, sich die angloamerikanische Curriculumtradition zu vergegenwärtigen (s. Kap. 4.2), in der die konkreten Lebensumstände der Kinder nur einen nachrangigen Stellenwert einnehmen. Expertengruppen arbeiten Curricula aus, die in den Schulen zur Anwendung kommen – den jeweiligen Vor-Ort-Verhältnissen kommen dabei kaum Gewicht zu. Für die bundesdeutschen Verhältnisse stellt Lauterbach rückschauend fest: „Ein großes Problem für die AfU war in der Tat der Lebensweltbezug für die Kinder. Dass er bei S-APA weitgehend ignoriert wurde, schreibe ich der amerikanischen Auffassung von Schule zu. Dort spielt der Lebensweltbezug eine relativ geringe Rolle. Spiel, Phantasie, Comic und action sind der amerikanische Lebensweltbezug von Schülern“ (2006).
In der Weiterentwicklung der S-APA-Vorlage versuchte die Göttinger Arbeitsgruppe, das Lernangebot auszudifferenzieren und die Eigenaktivitäten der Kinder besser zu berücksichtigen. Diese Bemühungen führten auch dazu, dass Krebs schon in ihrer frühen kritischen Bilanz dem verfahrensorientierten Ansatz nach bundesdeutscher Lesart ein gewisses Maß an Kindbezogenheit einräumte (vgl. 1977, S. 188).

3.3.3 Verfahrensorientierung im gesellschaftlichen Kontext und pädagogisch-curriculare Aspekte

Im Zusammenhang mit der Konferenz von Woods Hole (1959) veranlasste die American Association for the Advancement of Sciene (AAAS) die Einsetzung entsprechender Fachkommissionen, so auch derjenigen, die unter maßgeblicher Mitarbeit von Robert Mills Gagné das S-APA-Curriculum entwickelte.
In seiner deutschen Adaption erfuhr das Curriculum eine Liberalisierung und wurde offener und kooperativer gestaltet als die amerikanische Vorlage (vgl. Lauterbach 2001, S. 109f.), womit auch den freisetzenden Impulsen eines naturwissenschaftlichen Realienunterrichts im Zeichen einer generellen Demokratisierung der bundesrepublikanischen Gesellschaft im Übergang von den 1960er auf die 1970er Jahre entsprochen wurde. Auf diese Weise wollte dieser Unterricht einen entschiedenen Beitrag zur Chancengleichheit und Bildungskompensation leisten.

Jede einzelne Einheit des Verfahrensansatzes verweist auf rück- und vorausschauende curriculare Aspekte, die sich in einem dreischrittigen Frageschema abbilden: „1. welches sind die Voraussetzungen der vorliegenden Einheit; 2. was soll das Kind durch diese Einheit lernen; 3. wie bereitet diese Einheit das Kind auf spätere Lernschritte vor“ (Gagné 1971, S. 117). Durch diese ständige Absicherung wird das curriculare Netz eng und fest geknüpft, wobei es – trotz der Rückversicherung über bereits Gelerntes – vorwiegend fortschreitend auf künftige Lernanforderungen ausgerichtet ist. In den regelmäßig durchzuführenden Tests etwa sollen immer nur die neuen Lernleistungen und nicht die früheren erfasst werden. Letztendlich steht der Verfahrensansatz somit propädeutisch im Dienst der Vorbereitung auf eine spätere naturwissenschaftliche Arbeit in der Schule. Um dies leisten zu können, müssen neue Inhalte für die Grundschularbeit pädagogisch-didaktisch fruchtbar gemacht werden, wobei die AAAS und Gagné und sein Stab meinten, diese neuen Inhalte mit den Verfahren gefunden zu haben (vgl. ebd., S. 117f.).
Insgesamt war das Bemühen um neue Inhalte, die bisher nicht in der Tradition von Grundschularbeit standen, grundsätzlich positiv zu bewerten, führte es doch – auf die bundesdeutschen Bedingungen gemünzt – eindeutig weg von der nicht mehr haltbaren volkstümlichen Bildung.

3.3.4 Verfahrensorientierung und grundlegende Bildung

Von Beginn an verstand sich der verfahrensorientierte Ansatz als ein Beitrag zur grundlegenden Bildung im Rahmen von Allgemeinbildung, wobei es nicht darum ging, den Kindern naturwissenschaftliches Spezialwissen zu vermitteln. Vielmehr sollen die Kinder die allgemeine Fähigkeit „der Variablenkontrolle“ erwerben, die zumindest – so die Annahme – von einem naturwissenschaftlichen Gebiet auf ein anderes naturwissenschaftliches Gebiet übertragbar sei (vgl. Gagné 1971, S. 119). Dabei sei es natürlich nicht das Ziel, dass jedes Kind später Naturwissenschaftler werden solle, aber jedes Kind solle grundsätzlich dazu befähigt werden, die Welt auch so sehen und verstehen zu können, wie dies in naturwissenschaftlicher Sichtweise möglich sei. Angestrebt wurde demnach eine allgemeine Kompetenzerweiterung durch die Vermittlung und Erarbeitung von Verfahren. In diesem Kontext werden Verfahren – mit ihrer Königsdisziplin des Experiments – als dynamische Qualifikationen begriffen (vgl. AfU 1970, S. 21), die in hohem Maße übertragbar und anschlussfähig sind. Dadurch sollte im Zuge der Allgemeinbildung ganz entschieden eine grundlegende naturwissenschaftliche Bildung angebahnt werden, von der auch und gerade benachteiligte Schüler profitieren sollten (vgl. Lauterbach 2011, S. 112).
Wiederum die drei Merkmale grundlegender Bildung nach Glöckel zu Rate ziehend, bleibt festzustellen, dass dem Lebensweltbezug mit dem Verfahrensansatz insonderheit in seiner ersten Version wenig entsprochen werden konnte.

Die von den Curriculumkonstrukteuren festgelegten naturwissenschaftlichen Verfahren sind zweifellos von fachlich hoher Relevanz und eröffnen den Kindern entsprechende Handlungsmöglichkeiten.

Inhalte, denen überdauernde Bedeutung zukommt, stellen die Verfahren insoweit dar, als sie auch in späteren Schulstufen Anwendung finden – curricular gesehen kann ihnen von daher eine überdauernde Relevanz, mindestens in propädeutischer Rücksicht, nicht abgesprochen werden. Darüber hinaus können sie dazu beitragen, eine empirische Weltsicht und ein empirisches Weltverhältnis aufzubauen, wie wir es in der abendländischen Tradition seit der Aufklärung kennen. Diese naturwissenschaftlich vermittelte Sicht hat einen hohen Stellenwert für Allgemeinbildung, wie sie etwa im Verständnis von Adolph Diesterweg (1790-1866), Georg Kerschensteiner (1853-1932) oder Martin Wagenschein (1896-1988) vorliegt. Inhaltsgesättigte „große Themen" unter dem Gesichtspunkt der Verfahrensorientierung zu erarbeiten, dürfte desgleichen vielversprechend sein, könnten doch gerade hier vielfältige Verfahren und Arbeitsweisen – etwa das planvolle Erkunden, das genaue Beobachten, das sorgfältige Formulieren und Überprüfen von Vermutungen, das gewissenhafte Durchführen von Versuchen – zur Anwendung kommen.

Aus späterer Sicht gibt Lauterbach zu bedenken, ob durch die zunächst werkgetreue Adaption der US-amerikanischen Vorlagen und die damit einhergehenden Widerstände, sie hierzulande umzusetzen, nicht die Möglichkeit vertan wurde, das Experimentieren als „vierte Kulturtechnik" im Curriculum der Grundschule zu verankern und damit dem Sachunterricht schon früh eine ähnliche Wertigkeit zu verschaffen, wie sie den Fächern Deutsch und Mathematik mit ihrer vorwiegend lehrgangsorientierten Vermittlung der üblichen Kulturtechniken Lesen, Schreiben und Rechnen bis heute zukommt. Dem Sachunterricht sei es nicht gelungen, einen ähnlichen Rang wie diese Fächer zu erreichen; der lehrgangsbezogene Ausbau des Experimentierens im Verständnis eines elaborierten Problemlösens als „vierte Kulturtechnik" hätte dem vielleicht Abhilfe leisten können (vgl. Lauterbach 2001, S. 123).

Als die Arbeitsgruppe um Hans Tütken schließlich dazu in der Lage war, ein Curriculum vorzulegen, das sich zwar noch in den Grundzügen an S-APA orientierte, aber dessen Schwachpunkte überwand und sorgsam ausgearbeitete informations- und materialreiche Unterrichtsvorschläge vorlegte – jetzt auch mit biologischen Bezügen (vgl. AfU 1977) –, bestand in der pädagogischen Öffentlichkeit kaum noch Interesse an einem solchermaßen wissenschaftsorientierten Sachunterricht. Ein anderes Verständnis von Kind- und Lebensweltorientierung hatte in der Zwischenzeit die Grundschulklassenzimmer erobert, die Naturwissenschaften waren bis auf weiteres auf breiter Front auf dem Rückzug. Dass dieses Projekt von der Fachgeschichte des Sachunterrichts nicht zur Kenntnis genommen worden ist (vgl. Lauterbach 2011, S. 113), trifft indes zumindest für die hier vorliegende Publikation nicht zu.

3.4 Der Ansatz Science 5/ 13

Ein wesentlicher Kritikpunkt an den bisher erörterten naturwissenschaftlichen Konzeptionen des Sachunterrichts war deren curriculare Engführung gewesen. Die Arbeitsgruppe um Hans Tütken reagierte noch darauf und legte offenere, handlungs- und situationsbezogenere Weiterentwicklungen ihres Ansatzes vor, die jedoch kaum noch Beachtung fanden. In der historisch-systematischen Aufarbeitung jener Phase der Grundschul- und Sachunterrichtsentwicklung wurde der Stellenwert dieser unter wissenschaftsorientierter Leitvorstellung stehenden Neuerung hingegen sehr wohl zustimmend zur Kenntnis genommen. Darüber hinaus wird jedoch der wachsende Einfluss offener gestalteter Konzeptionen auf den naturwissenschaftlich ausgerichteten Sachunterricht festgestellt (vgl. Rodehüser 1987, S. 625f.).

In diesem Zusammenhang steht der Ansatz Science 5/ 13, der im Rahmen des englischen Nuffield Junior Science Project entwickelt wurde. Ab 1967 erschienen in England und Schottland Buchveröffentlichungen, die sich zum Ziel gemacht hatten, den naturwissenschaftlichen Unterricht für Kinder im Alter zwischen 5 und 13 Jahren zu verbessern. Die Veröffentlichungen dokumentierten erprobten Unterricht. Sie stellten Erfahrungen, Anleitungen und Materialien in Form von Handreichungen zum naturwissenschaftlichen Unterricht mit Kindern der genannten Altersgruppe zur Verfügung (vgl. Nuffield Junior Science 1967). Bis 1975 entstanden auf diese Weise insgesamt 26 Bände zum naturwissenschaftlichen Unterricht (vgl. Schwedes 2001). Es wurde eine Fülle von Unterrichtsbeispielen angeboten, die vor allem inhaltliche, methodische und organisatorische Hinweise, Vorschläge zur inneren Differenzierung und Anleitungen zum Einsatz von Arbeitsmitteln lieferten. Sie stellten keine festen Kataloge dar, die es abzuarbeiten galt. Vielmehr wollten sie Lehrerinnen und Lehrer sowie Kinder dazu ermutigen, praktisches Problemlöseverhalten in biologischen, physikalischen, chemischen und technischen Kontexten verbunden mit Reflexion und Gespräch durchzuführen. Das vielfältige Angebot sollte eine individuelle Auswahl gestatten und dadurch innere Differenzierung sowohl nach Leistung als auch nach Neigung ermöglichen. Stoff- oder Verfahrenshierarchien kennt dieser Ansatz nicht; er versteht sich als offenes Curriculum.

Die Naturwissenschaften wurden im Science 5/ 13-Curriculum nicht so sehr von ihren Inhalten und Verfahren her gedacht, sondern das entdeckende Herangehen an naturwissenschaftliche und technische Probleme sollte im Mittelpunkt stehen. Der Science 5/ 13-Ansatz verstand sich demzufolge als kind- und sachorientiert, als individualisierend und prozessorientiert. Er wollte selbstgesteuertes, entdeckendes, selbst organisiertes und sinnliches Lernen unter angemessener Berücksichtigung des Lebens- und Situationsbezuges ermöglichen. Thematisch locker und assoziativ sollten die Kinder direkte Erfahrungen machen: etwa mit Wasser hantieren, es färben, vermischen, wieder verdünnen. Oder mit verschiedenen weißen Pulvern umgehen und herausfinden, was es jeweils ist: Mehl, Salz, Zucker, Gips, Puderzucker, Backpulver, Mondamin. Der Lebensweltbezug kann hier beispielsweise durch das Backen hergestellt werden. Im Sinne der Stufentheorie Jean Piagets benannte der Ansatz Science 5/ 13 auch Lernziele (Übergang vom anschaulichen Denken zur konkreten Operation, frühe Entwicklungsstufe der konkreten Operation, fortgeschrittene Entwicklungsstufe der konkreten Operation, Übergang zum abstrakten Denken), die aber nicht krampfhaft verfolgt wurden, vielmehr sollten sie Lehrerinnen und Lehrern gleichsam im Hinterkopf bewusst sein, damit sie von daher die Lernprozesse der Kinder aufmerksam begleiten können. Diese Philosophie wurde in dem Begleitband „With Objectives in Mind“ (Mit Lernzielen im Sinn) mitgeteilt (vgl. Schwedes 2001, S. 138). Die Lehrerinnen und Lehrer sollen nicht so sehr Vermittler zwischen dem Stoff und dem Kind sein, sie sollen stattdessen die Lernprozesse des Kindes aufmerksam beobachten und unterstützen. Das Kind wurde als „Agent seiner Lernprozesse“ gesehen, es sollte zahlreiche Fähigkeiten und Fertigkeiten entfalten. Als solche wurden benannt: „1. Entwicklung von Interessen, Einstellungen u. ästhetisch. Bewußtsein 2. Beobachten, Explorieren und Ordnen von Beobachtungen 3. Entwicklung von grundlegenden Begriffen und logischem Denken 4. Stellen von Fragen u. Experiment., um die Fragen zu beantworten 5. Erwerb von Wissen u. Erlernen von Fertigkeiten 6. Kommunizieren 7. Wahrnehmen von Beziehungen u. Strukturen 8. Ergebnisse kritisch interpretieren“ (Klewitz/ Mitzkat 1974a, S. 376f.). Dies alles gruppierte sich um das oberste Ziel des Science 5/ 13-Ansatzes: „Entwicklung eines forschenden Geistes und der Fähigkeit, mit naturwissenschaftlichen Methoden an Probleme heranzugehen“ (ebd., S. 377).

Als Inhaltsbereiche werden genannt:

1. Die unbelebte Natur
2. Der Reichtum und die Natur pflanzlichen und tierischen Lebens
3. Der Mensch und seine Stellung in der Natur
4. Unterschiede, Ähnlichkeiten und Muster
5. Wechselwirkungen und Veränderungen
6. Energieumwandlungen
7. Organisationsformen (vgl. Schwedes 2001, S. 139)

Für den bundesdeutschen Gebrauch wurden neben anderen folgende Themen ausgearbeitet: Das Skelett des Menschen (vgl. Klewitz/ Mitzkat 1974b), Zeit und Zeitmessung (vgl. Klewitz/ Mitzkat 1974a), Zentralheizung (vgl. Klewitz/ Mitzkat 1973) oder Holz und Bäume (vgl. Schwedes 1977).

3.4.1 Zum Wissenschaftsverständnis des Ansatzes Science 5/ 13

Das Wissenschaftsverständnis von Science 5/ 13 ist naturwissenschaftlich, kind- und tätigkeitsorientiert. Erstes Anliegen ist die Bearbeitung naturwissenschaftlicher und technischer Inhalte. Insofern verfolgte er ähnliche Zielsetzungen wie die beiden bisher vorgestellten naturwissenschaftlichen Konzeptionen des Sachunterrichts. Neu ist jedoch die entschiedene Ausrichtung auf das Kind und dessen Vorerfahrungen und Lebensweltbezüge. Der jähe Wechsel von der kindertümelnden Heimatkunde zu dem streng wissenschaftsorientierten Sachunterricht sollte mit dem Ansatz Science 5/ 13 vermieden bzw. korrigiert werden. Erkenntnistheoretisch verortet sich Science 5/ 13 zwischen diesen beiden Positionen. In der die Heimatkunde unterfütternden phasenbezogenen Entwicklungspsychologie wurde demnach die Subjektseite überbetont, in den sich zunächst vor allem auf behavioristische Lernmodelle berufenden naturwissenschaftlichen Curricula wurde die Objektseite eindeutig überbewertet, so dass eine Ideologie durch eine andere ersetzt worden sei. Der Mittelweg liege in der Übernahme der genetischen Erkenntnistheorie nach Piaget, die das Kind als tätig werdenden Gestalter seiner Lernprozesse begreife. Anregungsreiche Lernumwelten, tatsächlich vorhandene und zu lösende Probleme aus dem naturwissenschaftlich-technischen Bereich und offener Unterricht sind die didaktischen Konsequenzen, die dieser Ansatz fordert (vgl. Klewitz/ Richter 1994, S. 244-248). Vielfältig bestückte Ausstellungs- und Materialtische gehörten folglich zum Standardangebot dieses Unterrichts.

3.4.2 Science 5/ 13 und anthropologisch-entwicklungspsychologische Voraussetzungen

Schon in der ersten bundesdeutschen Publikation zu Science 5/ 13 wurde deutlich, dass hier das Kind sehr optimistisch als selbstständiger Lerner gesehen wurde. Kinder müssen schon früh vielfältige naturwissenschaftliche Erfahrungen machen und naturwissenschaftliche Denk- und Forschungsweisen entwickeln. Programmatisch heißt denn auch ein Abschnitt aus der Originalveröffentlichung „The Child As A Scientist“ (vgl. Nuffield Junior Science 1967). Dass junge Menschen schon früh in der Lage seien, naturwissenschaftliche Fragestellungen und Probleme zu erschließen, ist demnach keine neue Erkenntnis. Als Kronzeuge für diese Aussage wird sich – wie Walter Jung dies in der ersten Vorstellung des Science 5/ 13-Ansatzes hierzulande mitteilt – auf Joseph Priestley (1733-1804) berufen, der u.a. den Sauerstoff als chemisches Element entdeckt hat (1774). Priestley schrieb bereits 1790 folgende Ansicht nieder: „Die Menschen sollten schon sehr früh im Leben an das Experimentieren gewöhnt und in die Theorie und Praxis der Forschung eingeführt werden. Sehr junge Menschen können schon mit allen Voraus-

setzungen vertraut gemacht werden, so daß sie zu wirklich originalen Forschungen fähig sind" (Jung 1968, S. 46).
Dabei folgte der Ansatz Science 5/ 13 – ähnlich wie die überarbeiteten Varianten des verfahrensorientierten Curriculum – nicht mehr behavioristischen Lerntheorien, sondern richtete sich nach der Entwicklungs- und Erkenntnistheorie Piagets. Demnach sei das lernende Kind fähig, in eigentätiger Auseinandersetzung mit der Umwelt naturwissenschaftlich denken und handeln zu lernen. Auf diese Weise würden die dazu notwendigen intensiven Assimilations- und Akkommodationsprozesse bewirkt. In Piagets Sprachgebrauch wird unter Assimilation verstanden, dass vom Individuum neue Zusammenhänge in bestehende Denkmuster (Schemata) eingebaut werden können, wohingegen bei Akkommodationsprozessen neue Zusammenhänge erst durch Umstrukturierung bestehender Denkmuster bzw. durch deren Neuaufbau erfasst werden können. Im Idealfall – also bei Vermeidung von Unter- und Überforderung des Lernenden – halten sich beide Vorgänge (Assimilation und Akkommodation) in etwa die Waage (das möglichst ausgeglichene Verhältnis von Assimilation und Akkommodation wird als Äquilibration bezeichnet), bis wieder ein neues Ungleichgewicht entsteht und die oben skizzierten Abläufe wiederum beginnen. Die Betonung des selbstständigen, individuellen und eigentätigen Lernens rückt den Ansatz Science 5/ 13 in die Nähe zu heutigen konstruktivistischen Aneignungstheorien. Auch von daher beanspruchte Schwedes rückschauend, dass dieses Curriculum „noch immer up to date" (2001, S. 133) sei.

3.4.3 Science 5/ 13 im gesellschaftlichen Kontext und pädagogisch-curriculare Aspekte

Als mit den Veröffentlichungen von Klewitz/ Mitzkat und Schwedes ab 1973 bzw. 1974 der vorliegende Ansatz einer breiteren Fachöffentlichkeit bekannt wurde, war die Wissenschaftsbegeisterung der heißen Monderoberungsphase schon längst abgekühlt. Darüber hinaus hatte mit den Erfahrungen der ersten Ölkrise die allgemeine Fortschrittsgläubigkeit einen erheblichen Dämpfer erhalten. Auf pädagogischem Gebiet ging damit die Zurücknahme der Machbarkeitsvorstellungen einher, die noch die frühen naturwissenschaftlichen Curricula genährt hatten. Innerhalb der drei Bezugsgrößen eines Curriculum „Gesellschaft", „Fachdisziplin" und „Kind" betont der vorliegende Ansatz nun eindeutig das Kind und seine Bedürfnisse, womit es zu einer Vernachlässigung der beiden anderen Gesichtspunkte kommt, die jedoch bewusst in Kauf genommen wird. Die Betonung der direkten Erfahrung, der sinnlichen Wahrnehmung und des entdeckenden Lernens schränkt den Aktions- und Erkenntnisraum notwendig auf das unmittelbar Zugängliche ein. Zwar werden häufige Exkursionen in die Schulumgebung empfohlen, dennoch besteht die Gefahr, dass die Klasse bzw. die Schulgemeinde zu einem abgekapselten Mikrokosmos wird, der zu gesellschaftlichen, ökonomischen und politischen Verhältnissen keinen Zugang mehr hat. Diesen Umstand bemerken auch die bundesdeutschen Vorkämpfer für Science 5/ 13. Sie geben sich aber ziemlich schnell mit dem Argument zufrieden, dass die Vorteile dieses Ansatzes diesen Nachteil mehr als ausgleichen würden; denn durch die spontane, situative und wahrnehmungsbezogene Kommunikation der Kinder in den Entdeckungen stiftenden Lernsituationen würden sozio-kulturelle Unterschiede keine große Rolle spielen und sprachliche Unterschiede etwa würden schnell ausgeglichen bzw. kompensiert (vgl. Klewitz/ Mitzkat 1973, S. 191). Dass desgleichen kritische gesellschaftliche, ökonomische und politische Bezüge jedoch notwendig zu einem modernen Sachunterricht gehören, wird dabei übersehen. Rückblickend stellt Schwedes immerhin fest, dass etwa bei dem Curriculum zum Thema „Schrott" auch gesellschaftliche und ökologische Fragestellungen, wie die Bedingungen von Industriearbeit oder Recycling hätten angesprochen werden können (vgl. Schwedes 2011, S. 167).

3.4.4 Science 5/ 13 und grundlegende Bildung

Die englischen Curriculumvorlagen richteten sich an eine Altersgruppe, die früher als die deutsche Grundschule einsetzt und später als diese endet. Vor allem Letzteres war in der Bundesrepublik Deutschland nicht möglich, da die Grundschule nicht über das vierte Schuljahr hinausführt – schon damals war Berlin (zeitgenössisch West-Berlin) mit 6 Grundschuljahren eine Ausnahme; heutzutage kommt noch Brandenburg hinzu. Infolgedessen bezogen sich die bundesdeutschen Beiträge zu Science 5/ 13 im Wesentlichen auf das hiesige Grundschulalter, wobei es aber einige Beiträge zum vorschulischen Bereich gab. Insofern war der Bildungskorridor eines gleichen Bildungsangebotes für alle – wie ihn eben nur eine alle Schülerinnen und Schüler eines Jahrgangs erfassende Schule vorhalten kann – institutionell eingeschränkt. Im Rahmen dieser Grenzen war es indessen auch für die bundesdeutschen Science 5/ 13-Gestalter ein Anliegen, im Zeichen von Chancengleichheit und ausgleichender Bildung, gerade die benachteiligten Kinder zu fördern, wobei der zugrunde liegende Bildungsbegriff eher formal ausgeprägt war, da die konkrete Inhaltsebene – und damit der material akzentuierte Anteil von Bildung – als zweitrangig abgesehen wurde (vgl. Schwedes 2001, S. 139f.).

Bleibt mit Glöckel die Frage nach den Kriterien grundlegender Bildung (Lebensweltbezug, Fachrelevanz und überdauernde Bedeutung). Der Lebensweltbezug des vorliegenden Ansatzes ist offenkundig. Die Lebenswelt dient in erster Linie dazu, Entdeckungsraum zu sein. Ein kritisches Nachdenken etwa über die Zustände in ihr ist jedoch nicht so sehr Gegenstand von Science 5/ 13.

Fachrelevanz im Sinne der Erarbeitung einer fachlich rückgebundenen Systematik wird nicht beansprucht. Da das (spontane) Interesse des Kindes die Auswahl der Gegenstände und Tätigkeiten bestimmen soll, bekennen sich die Vertreter des vorliegenden Ansatzes klar zu inhaltlichen und methodischen Zufälligkeiten, die keiner Fachsystematik folgen (vgl. Klewitz/ Mitzkat 1973, S. 191). Andererseits soll ausdrücklich das naturwissenschaftlich-technische Lernen unter besonderer Beachtung entsprechender Vorgehensweisen angeregt werden, so dass in Bezug auf diesen Bereich von einer allgemeinen methodischen Fachrelevanz gesprochen werden kann.

Ein wesentliches Anliegen von Science 5/ 13 war die Erzeugung einer „positiven Einstellung gegenüber Problemen der Naturwissenschaft“ (ebd.) bei den Kindern, so dass von daher überdauernde Wirksamkeit dieses Ansatzes auch mit lebensbiographischer Bedeutsamkeit erhofft wurde. Curricular betrachtet würde sich eine positive Einstellung gegenüber den Naturwissenschaften sicherlich günstig für ein Weiterlernen nach der Grundschule auswirken und wäre somit propädeutisch relevant.

Während in der didaktischen Diskussion des Sachunterrichts der zur Rede stehende Ansatz durchaus zur Kenntnis genommen wurde, Rezeption und Weiterentwicklung erfahren hat (vgl. Möller 1999 und vgl. Klewitz/ Richter 1994), blieb er in der bundesdeutschen Schulwirklichkeit fast unbeachtet. Zum einen wird als Ursache dafür gesehen, dass nach dem naturwissenschaftlichen Siegeszug, der am Beginn des Sachunterrichts stand, ab der zweiten Hälfte der 1970er Jahre allgemein die Bedeutung der Naturwissenschaften in der Grundschule wieder deutlich abnahm. Zum anderen wird der mangelnde Einsatz der Lehrerinnen und Lehrer genannt (vgl. Schwedes 2001, S. 144f. und vgl. Schwedes 2011, S. 171). Dieser Grund ist oftmals wohlfeil; er sollte gleichwohl nicht zu einer allgemeinen Lehrerschelte führen, die ihrerseits die Rezeption anspruchsvoller Curricula erheblich erschweren kann.

Die Entwicklung von Science 5/ 13 ist auf jeden Fall abgeschlossen, insofern zählt er zu den in der noch recht jungen Geschichte des Sachunterrichts bereits historisch gewordenen Konzeptionen. Dementsprechend wird er hier tabellarisch in Ergänzung zu dem Schaubild „Konzeptionen des Sachunterrichts I“ (s. Kap. 4.1) zusammengefasst.

Ansatz	Science 5/ 13
Vertreter Namen	ab 1967 in England: eine Arbeitsgruppe, die aus dem Nuffield Junior Science Project hervorgegangen ist (die erste Publikation erscheint 1967 in London und Glasgow); in der Bundesrepublik Deutschland wird der Ansatz durch einen Aufsatz von Walter Jung in der Zeitschrift „Die Grundschule" im Jahre 1968 erstmals einer breiteren Öffentlichkeit bekannt gemacht; ab 1973 wurden Unterrichtsvorschläge im Verständnis von Science 5/ 13 für die hiesige Verwendung von Elard Klewitz, Horst Mitzkat und Hannelore Schwedes vorgelegt
Entstehungs-zusammenhang	in England wurde Science 5/ 13 als offenes Curriculum in ausdrücklicher Kritik zu den geschlossenen Curricula „Science Curriculum Improvement Study" und „Science – A Process Approach" im Zuge der Reform der Primary School entwickelt; im Zeichen der Bildungsreformdebatte der 1970er Jahre wollte auch dieser Ansatz ausgleichende Erziehung und Chancengleichheit fördern; naturwissenschaftlicher Unterricht in der Grundschule
Ziele Prinzipien	als übergreifendes Lernziel wird genannt: Entwicklung eines forschenden Geistes und der Fähigkeit, mit naturwissenschaftlichen Methoden an Probleme heranzugehen; Lernzielorientierung im Sinne der Entwicklung und Erkenntnistheorie von Jean Piaget (Übergang vom anschaulichen Denken zur konkreten Operation, frühe Stufe der konkreten Operation, fortgeschrittene Stufe der konkreten Operation, Übergang zum abstrakten Denken); offener Unterricht, Lebenswelt- und Situationsbezug, Kind- und Wissenschaftsorientierung
Inhalte	als Themenbereiche werden genannt: 1. Die unbelebte Natur 2. Der Reichtum und die Natur pflanzlichen und tierischen Lebens 3. Der Mensch und seine Stellung in der Natur 4. Unterschiede, Ähnlichkeiten und Muster 5. Wechselwirkungen und Veränderungen 6. Energieumwandlungen 7. Organisationsformen; es liegen zahlreiche Unterrichtsvorschläge vor, beispielsweise: Das Skelett des Menschen; Zeit und Zeitmessung; Zentralheizung; Holz und Bäume
Verfahren Methoden	prozessorientiertes Entdecken; Explorieren und Experimentieren; selbst gesteuertes, selbst organisiertes und individualisiertes Lernen; entdeckendes Lernen; innere Differenzierung; Lehrerinnen und Lehrer als Beobachter, Anreger, Helfer; anregungsreiche Lernumgebungen (Material- und Ausstellungstische)

3.5 Das situationsorientierte Curriculum im Sachunterricht

Die konzeptionelle Diskussion des Sachunterrichts wurde zu Beginn durch naturwissenschaftliche Entwürfe bestimmt. Aus dem Bereich der Sozialwissenschaften, der Sozialkunde oder auch des sozialen Lernens lagen in den späten 1960er und in den frühen 1970er Jahre zunächst noch keine Beiträge vor, was sicherlich auch daran lag, dass es im Zeichen der damaligen weltpolitischen Lage in den USA darum ging, die naturwissenschaftlich-technischen Qualifikationen der nachwachsenden Generation zu steigern. Das hatte u.a. zur Folge, dass die Curriculumentwicklung besonders auf naturwissenschaftlich-technischem Gebiet vorangetrieben wurde und somit Vorlagen entstanden, die hierzulande übertragen und adaptiert, später ergänzt und verbessert werden konnten. Dabei wird nicht übersehen, dass es in der USA durchaus Curricula zu sozialwissenschaftlichen Zusammenhängen gab, die sehr wohl auch in der Bundesrepublik jener Jahre mit Blick auf die Grundschule wahrgenommen wurden. Diese sind aber eher in Hinblick auf „politische Bildung" diskutiert worden, die jedoch seit 1971 für den Bereich der bundesdeutschen Grundschule eine eigenständige Entwicklung aufwies (vgl. Engelhardt 1971). Eine Übertragung oder Adaption dieser Curricula erfolgte – auch unter Berücksichtigung der Erfahrungen aus dem naturwissenschaftlichen Aufgabenkreis – nicht. Gleichwohl setzten auch diese Curricula – zu denken ist dabei an das „Greater Cleveland Social Science Program" (vgl. Wenzel 1968), an die vorwiegend wirtschaftskundlichen Entwürfe „Our Working World" von Lawrence Senesh (1910-2003) und an das seinerzeit vielbeachtete Curriculum „Costa County Social Studies" von Hilda Taba (1904-1967) (vgl. Mitter 1969) – Impulse für die Entwicklung der sozialwissenschaftlichen Seite des Sachunterrichts und für das gesellschaftlich-politische Lernen im Sachunterricht (vgl. Thomas 2011, S. 663f.).
Der Entstehungszusammenhang des Situationsansatzes war jedoch etwas anders gelagert: Der Deutsche Bildungsrat verabschiedete im März 1973 die Empfehlung „Zur Einrichtung eines Modellprogramms für die Curriculum-Entwicklung im Elementarbereich". Im Zuge dieser Initiative entwickelte Jürgen Zimmer in enger Anlehnung an die Erfahrungen der Arbeitsgruppe Vorschulerziehung des Deutschen Jugendinstituts, deren Leiter er war, seine curricularen Positionen für den Bereich der Elementarerziehung (vgl. Zimmer 1973a, S. 7-9) und für die Schuleingangsstufe bis einschließlich des 2. Schuljahrganges (vgl. Zimmer 1973b, S. 689f.). Als Bezugstheorie diente dabei der von der Curriculum-Forschungsgruppe des Max-Planck-Instituts in Berlin unter der Leitung von Saul Benjamin Robinsohn entwickelte Dreischritt:

1. Identifizierung und Analyse relevanter Lebenssituationen
2. Bestimmung von Qualifikationen zur Bewältigung der jeweiligen Situationen

3. Konstruktion von Curriculumelementen, mit deren Hilfe die entsprechenden Qualifikationen erarbeitet werden sollen (vgl. Zimmer 1973a, S. 32)

Ziel des Curriculum war es, Kindern konkrete, auf Lebenssituationen bezogene Handlungsfähigkeiten zu vermitteln, die für sie in der Gegenwart und in der Zukunft relevant sind. Es geht darum, „Kindern aus verschiedenen subkulturellen Milieus und mit unterschiedlicher Lerngeschichte zu befähigen, Situationen ihres gegenwärtigen und künftigen Lebens zu bewältigen" (Zimmer 1973b, S. 684). Dabei wird aber nicht nur eine funktionale, sondern vielmehr eine autonome Selbstständigkeit angestrebt. Kinder sollen demnach lernen, in gegebenen sozialen, sachlichen und institutionellen Situationen „autonom und kompetent" (ebd., S. 685) zu handeln, wobei sich natürlich schnell die Frage erhebt, welches denn solche Situationen sein könnten.
Zimmer und seine Mitarbeiter betonen, dass es sich dabei nicht um idealtypische, formale Situationen handeln dürfe. Vielmehr gehe es um konkrete aus der kindlichen Lebenswelt stammende und auch zu beeinflussende Situationen, in denen Kinder auch tatsächlich Handelnde sind oder sein werden (vgl. Zimmer 1973a, S. 36f.).
Didaktisch problematisch und dementsprechend aufwendig stellte sich die Identifikation von geeigneten Situationen dar. Die konkreten Situationen, „von denen Kinder unmittelbar betroffen sind" (Zimmer 1973b, S. 686), sollten demzufolge in einem rationalen Diskurs aller Beteiligten gefunden werden. Zu diesen zählen die Erzieherinnen bzw. die Lehrerinnen und Lehrer, die Eltern, die am Projekt beteiligten Wissenschaftler und indirekt die betroffenen Kinder und gegebenenfalls auch andere Handlungsbeteiligte (vgl. Zimmer 1973a, S. 36-38).

Als situative Anlässe werden genannt:
- (lokal)geschichtliche Vorfälle
- aktuelle Gegebenheiten mit lebensgeschichtlicher Bedeutsamkeit für die Kinder (z.B. Geburt, Tod, Trennung, Umzug)
- alltägliche Vorfälle (z.B. Krankenhaus, Verlaufen, Zubettgehen)

Das Verfassen von Curricula scheint dem eigenen Anspruch, Kinder in Hinblick auf konkrete Vor-Ort-Situationen vorzubereiten, zu widersprechen; denn keine der jeweiligen Situationen wird sich mit anderen zur Deckung bringen lassen – schon Ort, Zeit und die beteiligten Personen werden immer andere sein –, so dass notwendigerweise generalisierende didaktische Überformungen der gegebenen oder vorgefundenen Lebenssituationen nur auf Kosten der jeweiligen Authentizität zu bewerkstelligen sind. Diesen potentiellen Widerspruch sieht auch Zimmer. Er versucht diesen Widerspruch auf zwei Wegen zu umgehen: Erstens gebe es in konkreten Situationen immer auch nicht wenige Erfahrungen, die übertragbar seien. Bei der Konstruktion von situationsorientierten Curricula müsse daher auf die „Hoffnung auf Übertragbarkeit von Erfahrungen“ (Zimmer 1973b, S. 686) gebaut werden. Zweitens verstehen sich die Curricula als offene Curricula, die Anregungen und Impulse geben wollen und entsprechende Materialien zur Verfügung stellen und auf diese Weise bestimmte Themenkreise inhaltlich zwar erarbeiten, aber offen bleiben für die je konkreten Verwendungszusammenhänge.

So entstanden in der Folgezeit Curricula zum „Sozialen Lernen“ im Elementarbereich und für die ersten Jahrgänge der Grundschule. Soziales Lernen bedeutet im vorliegenden Kontext, dass Kinder selbstständig, emanzipiert und solidarisch mit Kompetenz und Autonomie handeln können (vgl. Zimmer 1973a, S. 28-31). Insgesamt entwickelten Zimmer und Mitarbeiter 28 offene Curricula zum sozialen Lernen, die ihrerseits handfest in Erscheinung traten. Jeder Themenbereich füllte einen umfangreichen massiven gelben Plastikordner, der den Nutzern eine Vielzahl von Materialien anbot: Tonkassetten, Diareihen, Bildmaterialien, Poster, Sachtexte, Erzähltexte und Geschichten, Kollagen, Arbeitsblätter, Unterrichtsvorschläge, Hinweise zu möglichen außerschulischen Lernorten etc. Als Themen werden dergestalt u.a. erschlossen: „Kinder im Krankenhaus“, „Verlaufen in der Stadt“, „Neue Kinder in der Gruppe“, „Junge und Mädchen“, „Ich habe einen Bruder/ eine Schwester bekommen“, „Gastarbeiterkinder“, „Spielaktionen“ (vgl. Krebs 1977, S. 213 und DJI 1980). Als geeignete Formen der Vermittlung und Überprüfung werden „Projekt“, „didaktische Schleifen“ und „Evaluation“ angesehen.

Ohne Kenntnis der heutigen Forschungssituation (vgl. Knoll 2011) wird das „Projekt“ mit Verweis auf John Dewey (1859-1952) und William Kilpatrick (1871-1965) als für sich selbst sprechend eingeführt, während „didaktische Schleifen“ als „Stützkurse“ zur Kompetenzvermittlung beschrieben werden, die immer dann zum Einsatz kommen, wenn das Projekt aufgrund offenkundiger Kompetenzmängel zu scheitern droht. Dabei dürfen die „didaktischen Schleifen“ wegen ihrer Nähe zu einem schulförmigen Unterricht keine Eigendynamik entwickeln, denn ausdrückliches Bekenntnis des situationsorientierten Ansatzes ist seine Schulferne. Als Referenzen werden in diesem Begründungskontext die „Befreiungspädagogen“ Julius Nyerere (1922-1999) in Tansania und Paolo Freire (1921-1997) in Brasilien genannt. Weiterhin wird mit Ivan Illich (1926-2002) auf die „Entschulung der Gesellschaft“ und mit Helen Parkhurst (1887-1959) und deren „Parkway-Program“ in Philadelphia auf entschulte Formen des Lehrens und Lernens verwiesen. Folgerichtig wird dem außerschulischen bzw. dem außerinstitutionellen Lernen ein hoher Stellenwert zugemessen. Gleichfalls wird der Einsatz von Laienpädagogen im Sinne außerschulischer Experten empfohlen (vgl. Zimmer 1973a, S. 14-16). Lernen außerhalb der Schule hat im Sachunterricht bis heute eine nicht zu unterschätzende Relevanz. Hier noch nicht ausformuliert,

ist es mittlerweile für den grundschulpädagogischen und sachunterrichtsdidaktischen Kontext beschrieben (vgl. Thomas 2009c und Keck/ Thomas 2011).
Der Situationsansatz stellt kein Curriculum dar, das der Sachunterrichtsdidaktik oder der Grundschulpädagogik entstammt. Seinen Ursprung verdankt es der zeitgenössischen Suche nach sinnvollen Vorschulprogrammen. Die Berliner COLFS-Arbeitsgruppe (*C*urriculum*o*rientierte *L*ehrer*f*ortbildung für den *S*achunterricht) um Gerhard Dallmann bemühte sich in der Folge darum, den Situationsansatz für den Sachunterricht fruchtbar zu machen, nachdem sie die Grenzen der Fachorientierung, zu der man sich zuvor verpflichtet sah, erkannt hatten (vgl. Dallmann/ Meißner 1980a). Allerdings blieb diesen Anstrengungen eine größere Rezeption außerhalb Berlins versagt. Die COLFS-Gruppe versuchte über die Lehrerfortbildung ihre Curricula in die Schulen zu tragen, indem sie diese zusammen mit Lehrerinnen und Lehrern entwickelten. Allerdings scheint die Zahl der daran beteiligten Lehrer gering gewesen zu sein, wie aus dem rückschauenden Selbstzeugnis hervorgeht. So ist bei dem mitgeteilten Beispiel von nur drei Lehrerinnen die Rede, die eine Unterrichtseinheit in einem ersten und zweiten Schuljahr erprobt haben (vgl. ebd., S. 132). Im Übrigen wird der Situationsansatz durch bildungsadministrative Vorgaben viel stärker relativiert als dies bei dem ursprünglichen Muster nach Zimmer der Fall war. Die COLFS-Arbeitsgruppe bemühte sich stets um „Kompatibilität eines favorisierten Unterrichtsthemas mit dem gültigen Rahmenplan", was dazu führte, dass die Arbeitsgruppe immer nur „durchschnittliche, idealtypische Lebenssituationen der Schüler" (ebd., S. 100) erfassen konnte.
Inhaltlich waren indes ähnliche Missgriffe wie bei dem weiter unten noch auszuführenden Zimmerschen Curriculum „Kinder im Krankenhaus" zu verzeichnen. Das Thema „Lagerung von Lebensmitteln" konfrontiert die Kinder einer 1. und 2. Klasse mit dem Vorlesen eines Zeitungsartikels, der davon berichtet, wie in einem Jugendlager in Folge des Verzehrs von verdorbenem Hühnerfleisch 150 Jugendliche erkrankten, von denen sogar 32 ins Krankenhaus gebracht werden mussten. Das Problem der Angstauslösung, das Flitner (vgl. 1974) dem Situationsansatz von Zimmer vorhielt, ist auch hier offensichtlich. Die Zeitungsstory wurde später entfernt, weil die Kinder von „freien Assoziationen" (Dallmann/ Meißner 1980a, S. 132) abgelenkt waren.
Im Übrigen bleibt die Frage, was dem Situationsansatz gemäß Kinder im 1. oder 2. Schuljahr mit der Lagerung von Lebensmitteln überhaupt zu tun haben? Auch ist nicht einsichtig, um welche Probleme es dabei geht; denn Ende der 1970er Jahre waren wohl doch nahezu alle Haushalte – zumal in einer Großstadt – mit Kühlaggregaten bestückt. Auch spielte hier die private Lebensmittelvorratshaltung sicherlich keine relevante Rolle mehr. Diese gab es wohl schon zeitgenössisch eher nur noch im ländlichen Bereich, wo weiterhin Obst und Gemüse eingekocht, Konserven befüllt und Kartoffeln und andere Feldfrüchte eingelagert wurden. Unterrichtsvorschläge, die an anderer Stelle veröffentlicht worden sind, vermö-

gen ebenfalls nicht so recht zu überzeugen. So wird beispielsweise in einem Unterrichtsvorschlag zur Umwelterziehung für einen vierten Schuljahrgang nur auf Tätigkeiten wie Müll sammeln, Müll trennen und Altglas zum Container bringen und einwerfen abgehoben – eine stärker kognitiv akzentuierte Durchdringung des Themas wird weitgehend abgelehnt (vgl. Dallmann/ Meißner 1980b, bes. S. 167).

Die Unterrichtsvorschläge, die in dem Versuch, den situationsorientierten Ansatz für den Sachunterricht zu übertragen, ausgearbeitet worden sind, rufen in der Tat nicht gerade Beifallsstürme hervor. Auf der anderen Seite jedoch fordert das situationsorientierte Curriculum bis heute dazu auf, einen nicht nur naiven Umgang mit „Situationsorientierung" als didaktischer Kategorie zu betreiben, sondern vielmehr reflektiert und besonnen mit einer anscheinend so leichtfüßig daherkommenden Kategorie „Situationsorientierung" umzugehen.

3.5.1 Zum Wissenschaftsverständnis des situationsorientierten Curriculum

Der Situationsansatz wurde in scharfer Abgrenzung zu den naturwissenschaftlichen Curricula formuliert. Mit ihm wird grundsätzlich bezweifelt, ob mit den dort gefundenen Kategorien wie „concepts" oder „processes" überhaupt ein tragfähiger Unterricht zu gestalten sei. Der durch wissenschaftliche Strukturen und Verfahren überformte Unterricht erzeuge nur „Hilflosigkeit" und sei völlig ungeeignet, Kinder zur Bewältigung von Lebenssituationen zu befähigen, denn der wissenschaftsorientierte Sachunterricht zwinge dazu, dass sie „an ihren Lebensproblemen vorbeilernen müssen" (Zimmer 1973a, S. 24). Der situationsorientierte Ansatz kann als zumindest wissenschaftsskeptisch und in Teilen sogar als anti-wissenschaftlich bezeichnet werden.

Nach Zimmer hat Wissenschaft häufig ein „gebrochenes Verhältnis" zur Lebenspraxis, da sie mit ihrer Rationalität dazu neige, sich vom Alltag loszulösen. Es sei daher auch nicht anstrebenswert Didaktik von den Bezugswissenschaften ausgehend zu entwerfen, wie dies etwa Bruner vorschlug. Vielmehr müssten gegenwärtige oder künftige Lebenssituationen mit ihren sozialen Verstrickungen für das Lernen didaktisch fruchtbar gemacht werden. Wissenschaftspropädeutik als Gegenstand der Vorschul- oder auch der frühen Grundschularbeit wird abgelehnt (vgl. ebd., S. 26-32). Wissenschaft und Erziehung werden als sich fast widersprechend gesehen, mindestens werden die Möglichkeiten der Wissenschaft zur Freilegung relevanter Curriculumelemente im Sinne des lebensweltlich rückgebundenen Situationsansatzes sehr bezweifelt (vgl. Zimmer 1973b, S. 690f.).

Kritik richtet sich dabei auf die Ableitungsproblematik des naturwissenschaftlichen Struktur- und Konzeptansatzes nach Spreckelsen. Auch im Rahmen des situationsorientierten Curriculum sei es erkenntnistheoretisch nicht möglich, bedeutsame Lebenssituationen durch bloße Deduktion aufzufinden, „weil strin-

gente Begründungszusammenhänge auf deduktivem Wege nicht herstellbar sind" (ebd., S. 685). Da auch der induktive Weg nicht zu notwendig generalisierbaren Aussagen führen kann und daher im vorliegenden Kontext erkenntnistheoretisch auch nicht in der Lage ist, curricular relevante Lebenssituationen zu erkennen, beschreitet der Situationsansatz einen dritten Weg und versucht Induktion und Deduktion miteinander zu verknüpfen. Auf diese Weise wird die Curriculumarbeit selbst als ein integraler Bestandteil des Erkenntnisprozesses aufgefasst; denn: „In der Durchführung situationsbezogener Lernprozesse wird ein Stück Curriculumentwicklung geleistet" (ebd.).
Die Curricula sollen solchermaßen zwar ständig weiterentwickelt werden, jedoch anders als beim verfahrensorientierten Ansatz sind hierbei nicht die gewünschten Schülerverhaltensweisen die Grundlage für curriculare Innovationen, sondern der Gedankenaustausch der an der Curriculumkonstruktion beteiligen Personengruppe. Autonomie und Kompetenz als situationsrückgebundene Qualifikationen lassen sich nach Zimmer nicht in behavioristischer Manier bis in die letzte Einzelheit beschreiben, sie müssten vielmehr handlungsgebunden erworben werden, wobei die jeweiligen Zielsetzungen auszudiskutieren und weiterzuentwickeln seien.
Der Situationsansatz versteht sich ausdrücklich als nicht wissenschaftsorientiert. Die Wissenschaften haben lediglich dafür zu sorgen, Wissensbestände vorzuhalten, die möglicherweise zur Bewältigung von Lebenssituationen didaktisch lohnend aufbereitet werden können. Von daher komme den Wissenschaften nur eine dienende Funktion zu; sie haben sich zuarbeitend in den Dienst des Qualifikationserwerbs der Kinder zu stellen. Der eigendynamische didaktische Selbstwert, der ihnen noch in den naturwissenschaftlichen Konzeptionen des Sachunterrichts zugemessen wurde, wird von den Vertretern des situationsorientierten Curriculum zurückgewiesen (vgl. Zimmer 1973a, S. 45f.).

3.5.2 Situationsorientierung und anthropologisch-entwicklungspsychologische Voraussetzungen

Die Machbarkeitsvorstellungen in Bezug auf die intellektuelle Förderung bei Kindern, wie sie noch von Bruner ins Feld geführt worden sind, lehnt Zimmer für seine Konzeption ab. Er warnt davor, die Erkenntnisse der Entwicklungspsychologie, die ausschließlich auf die kognitive Genese abzielten, auf die Erziehung der Kinder – hier vor allem im Vorschulalter – zu übertragen. In der Rezeption dieser Entwicklungspsychologie seien vielmehr Intelligenztrainingsprogramme entstanden, die völlig isoliert und ohne jeden Bezug zur Lebenswelt der Kinder zur Anwendung kämen. Das Scheitern dieser Ansätze, die Zimmer als „psychisch-funktional" (1973a, S. 20) bezeichnet, und damit das Scheitern einer dergestalt ausgerichteten kompensatorischen Erziehung seien aufgrund dieser lebensfernen Vorgehensweise vorprogrammiert gewesen. Das Bild vom Kind könne nicht an irgendwelche Items (Merkmale) von Intelligenz aufgehängt werden, die ihrerseits nicht auf den konkreten Lebenszusammenhang bezogen seien. Vielmehr gelte es, den Kindern konkrete lebenssituationsbezogene Qualifikationen zu vermitteln. Mit Blick auf den schulischen Kontext kritisiert Zimmer vor allem die disziplinbezogenen Konzeptionen, wobei der struktur- oder konzeptorientierte Ansatz des Sachunterrichts nach Bruner wegen seines Formalismus die heftigste Kritik erfährt (vgl. ebd., S. 22f.).

Stattdessen gelte es, Kinder zu befähigen, gegenwärtige und künftige Lebenssituationen zu bewältigen. Dies solle auch vorrangiges Ziel schulischen Arbeitens sein. Beim Übergang von vorschulischen Einrichtungen zur Schule komme dem Spiel als besonders kindgerechte Aktions- und Lernform eine herausgehobene Bedeutung zu (vgl. Zimmer 1973b, S. 688f.). Ohne den Begriff „Spiel" genauer zu bestimmen – z.B. Lernspiel, Kinderspiel, Regelspiel oder Rollenspiel (vgl. Einsiedler 2004a, S. 287f. und Einsiedler 2004b, S. 465-467) – , wird es als geeignetes Mittel zur Gestaltung des Überganges vom Kindergarten in die Grundschule empfohlen. Nach Zimmer werden unter „Spiel" freie, ungebundene Aktionsformen der Kinder verstanden, die besonders im Vorschulalter vorherrschend seien. Mit Eintritt in die Grundschule gewinnen *„Formen geregelten Lernens*" (Zimmer 1973b, S. 688; kursiv wie im Original; Anm. B.T.) an Gewicht, wobei Zimmer rät, das Spiel auch im schulischen Kontext weiter zu berücksichtigen. Das Spielen und das Lernen der Kinder sieht er dabei nicht als sich ausschließende Aneignungsformen von Um- und Lebenswelt, hingegen seien diese im Kindesalter verschränkend aufeinander bezogen. Dabei bestimmt Zimmer das Verhältnis von Spielen und Lernen als eine allmähliche Zunahme des regelhaften Verhaltens. Um Spielen und Lernen in ein einträgliches Verhältnis zu setzen, sei besonders das entschulte Erarbeiten von Lebenssituationen geeignet, da hier das zielgerichtete, regelhafte Handeln dann an Bedeutung gewinne, wenn der spielerische Umgang allein nicht mehr ausreiche (vgl. ebd., S. 699).

Mit Blick auf den Schuleintritt kommt dem Spiel demnach eine „Brückenfunktion" (Einsiedler 2004b, S. 467) zu, wobei dann immer die Gefahr besteht, dass das Spiel schulisch funktionalisiert und in die pädagogisch nicht unumstrittene Form eines Lernspiels überführt wird. Auf diesen Zusammenhang geht Zimmer nicht näher ein; er bleibt in diesem Punkt spieltheoretisch unscharf, zumal sich nach seiner Auffassung in seinem Situationsansatz Spiel und Lernen ohnehin harmonisch ergänzen würden.

Möglicherweise trägt diese spieltheoretische Unschärfe dazu bei, dass es zu Umsetzungsempfehlungen kommt, die nur als „didaktische Kunstfehler" bezeichnet werden können. Bei dem von Zimmer selbst als Vorzeigeeinheit gewählten Curriculum „Kinder im Krankenhaus" wird folgender Gestaltungsvorschlag unterbreitet: „Wenn innerhalb der Einheit »Kinder im Krankenhaus« nach Erklärungen für körperliche Geschehnisse bei äußeren Verletzungen und infizierten Wunden ver-

langt wird, läßt sich das, was in einer Ader geschieht (Blutplättchen, die Blutgerinnung bewirken; der Transport von Sauerstoff durch die roten Blutkörperchen; der Abwehrkampf weißer Blutkörperchen gegen eindringende Bakterien) dramatisieren und verdeutlichen (man baut sich aus Stühlen einen Gang, der – mit Decken zugedeckt – eine Ader symbolisiert; die Kinder spielen Abwehrversuche der weißen Blutkörperchen gegen Eindringlinge)" (Zimmer 1973a, S. 51). Auch wenn es später teilweise in der Didaktik des Sachunterrichts nicht mehr so streng gesehen wurde wie noch in Zeiten einer entschlossenen Wissenschaftsorientierung (vgl. etwa Lück 2000, S. 123-129), so liegen hier doch anthropomorph-animistische Erklärungsmuster vor, die für sich nicht beanspruchen können, einen Sachverhalt angemessen zu reduzieren. Im angeführten Beispiel werden hochkomplexe Vorgänge unzulässig vereinfacht und es ist kaum zu erwarten, dass aus solchermaßen simplifizierten Spielvorschlägen mehr als – im besten Falle – lustige Balgereien herauskommen. Anschlussfähiges Wissen wird mit diesem naiven anthropomorph-animistischen Vorgehen wohl kaum hervorgebracht werden können.
Der Situationsansatz vollzog gegenüber den disziplinorientierten Curricula die Kehrtwende zu einer neuen Kindorientierung. Er will Kinder situationsbezogen konkrete Handlungskompetenzen erwerben lassen und ihnen somit zunehmende Autonomie verschaffen. Dabei wird zwischen Spiel und Lernen nicht immer hinreichend unterschieden und es kommt zu Umsetzungsvorschlägen, die unangemessen vereinfachen. Anstelle kindgemäß zugeschnittener Lernprozesse treten dann verfälschende, Lernwege abschneidende und infantilisierende Beschäftigungsvorschläge, die zudem nicht besonders geeignet erscheinen, bei der Bewältigung der angezielten Situation für die Kinder hilfreich zu sein. Darüber hinaus kritisierte Andreas Flitner den Situationsansatz dahingehend, dass er zu bedenken gab, ob nicht durch das Bearbeiten von Situationen wie „Kinder im Krankenhaus" überhaupt erst Ängste bei den Kindern geweckt werden würden – ähnlich wie in dem oben ausgeführten Beispiel von Dallmann und Meißner –, von denen sie realiter größtenteils gar nicht betroffen seien (vgl. Flitner 1974, S. 52).

3.5.3 Situationsorientierung im gesellschaftlichen Kontext und pädagogisch-curriculare Aspekte

Mit der Mondlandung von Apollo 11 im Juli 1969 wurde in der westlichen Welt der Höhepunkt der Wissenschaftsbegeisterung und der Technikeuphorie erreicht. Selbst das unmittelbare Nachfolgeprojekt Apollo 12 löste kaum noch diese Begeisterung aus. Und Apollo 13 wurde nur wegen seiner Havarie wieder mit entschieden mehr Aufmerksamkeit bedacht. Das restliche Apolloprogramm fand kaum mehr die anfängliche Beachtung und wurde schließlich um drei Flüge (Apollo 18-20) zusammengestrichen. Der Niedergang dieses Interesses ging Hand in Hand mit einer zunehmenden Wissenschafts- und Technikskepsis.

Auch die politische Aufbruchsstimmung der jungen Brandt-Scheel-Ära (1969-1974) begann sich zu verflüchtigen. Nach Jahren der Vollbeschäftigung setzte im Zuge der ersten Ölkrise im Winter 1973/ 1974 politische Ernüchterung ein, die durch die folgende Wirtschaftskrise, bei der die Arbeitslosenzahl auf über 1,5 Millionen stieg, noch verstärkt wurde. In diese Zeit hinein fielen die ersten sozialwissenschaftlichen Konzeptionen (Situationsansatz und Integrativ-mehrperspektivischer Unterricht) des Sachunterrichts und der Grundschularbeit. Die naturwissenschaftlichen Konzeptionen hatten größtenteils schon wieder ausgedient und erfuhren trotz teilweise vorgenommener Neubearbeitungen keine nennenswerte Nachfrage mehr.
Auch von dem curricularen Grundzuschnitt empfanden sich die sozialwissenschaftlich orientierten Ansätze als alternative Antwort auf den naturwissenschaftlichen Sachunterricht, da sie sich im Gegensatz zu diesem entschieden als offene Curricula verstanden. Die pädagogische Einschnürung durch nur noch zu befolgende Vorgaben lehnten sie für sich strikt ab.
Allerdings akzeptierte der Situationsansatz ausdrücklich den Aufbau des Lehrplans in Form eines Spiralcurriculum und beanspruchte mit seinen Einheiten zum „Sozialen Lernen“, das Fundament für ein für die Grundschule weiter zu entwickelndes Spiralcurriculum zu sein. Dabei hätten sich allmählich fachliche Bezüge einzufugen. Unversehens wird damit auf die reformpädagogische Konzeption des Gesamtunterrichts zurückgegriffen, die dann auch ausdrücklich benannt wird (vgl. Zimmer 1973a, S. 687). So liegt in diesem Punkt ein frühes Beispiel für die reformpädagogische Renaissance vor, die im Zeichen einer neuen Kindorientierung vor allem in den 1980er Jahren Einzug in die Grundschule hielt (vgl. Neuhaus-Siemon 2000, S. 192f.).

3.5.4 Situationsorientierung und grundlegende Bildung

Die in den 1970er und 1980er Jahren partiell zu bemerkende Zurückhaltung gegenüber dem Bildungsbegriff, der – wie Klafki dazu kritisch feststellt (vgl. 1985, S. 12f.) – als überholt angesehen wurde und deshalb auf die gegebenen historischen Verhältnisse nicht mehr anwendbar sei, teilen die Vertreter des Situationsansatzes nicht. „Bildung“ gehört zunächst scheinbar wie selbstverständlich zu ihrem Sprachgebrauch, bevor dann doch eine eingehendere Auseinandersetzung mit dem Bildungsbegriff folgt. Dabei zeigen die Argumentationszusammenhänge eine interessante und vielleicht unerwartete Nähe zu der Verteidigung des Bildungsbegriffs, wie sie etwa von Klafki formuliert worden ist.
Unter Verweis auf die philosophisch-aufklärerische und die philosophisch-idealistische Auffassung von Bildung wird festgestellt, dass sie ursprünglich auf eine freisetzende Autonomie des Individuums abzielte und ihr mithin ein starkes gesellschaftskritisches, die bestehenden Machtverhältnisse zumindest hinterfragendes

Moment eingeschrieben war. Im Zuge der weiteren gesellschaftlichen Entwicklungen in der zweiten Hälfte des 19. Jahrhunderts – vor allem mit Blick auf die wirtschaftlichen und militärischen Anforderungen – musste eine Qualifikationsverbesserung der Bevölkerung bewirkt werden, was zu einer immer deutlicheren Trennung von Bildung und Ausbildung führte, wobei Ausbildung im Zeichen der steigenden Arbeitsteilung in verstärktem Maße bereichsbezogene technisch-instrumentelle Fertigkeiten vermittelte mit einem entschiedenen Zug zu einem verwertungstauglichen Realienwissen (vgl. Zimmer 1973a, S. 29 und ganz ähnlich Klafki 1985, S. 15f.). Bildung hingegen, besonders im humanistischen Verständnis, wurde zu einem Vorrecht für eine vom unmittelbaren Nahrungserwerb befreite bürgerliche Schicht. Klafki spricht in diesem Zusammenhang von der „Verfallsgeschichte der klassischen Bildungsidee" (1985, S. 15), die ursprünglich die Idee individueller Selbstbestimmung mit der Humanisierung und Demokratisierung der Gesellschaft verband.

Das Auseinanderfallen der „Bildungen" schreibt Zimmer der Philosophie des deutschen Idealismus zu (vgl. 1973a, S. 29), wobei die Wurzeln für das Auseinanderdriften von Bildung und Ausbildung bereits in der bildungstheoretischen Uneinigkeit zwischen Philanthropismus und Neuhumanismus liegen (erinnert sei hier nur an die programmatische Kampfschrift von Friedrich Immanuel Niethammer (1766-1848) „Der Streit des Philanthropismus und des Humanismus" aus dem Jahre 1808, die Borsche (vgl. 1993) bildungstheoretisch analysiert hat).

Die in der Folge entstandene Kluft zwischen humanistischer Bildung und realistisch-utilitärer Ausbildung, zwischen Autonomie und Kompetenz, soll durch den Bezug auf Lebenssituationen aufgehoben werden. Der Situationsbezug lässt die künstliche Trennung von Kompetenzen, die Autonomie befördern, und technisch-instrumentellen Kompetenzen nicht mehr zu. Ebenso verknüpft sich in ihm das lehrplanmäßig häufig unverbunden vermittelte Sachwissen mit dem sozialen Leben. Das situationsorientierte Curriculum stellte also den Versuch dar, „technisch-instrumentelle Qualifikationen auf ihre sozialen Kontexte rückzubeziehen und sie in ihnen zu vermitteln, um damit jenes Mehr an Kompetenz zu schaffen, das notwendig erscheint, wenn Autonomieansprüche erkannt und vertreten werden sollen" (Zimmer 1973a, S. 30). Dadurch – so der Autor weiter – könne es auch gelingen, die historisch gewordene, bildungstheoretische Trennung der Realitätsbetrachtung einerseits durch „Humaniora" und andererseits durch „Realien" zu überwinden (vgl. ebd., S. 31). Damit wird die Überwindung des Gegensatzes zwischen formaler und materialer Bildung angesprochen. Beiden klassischen Bildungsauffassungen liegt ein klar kodifizierter Bildungskanon zugrunde. Trotz der Vorlage von immerhin 28 Einheiten zum „Sozialen Lernen" scheint die Inhaltsfrage eine Schwäche des Situationsansatzes zu sein, vielleicht gerade begründet durch sein Bemühen, alle möglichen Bildungsauffassungen in sich vereinen zu wollen und sie letztlich doch nur an mehr oder weniger zufällig

gefundenen Situationen mit teilweise höchst fragwürdigen Unterrichtsempfehlungen (z.B. „Kinder im Krankenhaus") auszuliefern.
Obwohl das situationsorientierte Curriculum sich selbst in die Nähe eines „vorfachlichen Gesamtunterrichts" (Zimmer 1973b, S. 687) bringt, teilt es auf keinen Fall dessen volkstümliches Bildungsverständnis. Ziel ist es vielmehr – auch schon bei Kindern im Vorschulalter – eine soziale und instrumentelle Handlungskompetenz aufzubauen, die reflektiert die jeweiligen sozialen und gesellschaftlichen Verwendungszusammenhänge durchschaut und über Handlungsalternativen verfügt, die souverän und selbstbestimmt eingesetzt werden können. Ausdrücklich wird betont, dass es bei der zu erzeugenden Handlungskompetenz nicht um Qualifikationen geht, die fremdbestimmt „einfach auf Abruf" (Zimmer 1973a, S. 31) bereit stünden, sondern um Fähigkeiten, die auf Autonomie, Selbstbestimmung und Solidarität abzielen.
Abschließend sollen auch hier die drei Bestimmungsmerkmale für grundlegende Bildung nach Glöckel auf den vorliegenden Ansatz bezogen werden. Der von Glöckel geforderte Lebensweltbezug der auszuwählenden Inhalte wird durch den Situationsansatz in besonderem, fast überzogenem Maße eingelöst. Die Lebensweltrelevanz bestimmt allein die Auswahl der Situationen und damit die Auswahl der Inhalte. Trotz aller Emanzipationsbekundungen ist daher die Gefahr einer bloßen Abbild- und Zurichtungsdidaktik nicht ganz von der Hand zu weisen.
Die fachliche Relevanz der Inhalte wird durch die Dominanz des Situationsbezuges eindeutig vernachlässigt. Sie wird auch ausdrücklich nicht angestrebt. Dabei ist allerdings zu beachten, dass der Situationsansatz zunächst für die Vorschulerziehung entwickelt worden ist und sich dadurch die Frage nach dem Fachbezug von vornherein relativierte. Die an unterweisenden Unterricht erinnernden „didaktischen Schleifen", die noch am ehesten einen Fachbezug vermuten ließen, dienen aber nur dazu, unbedingt notwendige Qualifikationen in belehrend-ökonomischer Form zu vermitteln. Für die weitere Entwicklung des Ansatzes auf die Grundschule bezogen räumt Zimmer eine allmähliche Anlagerung von disziplinären Zugängen an seinen Situationsunterricht ein (vgl. 1973b, S. 690). In diesem Kontext wird auch für einen entschiedenen Lokalbezug plädiert. Zusammen mit seinem Bekenntnis zum Gesamtunterricht erinnert dieser Ansatz unversehens an die „alte Heimatkunde", in deren Zentrum gleichfalls der Unterricht über die unmittelbare Umgebung der Kinder stand, in dem sich – ganz in Sinne des heimatlichen Gesamtunterrichts – allmählich die Fachbezüge einfügen sollten.
Trotz dieser überraschenden Übereinstimmungen bleibt ein Unterschied besonders offenkundig: die uneingeschränkte Parteinahme für eine Erziehung zur Autonomie des Individuums. Dieser freisetzende Anspruch fehlte der Heimatkunde weitgehend. Gleichzeitig ist in dieser Zielsetzung auch die überdauernde Bedeutung des Situationsansatzes auszumachen. Inhaltlich kann der Situationsbezug nur schwerlich für sich beanspruchen, über konkrete Situationen hinaus überdau-

ernde Themen zu bearbeiten. Das Erschließen von „großen Themen" kann durch die Situationsbeschränkung ebenfalls nicht geleistet werden, derartige Bezüge kommen erst gar nicht in das Blickfeld dieses Ansatzes.

3.6 Der integrativ-mehrperspektivische Unterricht (MPU)

In ausdrücklicher Kritik zu den vorgängigen Ansätzen entstand im Rahmen des CIEL-Programms (CIEL = *C*urriculum *i*nstitutionalisierte *El*ementarerziehung) der Ansatz des integrativ-mehrperspektivischen Unterrichts, den der Hauptakteur der Arbeitsgruppe selbst mit „MPU" abkürzt (vgl. Giel 2001, S. 201) – von daher erscheint es berechtigt, wenn im Folgenden diese Abkürzung zur Bezeichnung des integrativ-mehrperspektivischen Unterrichts gleichfalls benutzt wird.
Am fachorientierten Ansatz wird vor allen Dingen die bloße Vorverlagerung des Fachunterrichts in die Grundschule hinein bemängelt. Die naturwissenschaftlichen Ansätze werden vorwiegend wegen ihres Verständnisses von „Wissenschaftsorientierung" und wegen ihrer fachlich-propädeutischen Ausrichtung in Gestalt geschlossener Curricula kritisiert (vgl. Giel 1974, S. 37-42 und Krämer 1974b, S. 89). Die Heimatkunde wird nicht so sehr wegen ihres konzeptionellen Zuschnitts der Kritik unterworfen, stattdessen wird ihre inhaltliche Vordergründigkeit missbilligt. Indirekt wird auch der Situationsansatz abgelehnt, wendet sich doch die CIEL-Arbeitsgruppe entschieden gegen eine bloße „Abbilddidaktik", womit genau der Kritikpunkt angesprochen ist, der dem situationsorientierten Curriculum häufig vorgehalten wurde (vgl. Giel 1975, S. 29). Generell habe die Grundschule mit der Aufgabe des heimatkundlichen Gesamtunterrichts ihre Sinnmitte, Identität und – durch die Überdehnung ihrer propädeutischen Funktion – auch ihre Eigenständigkeit verloren. Durch den MPU soll nun diese verloren gegangene Eigenständigkeit zurückgewonnen werden, ohne dass die alte Heimatkundekonzeption wiederbelebt werden muss. Gleichzeitig wird die Reduktion der Grundschule nur auf Propädeutik nachdrücklich abgelehnt (vgl. CIEL-Arbeitsgruppe 1976, S. 5).
Während der Situationsansatz das Ziel hatte, Kindern auf spezielle Situationen bezogene konkrete Handlungskompetenzen zu vermitteln, geht es dem MPU darum, eine „allgemeine Handlungsfähigkeit" aufzubauen. Diese wird deutlich als Gegensatz formuliert: „Allgemeine Handlungsfähigkeit setzt sich ab gegen spezifische (rollen-, funktions- und situationsspezifische) Handlungsfähigkeit" (Hiller 1974, S. 69). Vielmehr gelte es, Kindern über ihre Spezialrollen hinaus eine Handlungskompetenz zu vermitteln, die sie dazu befähige, an gesellschaftlichen Prozessen kritisch-konstruktiv und abständig-reflektierend teilzuhaben.
Um das zu erreichen, müssen die Kinder zunächst über die Alltagswirklichkeit, in die sie verstrickt sind, aufgeklärt werden. Die Alltagswirklichkeit ist aufklä-

rungsbedürftig. Angezielt wird dabei eine Handlungskompetenz, die „zur Bewältigung von Alltagsbesorgungen“ (CIEL-Arbeitsgruppe 1976, S. 5) jenseits von Spezialrollen befähigt, z.B. im Straßenverkehr, beim Einkaufen, beim Umgang mit der Post oder auch beim Spielen auf dem Spielplatz. Da das Agieren in den beispielsweise genannten Zusammenhängen immer auch gesellschaftlich geprägt ist, werden diese von der CIEL-Arbeitsgruppe als „Handlungsfelder“ bezeichnet, die nun ihrerseits – nach einem entsprechenden Aushandlungsprozess – Gegenstand des Unterrichts werden können. Der MPU will nun nicht nur das „faktische Agieren“ in diesen Handlungsfeldern vermitteln – das wird oft völlig beiseite gelassen –, vielmehr sollen die Bedingungen für das Zustandekommen bestimmter Handlungsmuster, Sprachkonventionen, Werthaltungen und Vorurteile, die die jeweiligen Handlungsfelder kennzeichnen, objektivierbar und durchschaubar gemacht werden. Damit soll verdeutlicht werden, welche gesellschaftlichen Mechanismen sich dahinter verbergen, welche Macht- und Interessenskonstellationen bestimmte Handlungsbereiche beeinflussen und wie es möglich sein könnte, die vorgefundenen Handlungsfelder, etwa nach Maßgabe eigener Interessen und Bedürfnisse, umzugestalten. Aufklärerisches Ziel des MPU ist es immer gewesen, die den Handlungsfeldern zugrunde liegenden Strukturen aufzudecken und diese damit als „gemacht“ zu entlarven – gleichsam zu enttarnen –, damit sie nicht länger als „natürliche Gegebenheiten“ missverstanden werden können und somit ihre grundsätzliche Veränderbarkeit deutlich wird (vgl. ebd.). Ein in dieser Weise verstandener Unterricht bekommt leicht eine Tendenz zum Theoretisieren und Verbalisieren. Der Erweiterung der Kommunikations- und Diskutierfähigkeit wird dann auch der Vorrang gegenüber direkten Vor-Ort-Aktionen eingeräumt (vgl. Krämer 1974b, S. 88).

Als gesellschaftliche Handlungsfelder werden vor allen Dingen Konventionen und Institutionen gesehen, deren Funktionszusammenhänge es zu klären gilt. Als Institutionen werden dabei im Wesentlichen mit Arnold Gehlen (1906-1976) „gesellschaftliche Führungssysteme“ verstanden, in denen Menschen Rollenträger sind, wodurch diese Systeme dann überhaupt erst funktionsfähig werden. Die Verwobenheit dieser Prozesse gilt es nun zu entwirren, durchschaubar und artikulierbar zu machen (vgl. Hiller 1974, S. 77f.), um nicht unkritisches Umgangswissen – wie in der „alten Heimatkunde“ –, sondern emanzipatorisch-freisetzendes Funktions- und Strukturwissen zu erzeugen.

Um den Aufbau eines solchermaßen abständigen Wissens zu bewirken, reicht es nicht aus, die Dinge lediglich an der Realität, so wie sie sich dem Augenschein darbieten, zu erarbeiten, sondern Realität muss nach didaktischer Maßgabe für den Unterricht rekonstruiert werden. Als eine Art Bauplan für diese Rekonstruktionen nach didaktischer Maßgabe dienten ursprünglich sieben „Rekonstruktions-Typen“ (vgl. Giel/ Hiller/ Krämer 1974, S. 14-17), die später auf vier Rekonstruktionstypen verdichtet worden sind. Die CIEL-Arbeitsgruppe sah in diesen vier

Rekonstruktionstypen die erste Dimension didaktischer Erwartungen, mit deren Hilfe der Unterricht konstruiert werden sollte.

Diese Rekonstruktionstypen im Einzelnen sind:

1. Der „scientische Rekonstruktionstyp“, mit dessen Hilfe die wissenschaftlich abgesicherten Fakten eines Handlungsfeldes erfasst werden sollen.
2. Der „erlebnis-erfahrungsbezogene Rekonstruktionstyp“ sichert die individuellen, erfahrungs- und erlebnisbezogenen Zugangsweisen bei der Rekonstruktion eines Handlungsfeldes.
3. Der „politisch-öffentliche Rekonstruktionstyp“ verdeutlicht die jeweiligen Macht- und Interessenslagen und fragt nach Änderungs- und Einwirkungsmöglichkeiten.
4. Der „szenische Rekonstruktionstyp“ bringt die im jeweiligen Handlungsfeld agierenden Personen als Rollenträger ins Spiel. Das Rollenhafte des Verhaltens soll entschlüsselt werden, um auf diese Weise das jeweilige Agieren der Personen durchschaubar zu machen (vgl. 1976, S. 7f.).

Die zweite Dimension didaktischer Erwartungen stellen die vier Ebenen der unterrichtlichen Kommunikation dar:

1. Die „Ebene der Memoria“ bezieht sich auf das bereits verfügbare Vorwissen, auf Einzelwissen, das jederzeit präsent sein kann, und auf Informationen, die aus anderen Zusammenhängen bekannt sind und die auf den gegebenen Kontext Anwendung finden können.
2. Die „empirisch-pragmatische Ebene“ deckt schon vorhandene begriffliche oder modellhafte Interpretationen zu dem vorliegenden Handlungsfeld auf.
3. Auf der „logisch-grammatischen Ebene“ werden verschiedene Wissensbestände verknüpft, in Beziehung zueinander gesetzt und möglicherweise auch umstrukturiert. Dabei werden die zur Rede stehenden Zusammenhänge auf ihre Regelhaftigkeit untersucht, und es wird gefragt, ob die gegenwärtigen Zusammenhänge durch Veränderung von Regeln umorganisiert werden könnten.
4. Auf der „theoretisch-kritischen Ebene“ werden die Sachverhalte als „gemacht“ aber auch als „machbar“ diskutiert. Durch distanziertes Hinterfragen werden die Macht-, Interessens- und Verwertungskontexte freigelegt. Die Bedingungen ihrer jeweiligen Erscheinungsformen werden analysiert (vgl. ebd., S. 9).

Als dritte Dimension der didaktischen Erwartungen werden die vier Strukturmomente bezeichnet:

1. Das Moment der „Präsentation“ bezieht sich auf die Richtung, die der Unterricht annehmen soll. Auch soll unter diesem Gesichtspunkt ein Vorverständnis für das zu bearbeitende Handlungsfeld erzeugt werden. Darüber hinaus soll eine Verständigkeit für mögliche Auseinandersetzungen innerhalb des Feldes aufgebaut werden.

2. Der Aspekt der „Objektivation“ legt frei, auf welche Weise die Themen in den Unterricht eingebracht werden und eröffnet Möglichkeiten der Auseinandersetzung. Als Formen der Objektivation kommen Medien, Materialien, Tafelbilder, Skizzen und Modelle in Frage.
3. Unter dem Gesichtspunkt der „Interaktion“ kommen Handlungs- und Kommunikationsformen, die den Unterricht und die darin stattfindenden Auseinandersetzungen in Bezug auf das jeweilige Handlungsfeld ausmachen, in den Blick. Ebenso werden hier unterrichtliche Verfahrensweisen wirksam.
4. Der Aspekt der „Integration“ fragt nach der Bedeutung eines jeden der genannten didaktischen Erwartungsfelder für die Rekonstruktion des jeweiligen Handlungsfeldes. Es geht demzufolge um die Beziehungen der Erwartungsfelder untereinander und deren jeweilige Gewichtung auch in Hinblick auf die Hervorbringung der gewünschten allgemeinen Handlungsfähigkeit.

Nach dem Verständnis der CIEL-Arbeitsgruppe lässt sich mit Hilfe dieser verschiedenen didaktischen Erwartungsfelder ein Unterricht gestalten, der sich dann wie auf einem „Spielfeld“ verwirklichen kann: „Dabei gelten keine Regeln, die bestimmte Reihenfolgen oder Kombinationen von Spielzügen vorschreiben. Sie bleiben abhängig von den Intentionen, die im Unterricht verfolgt werden sollen, von der Informationsgrundlage der Klasse, von Vorlieben des Lehrers und der Schüler usw.“ (ebd., S. 10).

Unterricht wird zur „Bühne“ von „Modellaufführungen“, in denen der Lehrer der „didaktische Interpret“ und „Regisseur“ ist und die Schüler die „Mitspieler“ und „Partner“ sind. Der Lehrer erstellt mit Hilfe der Erwartungsfelder eine „Partitur“ des Unterrichts, nach der Lehrer und Schüler den Unterricht gemeinsam arrangieren. Unterricht wird zu einem kreativ-schöpferischen Prozess, der betont in die Nähe von „Kunst“ wie etwa „Musik, Theater, Tanz“ (ebd., S. 7) gerückt wird. Als Materialien entwickelte die Arbeitsgruppe um Klaus Giel eine Reihe von offenen Teilcurricula und eine Vielzahl von Materialien, etwa Collagen, Bildfolgen, Diasätze, Sach- und Lesetexte, Pläne, Tabellen, Schablonen, Toncollagen, Modelle und Experimentierkästen. Als Unterrichtsformen benannte der MPU den Projektunterricht, der in dieser Konzeption zentral ist, den Informationen und Fertigkeiten vermittelnden Kursunterricht und den das Unterrichtsgeschehen gemeinsam reflektierenden Metaunterricht (vgl. Giel/ Hiller/ Krämer 1974, S. 18f.).

Zu folgenden Themen entwarf die CIEL-Arbeitsgruppe Teilcurricula und didaktische Materialien – die Klammern verweisen auf das übergreifende Handlungsfeld:

- Schule/ Einschulung (Erziehung)
- Post (Dienstleistung)
- Supermarkt (Handel und Gewerbe)
- Geburtstag (Fest und Feier)

- Technischer Überwachungsverein (Verkehr)
- Sprudelfabrik (Produktion)
- Kinderzimmer (Wohnen)
- Fernsehen (Kommunikation)
- Wahlen (Politik)
- Spielhaus (Freizeit) (vgl. Krämer 1974b, S. 97)

Die Arbeit der CIEL-Arbeitsgruppe wurde von der VW-Stiftung finanziert. Als in Folge der zweiten Ölkrise 1979/ 1980 der Autoabsatz einbrach, stellte die Stiftung die finanzielle Unterstützung ein. Die CIEL-Arbeitsgruppe musste daraufhin ihre Arbeit abbrechen.

3.6.1 Zum Wissenschaftsverständnis des MPU

Der MPU reflektiert „Wissenschaft" in einem doppelten Verständnis: zum einen bezogen auf den Unterricht, zum anderen in Hinblick auf die eigene wissenschaftstheoretische Verortung. In Bezug auf den Unterricht kann festgestellt werden, dass Wissenschaft im Rahmen der Rekonstruktionswerkzeuge nur eine von vier Rekonstruktionstypen darstellt, womit die Relativierung dieser Kategorie deutlich wird. Damit setzt sich der MPU von den vorwiegend auf Wissenschaftsorientierung bezogenen Konzeptionen des frühen naturwissenschaftlichen Sachunterrichts ab und sieht Wissenschaft nur noch als „realitätserschließendes Werkzeug" (Krebs 1977, S. 229). Mag die Rolle von Wissenschaft für die Ebene des konkreten Unterrichts in der hier zur Rede stehenden Konzeption durchaus eingeschränkt gewesen sein, bezüglich der eigenen wissenschaftstheoretischen Legitimierung ist der MPU sicherlich eine der anspruchsvollsten Konzeptionen zum Sach- und Grundschulunterricht.

Leittheorie ist dabei der französische Strukturalismus nach Roland Barthes (1915-1980). Barthes überträgt in Anlehnung an den syntaktisch-linguistischen Strukturalismus eines Ferdinand de Saussure (1857-1913) oder eines Avram Noam Chomsky (* 1928) den strukturalen Erkenntnisprozess auf über Sprache hinausweisende Realitätsausschnitte und begründet damit eine allgemeine Semiologie (vgl. Barthes 1966). Damit wird eine dynamische Realitätsauffassung grundgelegt, die den Erkenntnisprozess als einen intellektuellen Entschlüsselungsvorgang von Zeichensystemen auffasst, der Strukturen und Funktionen synthetisiert und analysiert. Erst nach Zerlegung (Analyse) und Wiederzusammenfügen (Synthese) in einem intellektuellen Akt wird das zunächst unspezifisch Gegebene für das auf diese Weise vorgehende Subjekt klar fasslich (vgl. Giel 1974, S. 89). Das so entstandene, neu Zusammengefügte ist nun keine bloße Abbildung des zuvor Gegebenen, vielmehr erhält es den Charakter eines Modells, dessen intellektuelle Rekonstruktion dem Subjekt Funktionen und Regelhaftigkeiten entschlüsselt. Ein

auf diesem Wege entstandenes Modell, das die Musterhaftigkeit des Gegebenen freilegt, bezeichnet Barthes als „Simulacrum“ (1966, S. 191).
Nach Auffassung des MPU hat der Sachunterricht die vornehmliche Aufgabe, Modellbildungen im Sinne der Hervorbringung von „Simulacren“ zu bewerkstelligen, um das hinter den Erscheinungen Stehende zu enträtseln, aufzudecken und aufzuklären. Die Gegenstände des Sachunterrichts werden daher nicht mehr als schlicht gegebene Objekte aufgefasst, „sondern als Relationssysteme, die durch Beziehungen von austauschbaren Elementen bestimmt sind“ (Nestle 1974, S. 16) und die es im Unterricht zu entschlüsseln gilt.
Im Zeichen der semiotischen Betrachtungsweise führt Nestle dazu in Hinblick auf die Thematik „Wohnen“ aus: „Es wird also versucht, die durch Konventionen festgelegten Beziehungen zwischen architektonischen Zeichen (Signifikanten) und ihren Bedeutungen (Signifikaten) durch Modelle und Schaubilder (semiotische Schemata) sichtbar zu machen (ebd.)“. Besondere Bedeutung kommt dabei den durch die CIEL-Arbeitsgruppe entwickelten didaktischen Materialien zu, die als „Halbfertigfabrikate“ (1976, S. 10), Lehrer und Schüler dazu einladen, gewohnte Sehweisen zu verlassen und kreativ neue Deutungen und Perspektiven einzunehmen. In diesem Kontext kommt dem Spiel mit seiner zwischen Integration und Distanz hin und her schwingenden Erscheinungsform und seiner zwischen Kommunikation und Konstruktion pendelnden Durchführung eine besonders hohe Bedeutung im Erzeugen von Modellen im Sinne von „Simulacren“ zu (vgl. Giel 2001, S. 212-214).
Das Arrangieren günstiger Umstände für das Zustandekommen derartiger Prozesse bezeichnet Giel als „didaktische Kunst“ mit hoher Nähe zur „wirklichen Kunst“, von der sich die didaktische Kunst nur graduell durch ihren über sich hinausweisenden Realitätsbezug unterscheide (vgl. 2001, S. 206f.). Unterricht wird zu einer „Inszenierung“, die einer „Partitur“ folge (CIEL-Arbeitsgruppe 1976, S. 7). Damit kommt die Konzeption des MPU sehr in die Nachbarschaft jener „didaktischen Symphonien“ eines Wilhelm Albert, die als überstilisierte Hochformen des vormaligen Gesamtunterrichts gelten. Der Vorwurf einer Neuauflage des Gesamtunterrichts, wie ihn früh Einsiedler erhob (vgl. 1976, S. 27), erscheint vor diesem Hintergrund nicht ganz unberechtigt.
Bei der Hervorbringung von Unterrichtsinhalten stoßen die Vertreter des MPU auf ähnliche erkenntnistheoretische Probleme wie Zimmer mit seinem Situationsansatz. Dieser sah zur Umgehung der Deduktions- und Induktionsproblematik (vgl. Hirschberger s. a., S. 364f. und S. 42, S. 531) vor allen Dingen im diskutierenden Gedankenaustausch der an der Curriculumentwicklung beteiligten Personen einen Weg, geeignete Curriculuminhalte zu finden.
Im Zeichen und in Zeiten „emanzipatorischer Pädagogik“ spielte der Diskurs auch im MPU eine herausragende Rolle bei der Generierung von Unterrichtsinhalten und -zielen, wobei sich Giel und seine Mitarbeiter besonders dem Diskurs-

verständnis der Frankfurter Schule nach Jürgen Habermas anschlossen. Dieser unterschied zwischen „kommunikativem Handeln“ und „Diskurs“ dahingehend, dass im Prozess des „kommunikativen Handelns“ Informationen in naiver Setzung von Geltungsansprüchen ausgetauscht werden, wohingegen im „Diskurs“ eben jene Geltungsansprüche thematisiert und ausgehandelt werden. „Der Diskurs dient der Begründung problematisierter Geltungsansprüche von Meinungen und Normen“ (Habermas/ Luhmann 1971, S. 117). Die „Kritische Theorie“ der Frankfurter Schule richtete sich gleichermaßen gegen den „klassischen Positivismus“ wie gegen den „Kritischen Rationalismus“, denen sie vorwarf, nur technisches Verwendungswissen zu liefern, ohne sich um die gesellschaftlichen Zusammenhänge des Zustandekommens von Wissenschaft und Erkenntnis zu kümmern und ohne die jeweiligen Verwertungsinteressen kritisch zu hinterfragen. Nach Habermas richtet sich „Emanzipation“ auf eine „Ablösung gewalthabender Institutionen“ durch Reflexion und Rollendistanz (vgl. König 1975, S. 182). „Emanzipation zielt dabei letzten Endes auf eine öffentliche, uneingeschränkte und herrschaftsfreie Kommunikation“ (ebd., S. 183). So ist letztlich nur derjenige allgemein handlungsfähig, der in der Lage ist, an diesem gesellschaftlichen Diskurs sinngebend teilzuhaben. Diese Fähigkeit zu entwickeln, ist das oberste Anliegen des MPU. „Wer nicht zur Teilnahme am Diskurs erzogen wird, wer nur aktionsfähig wird, den macht man verhaltensstabil, er wird abgerichtet zum funktionstüchtigen Element ohne Horizont und ohne Alternativen“ (Hiller 1974, S. 72).

Wichtige Bezugstheorien des MPU sind der Strukturalismus mit seinen synthetisierenden und analytischen Erkenntnismöglichkeiten und die Kritische Theorie der Frankfurter Schule mit ihrem diskursiven Aufklärungsanspruch. Von daher wird verständlich, dass konstruktive Modellbildungen gesellschaftlicher Handlungsfelder, die sich häufig auf Institutionen beziehen, einen hohen Stellenwert einnehmen. Sprache in der Hochform des Diskurses und Rollenspiel in seiner Vollform (vgl. Thomas 2009e) sind demzufolge weitere zentrale Anliegen und Durchführungsformate des integrativ-mehrperspektivischen Unterrichts, der sich freisetzende Partizipationsfähigkeit als oberstes Ziel auf die Fahnen geschrieben hatte; das Deduktionsproblem allerdings – wie denn etwa „Emanzipation“ inhaltlich zu füllen sei – blieb auf wissenschaftstheoretischer Ebene bestehen.

Ein letzter Zusammenhang sei noch erwähnt: während die naturwissenschaftlich orientierten Konzeptionen die gesellschaftswissenschaftlichen Bezüge des Sachunterrichts außer Acht lassen – sie beanspruchten gar nicht für diese reden zu wollen –, vernachlässigt der MPU durch seine betont gesellschaftswissenschaftliche Ausrichtung die naturwissenschaftliche Seite des Sachunterrichts, obwohl er ausdrücklich beanspruchte, für beide Bereiche zu gelten (vgl. Krämer 1974a, S. 10). Zumindest funktional kam es im MPU jedoch zu einer weitgehenden Ausblendung der Naturwissenschaften.

3.6.2 MPU und anthropologisch-entwicklungspsychologische Voraussetzungen

Im ersten Entwurf der Rekonstruktionstypen kennt der MPU noch den Rekonstruktionstypus „der menschliche Leib“, wobei aber nicht die konkrete physische Verfasstheit des Menschen gemeint ist, sondern körperliche Aktionen werden verstanden als „Medium der auslegenden Darstellung von Handlungsfeldern“. Einige Sätze später heißt es: „Hierher gehören die Pantomime und die nicht-verbalen Formen der Kommunikation“ (Giel/ Hiller/ Krämer 1974, S. 17).
In der zweiten Konzeptionierung der Rekonstruktionstypen wird die Kategorie „Leib“ konsequenterweise im Wesentlichen dem „szenischen Rekonstruktionstypus“ zugeordnet. Dabei wird jedoch nicht der anthropologischen Auffassung gefolgt, die „leibliche Erziehung“ meistenteils als „Organbildung“ verstand, hingegen gelte es, wie dies schon im 1974er Entwurf angeklungen war, den „Leib als Medium der Darstellung, des Transparentmachens“ (Giel 1975, S. 54) der gesellschaftlichen Realität zu nutzen. Hauptsächliches Mittel dafür – und auch hier erfährt der 1974er Entwurf eine Erweiterung und Präzisierung – ist das „Rollenspiel“. In ihm geht es nun darum, bewusst aus der alltäglichen Rolle herauszutreten und eine andere Rolle zu übernehmen, um auf diese Weise gesellschaftlich bedingte Konventionen in dem Umgang miteinander und in der alltäglichen Kommunikation sichtbar zu machen und diese kritisch zu hinterfragen und gegebenenfalls zu verändern. Dies soll die Teilnehmer dazu befähigen, ihre Rolle nicht bloß zu übernehmen, sondern distanziert und bewusst zu gestalten. Angestrebt wird also eine elaborierte Form des Rollenspiels, in der es nicht nur zu einem „role-taking“, sondern vielmehr zu einem „role-making“ kommt (vgl. Thomas 2009e, S. 244). Bei dieser Art des abständig-reflektierten Rollenspiels könne sich jedoch nicht mehr allein auf das „natürliche Ausdrucksvermögen“ der Kinder verlassen werden, denn dieses würde ohnehin überschätzt werden (vgl. Giel 1975, S. 55).
Überhaupt drängt sich bei den Publikationen der CIEL-Arbeitsgruppe der Eindruck auf, dass das Kind mit seinen Bedürfnissen, Interessen und Lebensweltbezügen in den theoretisch durchgestylten Ausführungen zu verschwinden droht. Im Zuge der „realistischen Wende“ in der Erziehungswissenschaft (Heinrich Roth) stimmten die Vertreter des MPU der Überwindung einer romantisch verklärten und überhöhten Auffassung von Kindsein ausdrücklich zu (vgl. ebd., S. 15), wobei noch eher die Auffassung vertreten wurde, dass diese Distanzierung noch nicht weit genug gegangen sei.
Neil Postman (1931-2003) befürchtete in den 1980er Jahren für die USA das „Verschwinden der Kindheit“ (vgl. 1983), weil die Erwachsenenwelt diese etwa durch die allgegenwärtige Medienpräsenz zu überwuchern drohte, mit der Folge, dass der Bereich „Kindheit“ immer stärker der Welt der Erwachsenen ausgeliefert

werde. Die zunehmende Relevanz der Erwachsenenwelt für das Aufwachsen der Kinder sehen auch die Vertreter des MPU, wobei sie aber nicht so sehr ein „Verschwinden der Kindheit" befürchten als vielmehr eine zunehmende Handlungsunfähigkeit der Kinder in dieser gesellschaftlich-medial vermittelten Welt. Kinder leben in einer „durch Informationen, Wissenschaften und Techniken bestimmten Zivilisation, inmitten einer Welt, von der eine hohe Faszination ausgeht" (Giel 1974, S. 51). Es besteht demnach nicht mehr die Frage, wie das Kind von der Welt der Erwachsenen getrennt werden kann, stattdessen muss es für diese Welt handlungsfähig im Sinne einer kritischen Partizipation gemacht werden, um den Ausschluss von Kindern aus vielen Bereichen des öffentlichen Lebens zu überwinden.

In dieser Konsequenz bedeutet das, Kinder aus ihren „Gettos" herauszuholen und Kindheit selbst zu rekonstruieren, um die gesellschaftliche Konstruktion von Kindheit deutlich zu machen (vgl. Giel/ Hiller/ Krämer 1974, S. 27). Kinder sind nicht in eine gesellschaftliche Realität zu überführen – sie befinden sich längst darin. Nach dieser Auffassung hat Schule nicht mehr die Aufgabe, durch „Methode" Kinder auf eine vermeintliche Zukunft vorzubereiten. Kinder sollen vielmehr aus dem Status von „nichtpartizipierenden Tabulisten" (Giel 1974, S. 51) herausgeführt und zu konkreter Teilhabe gebracht werden, durch „die Preisgabe der Idee der Methode zugunsten einer schulischen Aufarbeitung der tatsächlichen Partizipation der Kinder an der gesellschaftlichen Realität" (ebd.).

Diese „Entkindlichung" von Schule und Unterricht setzte sich bei der Entwicklung didaktischer Arbeitsmittel und Materialien durch die CIEL-Arbeitsgruppe fort. Die von ihr erstellten Arbeitsmaterialien und Medien zeigten bewusst „keinerlei Grundschultouch" (1976, S. 11), um sich dadurch auf keinen Fall dem Verdacht einer „(mißverstandenen) "Kindgemäßheit" "(ebd.) auszusetzen. Die Medien und Materialien sollten absichtlich Spuren ihres Herstellungsprozesses aufweisen, um nicht einer „präparierten Kinderwirklichkeit" nahe zu kommen und als „gemacht" erkannt zu werden. Ihre „Machart" oder auch ihre „Mache" sollte stets deutlich bleiben (vgl. ebd.).

Steht der Sachunterricht nach Lesart des MPU durch seine Modellbildungen in der Gefahr, die Wirklichkeit wegzumodellieren (vgl. Bolscho 1976, S. 34), so ist ebenfalls nicht auszuschließen, dass er durch seine angestrengte Entkindlichung auch in der Gefahr stand – mit wohlwollenden Absichten – Kindheit wegzukonstruieren.

3.6.3 MPU im gesellschaftlichen Kontext und pädagogisch-curriculare Aspekte

Die Konzeption des MPU wurde ab 1971 entwickelt, die wesentlichen Publikationen dazu wurden ab der Mitte der 1970er Jahre vorgelegt. Dies geschah also zu einer Zeit, in der gesellschaftliche Wandlungs- und Modernisierungsprozes-

se die relative Stetigkeit der „Langen Fünfziger Jahre" abzulösen begannen (vgl. Abelshauser 1987; Abelshauser bezeichnet wegen der langen wirtschaftlichen Aufstiegskontinuität den Zeitraum von 1949 bis zum Einsetzen der ersten Nachkriegsrezession in der Bundesrepublik Deutschland im Jahre 1966 als die „Langen Fünfziger Jahre").
Politisch blieb die Macht zwar bei der SPD-FDP-Koalition, jedoch erfolgte 1974 aufgrund der Guillaume-Spionage-Affäre der Rücktritt der Brandt/ Scheel-Regierung, deren Arbeit von Schmidt (SPD) und Genscher (FDP) fortgesetzt wurde. Die politischen Verwerfungen der 1968er-Zeit waren größtenteils überstanden und in eine allgemeine Demokratisierung der Gesellschaft überführt worden. Allerdings radikalisierten sich Reste des ursprünglichen Protests in der terroristischen RAF (Rote Armee Fraktion), die in den Folgejahren die Republik mit ihren Gewaltaktionen ein ums andere Mal erschütterte.
Generell wurden in der Bundesrepublik Deutschland der 1970er Jahre Liberalisierungstendenzen wirksam, die pädagogisch unter dem Leitziel „Emanzipation" (vgl. Mollenhauer 1968) zusammengefasst werden können. An dieser Stelle setzte auch der MPU an, dessen Hauptanliegen es war, gesellschaftlich bedingte Realität durchschaubar und veränderbar zu machen. Demzufolge besitzt der MPU einen hohen Gesellschaftsbezug, denn die für den Unterricht ausgewählten „Handlungsfelder" repräsentieren gesellschaftliche Wirklichkeitsausschnitte, die im Unterricht unter verschiedenen Perspektiven rekonstruiert werden. Aus dem „klassischen" didaktischen Dreieck „Lehrer-Stoff-Schüler" wird im MPU das didaktische Dreieck „Gesellschaft-Individuum-Schule", das mit gesellschaftskritischer Grundeinstellung bearbeitet wird. In diesem Zusammenhang wird dem Unterricht ein hohes Maß an Wirksamkeit zugeschrieben, denn dieser sei dafür verantwortlich, ob die Kinder zu „kritikloser Anpassungsbereitschaft" oder zu „blindem Revolutionseifer" erzogen werden würden (vgl. Krämer 1974b, S. 86). Es ist demnach zu vermeiden, dass das „Curriculum eine konservative oder eine einseitig systemüberwinderische Schlagseite erhält" (ebd.). Vor dem Hintergrund der Geschichte der Pädagogik mutet diese Sichtweise recht naiv an, weil es bisher nicht ein einziges Beispiel dafür gibt, dass Schule die Gesellschaft verändert hat – dieser Prozess lief, trotz mancher pädagogischen Hoffnungen, bislang immer umgekehrt.
Als die Konzeption des MPU entstand, war die Zeit der durch Benjamin S. Robinsohn entfachten Curriculumeuphorie schon wieder vorbei und die hochfliegenden Pläne zur Einrichtung von Landesinstituten zur Curriculumentwicklung waren bereits wieder ad acta gelegt worden. Gleichwohl hofften die Vertreter des MPU, dass es mit Hilfe ihrer Konzeption gelingen würde, der Grundschule wieder ein eigenständiges Profil zu verleihen, das sie nach dem Wegfall der Heimatkunde und des Gesamtunterrichts verloren habe (vgl. CIEL-Arbeitsgruppe 1976, S. 5). Andererseits betonten sie mehrfach, dass sich ihre Ausarbeitungen als offene

Curricula verstehen, die nur als „Teilcurricula" entworfen sind und die der Lehrerschaft vor Ort keine Vorschriften für die Art und Weise der Umsetzung machen wollen (vgl. Giel/ Hiller/ Krämer 1974, S. 24).
Die in den Planungen übergreifenden Bereichen zugeordneten Handlungsfelder bauen zumindest teilweise aufeinander auf, wobei sich der Komplexitätsgrad mit zunehmender Jahrgangsstufe erhöht. Die Handlungsfelder stehen aber offenkundig nicht in einem hierarchischen Verhältnis zueinander. So wird beispielsweise die Thematik „Wohnen" mit den Handlungsfeldern „Kinderzimmer" (1. Schuljahr), „Hochhaus" (2. Schuljahr), „Stadtplanung" (3. Schuljahr) und „Unbehaustes Wohnen/ Zwangswohnen" (4. Schuljahr) inhaltlich gefüllt, wobei die Themen für die 3. und 4. Klasse den unmittelbaren Lebensweltbezug der Kinder verlassen und der Bezugspunkt „Gesellschaft" den Vorrang erhält. „Gesellschaft" ist durchgängig der Referenzrahmen des MPU, so dass es innerhalb des selbstgewählten didaktischen Dreiecks „Gesellschaft-Individuum-Schule" immer wieder zu einseitigen Schwerpunktsetzungen kommt, und das Curriculum kann insgesamt als „gesellschaftslastig" bezeichnet werden.

3.6.4 MPU und grundlegende Bildung

Die Heimatkunde ist nach Ansicht der Vertreter des MPU nicht daran gescheitert, dass sie keine modernen Inhalte hätte integrieren können, sondern es sei ihr nicht gelungen, über eine nur vordergründige Vermittlung der Dinge hinaus zu kommen. Die Heimatkunde hat sich demzufolge nur beipflichtend (affirmativ) am äußeren Schein der Sachen abgearbeitet. Das Zustandekommen und die Berechtigung bestimmter gesellschaftlich vermittelter Gegebenheiten wurden in der Heimatkunde nicht thematisiert, womit sie den Anforderungen an Unterricht und Schule in einer hochkomplexen Industriegesellschaft nicht mehr entsprechen konnte (vgl. CIEL-Arbeitsgruppe 1976, S. 5). An diesen Einschätzungen wird auch deutlich, dass der MPU entschlossen von einem volkstümlichen Bildungsparadigma Abstand nimmt und seinen Ansatz ganz in den Dienst emanzipatorischer Aufklärungsarbeit stellen wollte. In diesem „Aufklärungsprozess" kommt dem Lehrer zwar eine zentrale Bedeutung zu, da er die aufklärerischen „Modellaufführungen" (ebd., S. 7) in seinem Unterricht zu inszenieren habe. Der Schüler werde dabei aber auf keinen Fall zu einem Belehrungsobjekt in einem lehrerzentrierten Frontalunterricht – gegen diesen Vorwurf an die Adresse des MPU wehrte sich Giel noch Jahre später (vgl. 2001, S. 206).
Stattdessen betont Giel die Subjektivität der jeweiligen Aneignungsprozesse, wobei in diesem Zusammenhang auf den ursprünglichen Begriff der „Bildsamkeit" nach Johann Friedrich Herbart (1776-1841) zurückgegriffen wird, die „per se als individuelle Bildsamkeit" (Giel 1974, S. 79) verstanden wird und die nicht nur darin besteht, Vorgefundenes nachzuvollziehen, sondern auch darauf verweist,

dass mit Hilfe der Entfaltung der individuellen Bildsamkeit über das Vorgefundene hinausgegangen werden kann. Nach Klaus Mollenhauer (1928-1998) versucht der Mensch über Bildsamkeit, seinen Selbstentwurf, der über das empirisch Gegebene projektiv hinausweist, zu verwirklichen (vgl. 1985, S. 103f.). „Bildsamkeit“ ist demzufolge der Treibriemen, über den der Eigenentwurf Stück für Stück erreicht werden und auf diese Weise möglich werden kann, um nicht Fiktion zu bleiben. Eine ähnliche Rolle wird der „Bildsamkeit“ auch im Ansatz des MPU zugerechnet. Sie ist die dynamische Vermittlungskategorie zwischen Gesellschaft und Individuum, wobei sie qualitativ mehr als „lernen“ meint und das individuelle Moment in der Auseinandersetzung des Einzelnen mit der Umwelt hervorkehrt. Dieser Kontext hebt darauf ab, dass der Mensch nicht nur auf den Nachvollzug von Vorhandenem beschränkt ist, sondern darüber hinaus dazu fähig ist, die Gegebenheiten analytisch, kritisch-fragend und innovativ-schöpferisch zu überwinden und zu übersteigen (vgl. Giel 1975, S. 79).

Bleibt noch abschließend den MPU mit Hilfe der drei Kriterien für grundlegende Bildung nach Glöckel zu befragen. Die von der CIEL-Arbeitsgruppe vorgeschlagenen Inhalte besitzen durchgängig einen zumindest potentiellen Lebensweltbezug, auch wenn Themen wie „Konzern“, „Begräbnis“ oder „Politische Feiertage“ (vgl. Krämer 1974b, S. 98) nicht unbedingt solche sind, die landläufig als Grundschulthemen erwartet werden, was aber dem Aufklärungsdenken dieser Konzeption voll entspricht.

Auch die fachliche Relevanz im Sinne fachlicher Richtigkeit der unterbreiteten Vorschläge kann nicht bestritten werden. Allerdings orientiert sich der MPU nicht an fachlichen Ausrichtungen, sondern bedient sich ihrer Einsichten bei der Rekonstruktion seiner Handlungsfelder, wobei diese vorwiegend gesellschafts- und sozialwissenschaftlich in den Blick genommen werden, was zu einer Vernachlässigung der naturwissenschaftlichen Bezüge führt.

Themen von überdauernder Bedeutung, wie sie hier etwa im Sinne von „großen Themen“ bezeichnet worden sind, liefert der MPU nicht. Allerdings befasst sich der oftmals als „Gesellschafts- und Institutionenkunde“ daherkommende MPU mit einer Vielzahl von öffentlichen Einrichtungen – z.B. „Stadtverwaltung“, „Banken“ oder „Verkehrssysteme“ –, denen auch im späteren Leben der Kinder Relevanz zukommt, so dass der überdauernden Bedeutung von Inhalten über den Zukunftsbezug der meisten Themen entsprochen wird.

3.7 Der exemplarisch-genetisch-sokratische Sachunterricht

Die bisher erörterten Konzeptionen können als „historisch“ bezeichnet werden. Ihre Entwicklungsgeschichte ist in jedem Falle abgeschlossen, rezeptionsgeschichtlich spielen sie hingegen – wenn auch mit unterschiedlichen Gewichtungen – bis in die Gegenwart eine Rolle, womit sich weiter unten der Vergleich der hier diskutierten Konzeptionen befassen wird (s. Kap. 4).
Der exemplarisch-genetisch-sokratische Sachunterricht ist – ebenso wie die noch folgenden Ansätze – eine aktuelle Konzeption des Sachunterrichts. Gleichwohl reicht ihr Entstehungszusammenhang in eine Zeit lange vor dem wissenschaftsorientierten Sachunterricht zurück, der die bisher bearbeitete Konzeptionsvielfalt hervorbrachte. Für den pädagogisch-didaktischen Kontext ist der exemplarisch-genetisch-sokratische Sachunterricht, für den sich auch die kürzere Bezeichnung „genetischer Sachunterricht“ (vgl. Soostmeyer 2002) eingebürgert hat, auf den Physikdidaktiker und Pädagogen Martin Wagenschein (1896-1988) zurückzuführen. Für den sachunterrichtsdidaktischen und naturwissenschaftlichen Kontext kann die Arbeit von Agnes Banholzer (1908-1982) aus dem Jahre 1936 als Pioniertat angesehen werden. Banholzer hat erstmals systematisch Äußerungen von Kindern im Grundschulalter (und auch älteren) zu bestimmten Naturphänomenen – Schwimmen und Sinken, Kapillareffekt, Chladnische Klangfiguren, Lichtbrechung und Magnetismus – gesammelt und vor dem Hintergrund der phasentheoretischen Entwicklungspsychologie von Oswald Kroh (1887-1955) gedeutet und ausgewertet. Dabei hat sie festgestellt, dass ursprüngliche, kindliche Ansätze des Verstehens von Naturphänomenen mit ihren gelegentlichen Animismen auch in der weiteren Entwicklung wirksam bleiben und bei der naturwissenschaftlichen Weltdeutung auch im Erwachsenenalter eine Rolle spielen (vgl. Banholzer (1936) 2010, S. 76). Wagenschein wurde schon früh auf die Dissertation Banholzers aufmerksam und publizierte Teile daraus, fasste einzelne Ausschnitte tabellarisch zusammen und kommentierte einiges, so dass sie wenigstens fragmentarisch noch vorhanden war (vgl. Wagenschein (1973) 2010, S, 76-89). Zwischenzeitlich ist der Originaltext in kopierter Form wieder gefunden worden und anlässlich des 100. Geburtstages von Agnes Banholzer als Forschungsband 8 der Gesellschaft für Didaktik des Sachunterrichts (GDSU) neu publiziert worden und von Bernd Thomas und Hilde Köster herausgegeben und eingeleitet worden (vgl. Banholzer 2008), so dass die ganze Arbeit wieder einer interessierten Öffentlichkeit zugänglich ist.
Bedeutsam für die weitere Entwicklung eines exemplarisch-genetisch-sokratischen Sachunterrichts war die Veröffentlichung des Buches „Kinder auf dem Wege zur Physik“ im Jahre 1973. In diesem Band wurden von Martin Wagenschein „Geschichten“ publiziert, in denen zum Teil schon sehr junge Kinder (Vorschulalter)

von Naturbegegnungen und Naturphänomenen erzählen, die ihnen fremd oder absonderlich waren, sie zum Staunen brachten, zum Nachdenken und zum Experimentieren anregten. Neben diesen „Geschichten“ wird in einem Überblick – wie erwähnt – die Arbeit von Banholzer vorgestellt. Sodann folgen als weiterer Schwerpunkt des Buches umfangreiche Unterrichtsprotokolle von Siegfried Thiel, die in seinem naturwissenschaftlichen Sachunterricht in der Tübinger Versuchsgrundschule „Auf der Wanne“ entstanden sind. Ein kurzer Beitrag von Wolfgang Faust zur Camera obscura schließt dieses Buch ab (vgl. Wagenschein (1973) 2010).

Im Erscheinungsjahr der ersten Auflage dieser Publikation ist die anfängliche Euphorie um die naturwissenschaftlichen Konzeptionen zum Sachunterricht – die struktur- bzw. konzeptorientierten und die verfahrensorientierten Curricula – schon fast wieder verflogen. Nun aber zeigte dieser Beitrag, dass es offenkundig noch einen anderen Weg gibt, um mit Kindern im Grundschulalter angemessen naturwissenschaftliche Sachverhalte zu bearbeiten. Für den Grundschulbereich kann Siegfried Thiel als der Pädagoge gelten, der zuerst versucht hat, nach Martin Wagenschein, der selbst Gymnasiallehrer und Physik- und Mathematikdidaktiker war, naturwissenschaftlichen Unterricht mit Kindern zu gestalten – zahlreiche Unterrichtsprotokolle, die an verschiedenen Stellen veröffentlicht worden sind, liegen bearbeitet und ausgewertet vor (vgl. beispielsweise Thiel 1984).

Während Thiel Wagenscheins Pädagogik vorwiegend praktisch-konzeptionell für den naturwissenschaftlichen Sachunterricht fruchtbar machte, arbeitete Walter Köhnlein die Pädagogik Martin Wagenscheins vor allen Dingen theoretisch-konzeptionell für den Sachunterricht aus. Als weiterer namhafter Bearbeiter Wagenscheinscher Pädagogik für den Sachunterricht ist Michael Soostmeyer (1943-2002) zu nennen (vgl. 2002), der u.a. die Ansätze von Bruner und Wagenschein für den Sachunterricht gewinnbringend aufeinander bezieht und somit hilft, scheinbare Gegensätze zu überwinden (vgl. 2001, S. 235-256).

Noch in der letzten Auflage dieses hier vorliegenden Buches wurde festgestellt, dass eine voll ausgearbeitete Konzeption zum exemplarisch-genetisch-sokratischen Sachunterricht weiterhin ein Desiderat sei (vgl. Thomas 2009a, S. 90). Dieser Zustand ist nunmehr überwunden. Mit seinem Buch „Sachunterricht und Bildung“ legte Walter Köhnlein einen Beitrag vor, der über den Zuschnitt einer Konzeption weit hinausreicht und überdies eine Theorie des Sachunterrichts erarbeitet (vgl. 2012). In ihr werden wesentliche Anliegen des exemplarisch-genetisch-sokratischen Sachunterrichts mit dem vielperspektivischen Sachunterricht in einen konsistenten, facettenreichen und produktiven Zusammenhang gebracht (s. Kap. 3.9). Referenzrahmen ist dabei durchgängig die Pädagogik Martin Wagenscheins. Wagenschein, der nach eigenem Bekunden seine prägenden pädagogischen Erfahrungen an der Odenwaldschule von Paul Geheeb (1870-1961) machte (vgl. Wagenschein (1983) 1989, S. 31-38; eine sehr schnell und informativ zu lesende tabellarische biographische Skizze zu Wagenschein liegt vor von Eisenhauer/ Kohl 1996, S. 244-249), trat nach dem Zweiten Weltkrieg anlässlich der Tübinger Gespräche und als Mitverfasser der Tübinger Resolution (1951) wieder im Rahmen einer größeren pädagogischen Öffentlichkeit in Erscheinung. Hauptanliegen der mittlerweile Pädagogikgeschichte gewordenen „Tübinger Resolution" (vgl. Pädagogische Rundschau (1951/ 52) Dezemberheft 1951, S. 142) war es, die Lehrpläne der Gymnasialoberstufe zu entrümpeln, die Stofffülle – oder wie Wagenschein es nannte – „die Stoffhuberei" zu beenden, und stattdessen vertiefend an wenigen ausgewählten, exemplarischen Inhalten zu lernen. Es dürfe kein hohles Pensenlernen mehr geben, an dessen Stelle sollte ein auf Verstehen abzielendes exemplarisches Lehren und Lernen erfolgen. Dabei sollte den Schülern eine große Wahlfreiheit zugestanden werden.

Bereits hier deutet sich an, dass das zunächst auf quantitative Stoffbeschränkung zielende Prinzip des Exemplarischen auf qualitative Konsequenzen verweist, die Wagenschein in der Folgezeit mit der Formulierung des genetischen Prinzips hinzufügt (vgl. Wagenschein (1965) 1989, S. 75). Auf den Sachunterricht übertragen bedeutet dies, dass das Vorwissen, die Erfahrungen und die Interessen der Kinder gestaltungskräftig in den Lernprozess einzubeziehen sind. Dieser soll über Entdecken, Versuch und auch Irrtum, Handeln und Gespräch zu einem verstehenden Wissen führen. In diesem Prozess wird dem Verstehen gegenüber der zu bewältigenden Stoffmenge eindeutig der Vorrang eingeräumt, was auch zur Folge hat, dass Zeitdruck auf jeden Fall zu vermeiden ist (vgl. Köhnlein 1996, S. 60f. und vgl. Köhnlein 2012, S. 63).

Ausgangspunkt für den Unterricht ist meist ein naturwissenschaftliches Phänomen, das bei den Kindern Verwunderung und Erstaunen auslöst. In dem mittlerweile als Klassiker des exemplarisch-genetisch-sokratischen Sachunterrichts zu bezeichnenden Unterrichtsbeispiel „Wie springt ein Ball?" (vgl. Thiel 1987b, S. 18-23) lässt der Lehrer als Einstieg vor den im Kreis versammelten Kindern gleichzeitig einen Kittball und einen normalen Gummiball (Gymnastikball) auf den Boden fallen. Die Kinder sind erstaunt, dass der eine Ball springt und der andere nicht. Es werden eine Vielzahl von Vermutungen angestellt, woran das wohl liegen könnte (der Kittball ist zu schwer, er klebt am Boden fest, es ist keine Luft in ihm ...). Diese Hypothesen werden im Verlauf des folgenden Unterrichts durch verschiedene Versuche überprüft – so wird etwa der Kittball in Papier eingewickelt, um das „Kleben" zu verhindern. Schließlich kommen die Kinder darauf, dass es mit dem „Material" (dieser Begriff kommt von den Kindern selbst), aus dem die Bälle bestehen, zu tun haben könnte. Der eine Ball sei „elastisch", der andere nicht – der Kittball ist nur „plastisch". Das bedeutet, er dellt sich beim Aufprall zwar auch ein, danach kehrt er jedoch nicht in seine ursprüngliche Form zurück, sondern bleibt träge liegen. Mit Hilfe einer berußten Plexiglasplatte wird das Verhalten der beiden Bälle sichtbar gemacht. Während der Kittball sich nur einmal verformt und beim ersten Auflegen auf die Rußplatte einen kleinen Abdruck hinterlässt und beim Aufprall einen großen, hinterlässt der Gummiball beim ersten Auflegen ebenfalls einen kleinen Abdruck, beim Aufprall einen großen – im Gegensatz zum Kittball springt er aber weiter, und die Abdrücke verkleinern sich allmählich wieder bis zur Ausgangsform. Die „Elastizität" des Balles ist sichtbar gemacht worden. Die Kinder haben mit Hilfe des Lehrers einen Versuch entwickelt, mit dem es möglich ist, dem Phänomen des „Springens" auf die Spur zu kommen. Die Kinder haben ihr Wissen selbst erzeugt und dadurch in Verstehen überführt. Das Ergebnis des Unterrichts wird nicht von seinem Zustandekommen getrennt – beides bleibt aufeinander verwiesen, es bleibt genetisch miteinander verknüpft (vgl. auch Thiel 2011).

Die Kinder haben ein Phänomen, etwas „Gegebenes auf den Prozess des Entstehens" (Möller 2001, S. 23) zurückgeführt und damit einen Sachverhalt der inneren Logik nach entschlüsselt, womit der logisch-genetische Aspekt des genetischen Lehrens und Lernens angesprochen ist. Wenn es zudem noch gelingt, dass dieses Lernen selbstständig geschieht und subjektiv bedeutsam wird, wäre auch der individual-genetische Aspekt des genetischen Lehrens und Lernens eingelöst (vgl. Köhnlein 2004b, S. 166). Beiden bisher erörterten Ausprägungen des genetischen Lehrens und Lernens wird der historisch-genetische Gesichtspunkt nachgeordnet, der auf das historische Gewordensein von Wissensbeständen mit allen möglichen Irrtümern und Umwegen abhebt (vgl. Möller 2001, S. 24). Genetischer Unterricht vollzieht sich an ausgewählten, ergiebigen Beispielen (Exemplarität), in dem das gemeinsame Gespräch unter grundsätzlich gleichberechtigten Partnern den Lernprozess als einen Verstehensprozess in der Gruppe befördert. Der Lehrer soll sich dabei zurückhalten, jedoch stets hochaktiv sein, indem er immer aufmerksam zuhört, Impulse setzt, Anregungen gibt, nachfragt, verfremdet, ein- und nachhakt, ermutigt. Diesen gesprächsorientierten Anteil akzentuiert die Bezeichnung „sokratisch", obwohl die von Wagenschein zurückhaltend-aufmunternde Art der Gesprächsführung wenig mit der verhörartigen Strenge des Philosophen Sokrates (ca. 470-399 v. Chr.) zu tun hat. Beiden Arten des Gesprächs ist hingegen gemeinsam, dass keine Scheinerklärungen akzeptiert werden. Es geht darum, beim Schüler verstandenes Wissen zu erreichen, das er dann selbstständig denkend erfassen und mit eigenen Worten darlegen kann und auf diese Weise verdeutlicht, dass er es verstanden hat.

Neben der Sachklärung und den Sachzielen werden im exemplarisch-genetisch-sokratischen Sachunterricht auch immer übergreifende Funktionsziele angestrebt. Auch hier folgt der Ansatz dem Vorbild Martin Wagenscheins, der für den naturwissenschaftlichen Unterricht im Gymnasium solche Funktionsziele vorgeschlagen hat (vgl. Wagenschein (1968) 1992, S. 42f.).

Köhnlein entwickelte für den Sachunterricht einen auf Fortschreibung angelegten Katalog möglicher Funktionsziele, von denen im Folgenden drei beispielhaft genannt werden:
„Die Kinder sollen bei der unterrichtlichen Arbeit durch Beteiligtsein *erfahren* ...
- wie man mit bestimmten Methoden oder Verfahren (beobachten, untersuchen, probieren, messen, befragen, nachschlagen) Probleme aufschließt und Wissen erzeugen kann,
- wie man einen einfachen Versuch als Frage an die Natur oder eine Untersuchung ausdenkt, ausführt und auswertet und die Ergebnisse darstellt,
- dass durch geeignete Methoden Sachverhalte intersubjektiv feststellbar sind, ...“ (Köhnlein 2012, S. 143; kursiv wie im Original; Anm. B.T.).

Exkurs: Immer wieder wird in Texten zur Didaktik des Sachunterrichts und zur Grundschulpädagogik das Wort „einfach“ gebraucht (vgl. z.B. KM Niedersachsen 2006 oder GDSU 2013). Dieser Wortgebrauch birgt jedoch die Gefahr eines eklatanten Missverständnisses in sich, suggeriert er doch als zu nahe liegend, dass das damit Bezeichnete „einfach“ im Sinne von „simpel“, „ohne Anspruch“ oder „belanglos“ sei. Die darin liegende Diskreditierung münzt sich zudem noch doppelt aus. Zum einen trifft sie die Grundschulkinder; denn ihr Lernen ist selbstverständlich alles andere als „einfach“. Lernen ist generell nicht einfach. Und schulisches Lernen erst recht nicht. Die Kinder müssen in der Schule von Anfang an hochkomplexe Lernprozesse bewältigen. Schulisches Lernen ist meist überaus anspruchsvoll – gerade für junge Kinder; denn es vollzieht sich analytisch, synthetisch, systematisch, symbolisch und kumulativ. Zum anderen trifft die Diskreditierung die Lehrerinnen und Lehrer an Grundschulen, die diese Lernprozesse professionell gestalten. Denn dazu müssen sie über Expertenwissen und -können verfügen, um diese Lernprozesse entwicklungsgemäß, sachgemäß, didaktisch, methodisch und pädagogisch angemessen gestalten, begleiten, fortführen, analysieren und innovieren zu können. All das – ob für die Kinder oder die Lehrerschaft – ist selbstredend nicht „einfach“. Ich schlage daher vor, statt von „einfach“ besser von „zugänglich“, „grundlegend“, „entwicklungsgemäß“, „für die Altersgruppe anspruchsvoll“, „didaktisch-methodisch angemessen aufbereitet“, „erschließend“ ... zu sprechen. Diese Zuschreibungen sind nicht nur präziser, sie bezeichnen auch angemessener die Qualität und den Anspruch des Gemeinten – und diese sind mitnichten „einfach“!

Auf das Unterrichtsbeispiel von Siegfried Thiel bezogen wird deutlich, wie versucht wird, derartige Funktionsziele in den Sachunterricht mit einzubeziehen. Die Kinder lernen Vermutungen zu äußern, diese zu sammeln und durch Versuche, die sie selbst entwickelt haben, zu überprüfen. Schließlich finden sie ein Verfahren – natürlich mit angemessener Hilfe des Lehrers – mit dem sie das „Sprungverhalten“ des Balles untersuchen, dokumentieren und beweisen können. Sie sind nicht mehr darauf angewiesen, dass sie belehrt werden oder dass ein Buchtext oder Merksatz ihnen sagt, wie ein Ball springt. Die Kinder haben die Erfahrung gemacht, dass sie selbst in der Lage sind, ihre Fragen zu beantworten. In den Funktionszielen drückt sich auch die Hoffnung aus, dass ein Sachunterricht, der häufiger so verfährt, dazu beitragen möge, dass Kinder gegenüber (naturwissenschaftlichen) Problemen eine kritisch-konstruktive Grundhaltung einnehmen und zur Bearbeitung derselben Methodenkompetenz ausbilden.

3.7.1 Zum Wissenschaftsverständnis des exemplarisch-genetisch-sokratischen Sachunterrichts

Das Wissenschaftsverständnis des genetischen Ansatzes ist un-elitär, aspekthaft-naturwissenschaftlich, pädagogisch-didaktisch und kontinuitätsoptimistisch ausgerichtet.
Wissenschaft, die für den schulischen Unterricht taugen soll, ist nicht in einem realitätsentrückten Elfenbeinturm angesiedelt, wo sie in abstrakter Verstiegenheit jeglichen Kontakt zu den ursprünglichen Zusammenhängen – in der Physik zu den Phänomenen – verloren hat. Diese elitäre Auffassung von Wissenschaft ist auf hohem Niveau gleichsam „im obersten Stockwerk“ stecken geblieben und kann den Rückweg zu ihren Anfängen nicht mehr finden (vgl. Wagenschein (1968) 1992, S. 101).
Diese Entwicklung bescheinigt Wagenschein den Fachwissenschaften – bei ihm sind damit Mathematik und Physik gemeint –, und er warnt vor der „entpädagogisierenden Wirkung“ eines reinen Fachstudiums (vgl. ebd., S. 103). Für künftige Lehrer lehnt er ein Wissenschaftsverständnis ab, das sich nur fachwissenschaftlich definiert. Demzufolge beurteilt er ein reines Fachstudium für angehende (Gymnasial)lehrer äußerst kritisch, ebenso wie die gängige Praxis, dass ihnen Pädagogik und Didaktik nur als Additiva angeboten werden. Wagenschein fordert für die Lehrerausbildung vielmehr eine Integration von Pädagogik, Didaktik und Fachwissenschaft von Anfang an, die er als „*genetische Metamorphose*“ (ebd.; kursiv wie im Original; Anm. B.T.) bezeichnet. Es muss jedoch gesehen werden, dass bis heute eher der umgekehrte Weg beschritten wird und dass beispielsweise angehende Lehrerinnen und Lehrer an Grundschulen ihre Unterrichtsfächer in rein fachwissenschaftlich ausgerichteten Lehrveranstaltungen Seite an Seite mit Diplom- oder Magisterkandidaten und -kandidatinnen studieren. Dieser Umstand hat sich mittlerweile durch die bundesweite, fast flächendeckende Einführung konsekutiver Studiengänge nach der Lesart von Bachelor und Master und der damit einhergehenden weiteren Verfachlichung des Lehramtsstudiums vor allem in der Bachelor-Phase nochmals verschärft. Eine Folge für die Didaktik ist in diesem Zusammenhang der Umstand, dass sie deshalb häufig vom „Ende der Wissenschaft“ her konzipiert werde, wodurch aber nur eine „falsche Didaktik“ entstehen kann (vgl. von Hentig 1992, S. 11).

Bescheiden betont der vorliegende Ansatz die Aspekthaftigkeit der naturwissenschaftlichen Sicht auf die Welt, die immer nur aus ihrer Perspektive bestimmte Erkenntnisse liefern könne. Für den didaktischen Kontext bleibt die Feststellung, dass bisher überwiegend Beispiele zum naturwissenschaftlichen Unterricht vorliegen, auch wenn es einige andere Beispiele gibt (vgl. etwa Messner 1998).
Im genetischen Verständnis sind Anfangssituationen der Wissenschaften pädagogisch-didaktisch wertvoll, denn aus ihnen heraus kann das Kind, kann der oder die Jugendliche den ursprünglichen Problemzusammenhang nachentdecken und -erfinden und so das Wesen der Wissenschaft überhaupt erst begreifen. In Anlehnung an den österreichischen Physiker, Philosophen und Wissenschaftstheoretiker Ernst Mach (1838-1916) stellt Wagenschein fest, dass es besonders auf die Anfänge der Wissenschaft ankomme, weil sie bescheiden – jedoch nicht simpel – seien und somit dem Anfänger besonders entgegenkämen, der sich auf diese Weise „die notwendigen Begriffe erst schaffen muß" (Wagenschein (1968) 1992, S. 102). Darin nun liegt aber die pädagogisch-didaktische Herausforderung dieser Anfangssituationen: „Gerade dadurch sind sie zugleich ungemein anspruchsvoll. Genau das, was wir im Unterricht wollen: den Anfänger ansprechen, aufrufen und zur Steigerung seines produktiven Selbst herausfordern" (ebd.).
Dieses anfängliche Sehen und Erkunden führt ohne Bruch zum Verstehen und schließlich „in die wissenschaftliche Erforschung von Sachverhalten" (Köhnlein 1998a, S. 14). Köhnlein vertritt hier mit Wagenschein die Auffassung eines beständigen Prozesses, der nach ersten Eindrücken und Erfahrungen zum Verständnis komplexer naturwissenschaftlicher Zusammenhänge führen kann. In der didaktischen Diskussion wird diese recht optimistische Auffassung als „Kontinuität" beschrieben (vgl. Köhnlein 2012, S. 529 und vgl. Wiesenfahrth 1991). Wissenschaft befindet sich demnach am Ende eines Kontinuums, an dessen Anfang Phänomene aus dem Alltag und der Lebenswelt stehen (etwa Licht und Schatten; Feuer und Flamme; Schmelzen und Erstarren; Schwimmen und Sinken; Wettererscheinungen wie Niederschlag, Regenbogen, Wärme und Kälte; Sonne und Erde; Mondphasen, Sterne und Sternbilder). Dieser Weg ist nach Wagenschein – und für den Sachunterricht nach Köhnlein – bruchlos möglich, wobei besonders für den Sekundarbereich zu betonen ist, dass ebenso der Rückweg immer möglich sein müsse und dass auch die mathematisierte Physik die ihr zugrunde liegenden Phänomene und Lebensweltbezüge nicht vergessen dürfe (vgl. Wagenschein (1968) 1992).
Auch im sprachlichen Bereich führe ein kontinuierlicher Weg von Animismen und Alltagssprache über eine sachangemessene Ausdrucksweise zur Fachsprache. Thiel konnte diesen Dreischritt für seinen physikalischen Grundschulunterricht eindrucksvoll belegen. Dabei wurde deutlich, dass auch hier Kontinuität nicht nur in eine Richtung zu verstehen ist. Die Kinder wechseln hin und her zwischen den verschiedenen Abstraktionsebenen und wissen auch, dass sich manches in Animismen Gefasste „für uns" leichter verstehen lässt (vgl. Thiel 1984, S. 82).

Wagenscheins Grundsätze auf den Sachunterricht der Grundschule angewandt, sollen dazu dienen, mit den Kindern erste Schritte auf dem Weg zur Wissenschaft zu gehen (vgl. Thiel 2001, S. 195). Dabei rät Wagenschein zu einer Mischung aus induktiven und deduktiven Verfahren (vgl. (1968) 1992, S. 97). Es geht demzufolge darum, für den Unterricht beide Möglichkeiten der Erkenntnisgewinnung nicht gegeneinander auszuspielen, sondern lohnend aufeinander zu beziehen. Ein wesentliches Anliegen des exemplarisch-genetisch-sokratischen Sachunterrichts ist ein „wissenschaftsverständiges Lernen" (Soostmeyer 1998, S. 68), das Wissenschaft und Kind gleichermaßen gerecht wird. Damit werden bereits anthropologische Aspekte angesprochen. Wissenschaftsorientierung im genetischen Sinne bedeutet dann, Sachzusammenhänge aus der Lebenswelt der Kinder aufzugreifen und im Sachunterricht so zu bearbeiten, dass „Wege in Richtung der Wissenschaften" (Köhnlein 1996, S. 57) aufgewiesen werden. Dabei soll die „schädliche Alternative" Kind oder Sache aufgehoben werden. Wagenschein fasst dies in seiner bekannten Formulierung zusammen, die mittlerweile zu einem geflügelten Wort geworden ist: „*Mit* dem Kinde von *der* Sache aus, die *für* das Kind die Sache *ist*" (1973, 2003, 2010, S. 11; kursiv wie im Original; Anm. B.T.).

3.7.2 Der genetische Ansatz und anthropologisch-entwicklungspsychologische Voraussetzungen

Die der exemplarisch-genetisch-sokratischen Konzeption zugrunde liegende Anthropologie und die darin enthaltenen entwicklungspsychologischen Annahmen strahlen Zuversicht aus. In dem Vorwort zu dem Buch „Kinder auf dem Wege zur Physik" wird dies deutlich. Bereits jungen Kindern wird zugetraut, dass sie „von sich aus" in der Lage sind, einen Zugang zu naturwissenschaftlichen Zusammenhängen zu entwickeln. Die von Wagenschein gesammelten „Geschichten" zeigen, „wie aus unbeeinflußten jungen Kindern durch die Begegnung mit absonderlichen Naturphänomenen ursprüngliche Ansätze physikalischen Verstehens herausgefordert werden" (Wagenschein (1973) 2010, S. 9). Kinder versuchten sich in solchen Situationen der Wiederholbarkeit, der Erhaltung und des Anknüpfens an Bekanntem zu versichern. Kinder verfolgten damit Vorgehensweisen, wie sie auch in den Naturwissenschaften zur Anwendung kämen (vgl. ebd., S. 13).
In einem Forschungsprojekt, das verschiedene Untersuchungen – etwa Banholzer (1936, 2008), Zietz (1955), Karnick (1968), Engelen/ Hardy/ Möller (2002) – zum Umgang von Kindern im Grundschulalter mit dem Phänomen des „Schwimmens und Sinkens" vergleichend analysiert, bestätigt sich allem Anschein nach eindrucksvoll die didaktische Tauglichkeit eines naturwissenschaftlichen Sachunterrichts, der die Kinder strukturiert dazu aktiviert, sich experimentierend und entdeckend mit naturwissenschaftlichen Problem- und Aufgabenstellungen

auseinander zu setzen, wobei darüber hinaus dem intensiven Sachgespräch eine hohe Bedeutung zukommt (vgl. Furtner 2012, S. 33).

Soostmeyer streicht die Handlungsaktivitäten heraus, die die Kinder bei der Begegnung mit interessanten Naturphänomenen entfalten. Sie hantieren und untersuchen, sie manipulieren und probieren aus, bauen auseinander und vielleicht auch wieder zusammen – schon sehr junge Kinder zeigen diesen Forscherdrang, der sich in ihrem „explorativen Spiel" ausdrückt (vgl. Soostmeyer 1998, S. 37) und dem mit einem freien Explorieren entgegengekommen werden kann (vgl. Köster 2006). Die Vertreter des exemplarisch-genetisch-sokratischen Sachunterrichts mahnen demzufolge an, Kinder nicht zu unterschätzen, denn sie seien schon „von sich aus „wissenschaftsorientiert" und bleiben es, wenn wir ihnen nicht den Wind aus den Segeln nehmen durch ein Übermaß an Belehrung" (Wagenschein (1973) 2010, S. 9).

Der Erwachsene, die Lehrerin oder der Lehrer sollen vor allem Helfer sein und dem Kind nicht ihr Wissen überstülpen. Schaub macht auf die Nähe der Pädagogik Martin Wagenscheins zur Pädagogik von Maria Montessori (1870-1952) in diesem Punkt aufmerksam. Schaub weist nach, dass sich Wagenschein mehrmals ausdrücklich auf die italienische Pädagogin bezieht (vgl. Wagenschein (1968) 1992, S. 107), wenn dieser verdeutlichen will, dass Kinder selbstständig Aufgaben bewältigen wollen (Aiutami a farlo da me → Hilf mir, es von mir aus zu tun) und dass sie dabei sachbezogen und anspruchsvoll vorgehen wollen. Wenn Wagenschein fordert, dass Schule oberflächliches und „zu leichtes" Lernen vermeiden müsse, bezieht sich Wagenschein auch auf Montessori (vgl. Schaub 2001, S. 33f.). Deutlich wird, dass im vorliegenden Zusammenhang auf die Fähigkeiten des Kindes vertraut wird, die sich in der Sachauseinandersetzung entfalten. In dem didaktischen Dreieck „Kind-Lehrer-Sache" tritt der Lehrer hinter den beiden Eckpunkten Kind und Sache zurück. Dabei wird den schöpferischen Kräften des Kindes ein hoher Stellenwert zugemessen. Es wird den Kindern zugetraut, eigene Wege zur Sache zu entdecken, eigenständig Zugriffsweisen, Denk- und Sprachformen aufzubauen und Kreativität im Auffinden von Problemlösungen zu entwickeln, die tragfähig seien für spätere abstrakte Aussagen der Wissenschaft.

Diese Sicht des Kindes speist sich teilweise noch aus jenen, das Kind überhöhenden Tendenzen, die größeren Teilen der Reformpädagogik innewohnten. Wohlwollend kritisch gibt Thiel zu bedenken, dass Wagenschein hier dem reformpädagogischen „romantischen Blick" auf das Kind nachhänge, den es in unserer Zeit zu relativieren gelte. Kinder wachsen heutzutage unter anderen Bedingungen auf als zu Zeiten der Reformpädagogik, die dazu neigte, Kindheit zu idealisieren. Thiel verweist in diesem Zusammenhang auf eine Traditionslinie, die er von Rousseau über Novalis, Jean Paul, Herder, Fröbel und Montessori bis Wagenschein führt (vgl. 1998, S. 61f.).

Kinder bringen heute mehr und andere Vorerfahrungen mit – als Schlagworte seien hier nur genannt „Medienkindheit" oder „Konsumkindheit" (vgl. Schorch 2007, S. 113f.) – als Kinder in der Zeit der Reformpädagogik oder auch in den 1950er oder 1960er Jahren. Didaktisch relevant sind diese Veränderungen auch für den exemplarisch-genetisch-sokratischen Sachunterricht, denn heutige Kinder sehen Naturphänomene mit anderen Augen. Sie sind vielleicht schon medial übersättigt oder besitzen ein medial vermitteltes Wissen, das sie zu schnellen, aber unverstandenen Erklärungen verleitet. Als didaktische Konsequenzen werden vorgeschlagen, durch einen phänomenorientierten Unterricht Kinder wieder für die Wahrnehmung von (Natur)-Phänomenen zu sensibilisieren und bei schnellen Erklärungen zu untersuchen, wie wohl dieses Wissen zustande gekommen sei und sich nicht mit diesen flüchtigen Erklärungen zufrieden zu geben, sondern beharrlich zu fragen, woher dieses Wissen denn komme. In Anlehnung an Klaus Giel bezeichnet Thiel diese Vorgehensweise als „Didaktik der Zugangswege" (2001, S. 192). In einer späteren Arbeit verdichtete Thiel diesen Problemkontext in der Formulierung: „Wir wissen etwas und wir wissen, wie man naturwissenschaftlich zu diesem Wissen gekommen ist, wie man mit Versuchen zu neuem Wissen kommen kann!" (2011, S. 185).

Auch unter einer weiteren Rücksicht relativiert sich Wagenscheins „romantischer Blick". Kindheit ist zu einem gehörigen Teil immer auch ein historisch-kulturelles Konstrukt (vgl. Fölling-Albers 2011), das heutzutage nicht mehr so einheitlich gedacht werden kann wie vielleicht noch in den oben angesprochenen Zeiträumen. In der gegenwärtigen Kindheitsforschung wird daher zunehmend „im Plural von Kindheiten und ihren individuellen, subkulturellen und interkulturellen Differenzierungen" (Duncker 2011, S. 151) oder auch von der „Vielschichtigkeit" von Kindheit und deren Konstruktionen (vgl. Fölling-Albers 2011, S. 167) gesprochen. Allerdings fordert auch die gegenwärtige Anthropologie eine gegenüber „Reproduktionsfunktion" und „Selektionsfunktion" von Schule (vgl. Fend 1979) zu stärkende Orientierung der Grundschule an den Bedürfnissen der Kinder (vgl. Duncker 2011, S. 152f.) und vertritt damit einen Standpunkt, dem auch der zwischenzeitlich überholte „romantische Blick" auf das Kind nicht entgegensteht.

3.7.3 Der genetische Ansatz im gesellschaftlichen Kontext und pädagogisch-curriculare Aspekte

Die Übertragung des genetischen Ansatzes nach Wagenschein auf den naturwissenschaftlich ausgerichteten Sachunterricht spielte sich vor denselben gesellschaftlichen Hintergründen ab wie die Entwicklung der struktur- bzw. konzeptorientierten und der verfahrensorientierten Curricula. Dennoch sind die „wissenschaftsorientierten" späten 1960er und frühen 1970er Jahre nicht der eigentliche Auslöser für die Entwicklung des naturwissenschaftlichen Sachunterrichts nach dem Vorbild Wagenscheins, sondern sie stellen eher günstige Bedingungen dafür dar. Der Entstehungszusammenhang des naturwissenschaftlichen Sachunterrichts nach genetischer Lesart ist vielmehr personengebunden-biographisch festzumachen und auf den schon mehrfach erwähnten Freiburger Pädagogen Siegfried Thiel zurückzuführen. Dieser kam im Rahmen eigener beruflicher Weiterbildungsbemühungen nach dem Hinweis eines Kommilitonen mit Wagenscheins Lehrveranstaltungen an der Universität Tübingen in Kontakt. Fortan verfolgte er diese mit großem Interesse, und er wollte Wagenscheins Pädagogik auch im Volksschul- und Grundschulbereich wirksam werden lassen. Diese Gelegenheit erhielt Thiel an der Versuchsgrundschule „Auf der Wanne" des Pädagogischen Seminars der Universität Tübingen in den Jahren 1967-1969. Dort entstanden die schon oben erwähnten Verbalprotokolle von Unterrichtssequenzen, die Thiel in einem eigens dafür eingerichteten Kurs von Viertklässlern erteilte. In dem Kurs wurden zu folgenden Sachverhalten erste Unterrichtsversuche durchgeführt: Verdunstung und Kondensation von Wasser, kommunizierende Röhren, Erosion und die „Kugelgestalt" der Erde (vgl. Thiel 2001, S. 186). Im Nachhinein bedauerte Thiel den teilweise bruchstückhaften Charakter seiner Aufzeichnungen, der durch die Eile der Transkription, durch das Nichterfassen des außerschulischen Geschehens und durch die Grenzen der damaligen Technik entstanden sei (vgl. Thiel 2010, S. 194f.).

Gleichwohl reichten die Protokolle aus, um bei der Arbeitstagung „Naturwissenschaftlich-technischer Lernbereich in der Grundschule", die unter der Leitung von Kay Spreckelsen und Hans Tütken an der Universität Göttingen im Jahre 1969 stattfand, anerkennende Beachtung zu finden. Hier las Thiel Auszüge aus seinen Protokollen vor. Namentlich der Hamburger Pädagoge Walter Jeziorsky (1903-1992), selbst ein streitbarer Vertreter eines möglichst frühen Sachunterrichts unter Zurückdrängung einer zu frühen Vermittlung der Standardkulturtechniken Lesen, Schreiben und Rechnen (vgl. Jeziorsky 1965, S. 254f.), beglückwünschte Thiel zu seiner Arbeit und hob besonders die glückliche Verbindung von Kind- und Sachbezug hervor (vgl. Thiel 2001, S. 187). Im aktuellen Verständnis müssten die genannten Standardkulturtechniken allerdings eine Weiterung erfahren, so dass heutzutage Sprache, Mathematik und Sachbildung zu nennen wären.

Dass die gesellschaftliche Großwetterlage nach dem „Sputnikschock", der „Bildungskatastrophe" und der Demokratisierungsbewegung für die Entwicklung des naturwissenschaftlichen Sachunterrichts äußerst günstig war, wurde Thiel, der offensichtlich in erster Linie rein pädagogisch dachte, nach eigenem Bekunden erst später klar (vgl. ebd., S. 186f.). Eine direkte Rolle spielen die gesellschaftlichen Rahmenbedingungen für das Entstehen des genetisch orientierten naturwissenschaftlichen Sachunterrichts nicht.

Auch Wagenscheins Ansatz entsteht vor allem aus pädagogisch-didaktischer Überzeugung, hier sind die gesellschaftlichen Rahmenbedingungen desgleichen kaum von Bedeutung. Allerdings ist seine Forderung „Verstehen ist Menschenrecht“ (vgl. Wagenschein 1970, S. 175-179) nicht nur pädagogisches Programm, sondern auch politisches Bekenntnis zur Demokratie. Dieser Zusammenhang kann auch so interpretiert werden, dass nur verstandenes Wissen ein individuell-freisetzendes Wissen hervorbringen kann und somit eine notwendige Bedingung für eine möglichst gleichberechtigt funktionierende demokratische Gesellschaft darstellt.

Pädagogisch-curricular setzt sich der exemplarisch-genetisch-sokratische Sachunterricht deutlich von den streng lernzielorientierten Entwürfen nach Spreckelsen und Tütken ab. Das struktur- bzw. konzeptorientierte Curriculum (Spreckelsen) ist konsequent durchkonstruiert und in penibel aufeinander bezogene „Lektionen“ gegliedert. Auch der naturwissenschaftliche Sachunterricht nach dem verfahrensorientierten Verständnis (Tütken) ist bündig aufgebaut und zunächst auf behavioristisch formulierte Lernziele ausgerichtet.

Vergleichsweise „spielerisch“ erscheint hingegen der genetische Ansatz im Sachunterricht. Thiel entwickelte diesen ausprobierend und suchend erst nach und nach. Gemeinsam mit den Kindern führte er seinen Unterricht durch, suchte nach Themen und geeigneten Phänomenen und hielt Rücksprache mit Wagenschein. Auf diese Weise entstanden im Laufe der Zeit Unterrichtssequenzen zu den Themenbereichen „Wie springt ein Ball?“ (vgl. Thiel 1987b), „Trägheit und Beharren“, „Wie die Menschen lernten, Feuer zu machen“ (vgl. Thiel 1987a) und „Wie kommt der Schall an unser Ohr“ (vgl. Thiel 2010, S. 195).

Im Gegensatz zu den rein wissenschaftsorientierten Ansätzen des frühen naturwissenschaftlichen Sachunterrichts steht bei Wagenschein und dann bei Thiel immer der Schüler bzw. das Kind im Mittelpunkt aller pädagogisch-didaktischer Arbeit, ohne dass deshalb die Sache vernachlässigt wird. Bezeichnenderweise orientierte sich Thiel bei seiner Entwicklungsarbeit darüber hinaus auch nicht an den einsinnig auf Wissenschaft ausgerichteten US-amerikanischen Curricula SCIS und S-APA, vielmehr fühlte er sich durch die offenen, sachbezogenen und kindorientierten Ansätze „Nuffield Junior Science Programm“ (vgl. Klewitz 2001, S. 227f.) und dem daraus hervorgehenden Curriculum „Science 5/ 13“ (vgl. Schwedes 2011, S. 162f.), die Ende der 1960er und während der 1970er Jahre in England entstanden sind, in seiner Kind- und Sachanspruch verbindenden Vorgehensweise bestätigt.

3.7.4 Der genetische Ansatz und grundlegende Bildung

Der exemplarisch-genetisch-sokratische Unterricht ist seinem Entstehungszusammenhang nach eindeutig der bildungstheoretischen Pädagogik zuzuordnen. Die vielseitige Bildung des Menschen ist auch für Wagenschein das oberste Ziel von Unterricht. Allerdings ist ihm der Begriff „allgemeine Bildung“ zu abstrakt und zu überhöht, so dass er zur Präzisierung seines Anliegens den Begriff „Formatio" benutzt (vgl. Wagenschein 1968 (1992), S. 76), um auch auf die Dynamik des Bildungsprozesses zu verweisen. „Formatio" setzt Wagenschein betont ab von „Informatio" im Sinne von Orientierung und von „Deformatio", womit er auf mögliche Beschränkungen einer einseitigen Spezialbildung in Ausprägung einer „déformation professionelle" verweist (vgl. 1968 (1992), S. 76). Wagenscheins Begriff „Formatio" kennzeichnen drei Merkmale:

1. „Produktive Findigkeit", womit die Fähigkeit zum selbstständigen Denken und Handeln gemeint ist. Desgleichen soll der Mensch dazu befähigt werden, selbstständig Einfälle hervorzubringen und kreativ zu sein.
2. „Enracinement". Diesen Terminus wählt Wagenschein in Anlehnung an die französische Freiheitsaktivistin und Philosophin Simone Weil (1909-1943). Wagenschein meint damit, dass es darauf ankomme, eingewurzelt zu sein und zu bleiben in dem Gesamt der primären Erfahrung und der primären Umwelt; fachliches und lebensweltliches Wissen dürfen nicht auseinander fallen. Er zieht den französischen Begriff „Enracinement" dem deutschen Begriff „Einwurzelung" auch deshalb vor, um nicht in die Nähe einer „Blut-und-Boden-Wurzelpädagogik" gebracht zu werden, die nicht zuletzt auch von Spranger ausging.
3. „Kritisches Vermögen", womit die Fähigkeit gemeint ist, Ideen und Vorstellungen kritisch zu überprüfen. Des Weiteren wird damit auf das allmähliche Fortschreiten von naiven Weisen des Verstehens bis zu abstrakten Einsichten abgehoben. An dieser Stelle klingt wieder Wagenscheins Kontinuitätsthese an (vgl. 1968 (1992), S. 76-79).

Im Zuge der Wiederbelebung des Bildungsbegriffes ab Mitte der 1980er Jahre besonders durch die Diskussion um die Neubestimmung von „Allgemeinbildung" auf dem Kongress der Deutschen Gesellschaft für Erziehungswissenschaft (DGfE) im Jahre 1986 (vgl. Sandfuchs 1987, S. 37) und die argumentative Verteidigung des Bildungsbegriffes vor allem durch Wolfgang Klafki (vgl. 1985, S. 12-30) kann festgestellt werden, dass auch die Didaktik des Sachunterrichts am Bildungsbegriff festhält (vgl. Köhnlein 1990, S. 108-111) und ihn für die Anfordernisse des Sachunterrichts bis in die Gegenwart hinein fortentwickelt (vgl. Köhnlein 2012). Für den Bereich der ersten vier Schuljahre wird dabei ausdrücklich auf das Paradigma der „grundlegenden Bildung" abgehoben, die am Beginn einer umfassenden Allgemeinbildung steht (vgl. ebd., S. 27f.).

Im Verständnis des vorliegenden Ansatzes ist demnach grundlegende Bildung elementar, fundamental und auf Weiterführung angelegt. Elementar meint nicht simpel oder schlicht, sondern das Zurückführen des Komplexen auf das Wesentliche, um es von daher in den Interessenshorizont der Kinder zu rücken. Auf diese Weise wird im Sachunterricht der Gegenstand für das Kind erschlossen und das Kind für den Gegenstand, wobei es zu einer allmählichen Gütesteigerung des

Erkenntnisprozesses kommt – diesen qualitativen Vorgang bezeichnet Klafki als „doppelseitige Erschließung“ (vgl. 1959, 1963, S. 43).
Für den Sachunterricht präzisiert Köhnlein den Zusammenhang, dass das Elementare nicht als das Einfache einer Sache aufzufassen ist, sondern dass es erst erarbeitet werden müsse und etwas Grundsätzliches freilege, das dann auf eine Anzahl ähnlich gelagerter Sachverhalte anwendbar sei. Danach ist das Elementare eine verdichtete Erkenntnis wie etwa eine Formel, ein Modell, ein Algorithmus, ein verstandener Merksatz, eine Regel, ein Gesetz oder ein auch auf andere Fälle anzuwendendes Prinzip. In diesem Verständnis steht das Elementare der Trivialität diametral gegenüber. Als sachunterrichtsrelevante Beispiele seien in diesem Kontext Kreisläufe genannt: Blutkreislauf (Humanbiologie), Stoffkreisläufe im Wald (Biologie und Chemie) oder beim Recyceln (Bildung für Nachhaltige Entwicklung), Wasserkreislauf (Physik, Meteorologie), Stromkreislauf (Physik und Technik), Nahrungsketten und -netze (Biologie und Ökologie) oder Warenströme und -kreisläufe (Wirtschaft), um nur einige zu nennen (vgl. Köhnlein 2012, S. 139). Grundlegende Einsichten werden im Sachunterricht auch angebahnt, wenn die Kinder etwa erkennen, dass zwischen Schall bewirkenden Schwingung und der erzeugten Tonhöhe ein notwendiger Zusammenhang besteht, wenn sie verinnerlichen, dass das Zusammenleben mehrerer Menschen Regeln und Normen braucht oder wenn sie erfahren, dass das Beachten einer sinnvollen Abfolge von Schritten das systematische Bearbeiten von Problemen überhaupt erst möglich macht (vgl. ebd., S. 140f.).
Daher ist grundlegende Bildung im Sachunterricht in einem doppelten Sinne fundamental. Zum einen zielt das Fundamentale darauf ab, dass das Kind Grunderlebnisse und Grunderfahrungen macht und ihm allgemeine „Strukturprinzipien großer Gegenstandsbereiche“ (Sandfuchs 1987, S. 54) bewusst werden, „durch die wir auf dem jeweils erreichten Stand der geschichtlichen Bewußtseinsentwicklung „Bereiche“ bzw. „Dimensionen“ der Beziehung von Mensch und Wirklichkeit auffassen und gliedern“ (Klafki 1985, S. 98). Als mögliche Modi von Wirklichkeitsbeziehungen nennt Klafki sodann „die wirtschaftliche, die gesellschaftliche, die politische, die ästhetische, die exakt-naturwissenschaftliche, die technische Wirklichkeitsbeziehung“ (ebd.), womit Bereiche angesprochen werden, die allesamt für den Sachunterricht bedeutsam sind und die sich in dem noch zu bearbeitenden „vielperspektivischen Sachunterricht“ in den „Dimensionen“ des Sachunterrichts wiederfinden.
Zum anderen wird das Fundamentale auch im Sinne eines Fundamentums verstanden, wobei es darum geht, eine Basis für spätere Lernprozesse zu schaffen. Der Sachunterricht muss sich auch darum bemühen, anschlussfähige Bildungs- und Lernprozesse auf den Weg zu bringen, die fortzuführendes Lernen ermöglichen. Insofern soll der Sachunterricht fundierend und weiterführend zugleich sein, ohne sich einerseits durch ein zu statisches Verständnis dessen, was das Funda-

mentum sei, selbst zu fesseln und ohne sich andererseits durch eine zu starke Ausrichtung auf das kommende Lernen allzu sehr an die Erfordernisse späterer Schulstufen auszuliefern.

Bleibt noch die Vermessung des genetischen Ansatzes nach den drei Merkmalen für grundlegende Bildung nach Hans Glöckel (Lebensweltbezug, fachliche Relevanz, Themen mit überdauernder Bedeutung).

Der Lebensweltbezug der vorliegenden Konzeption wird schnell einsichtig. Das genetische Selbstverständnis des Ansatzes legt nahe, dass die Themen aus der Lebenswelt der Kinder stammen oder sinnvoll auf sie bezogen werden können. Dabei geht es darum, Umgangs- und Alltagswissen in reflexives Wissen und verstandenes Funktionswissen zu überführen. Die Kinder sollen etwa nicht nur wissen, dass ein Ball springt, sondern sie sollen abwägend verstehen, wie er springt, indem sie überlegend Verfahren kennen und anwenden lernen, mit denen sie ihre Vermutungen überprüfen können. Auf diese Weise wird der subjektiv-genetische mit dem logisch-genetischen Aspekt verschränkt.

Die fachliche Relevanz der vorliegenden Unterrichtsbeispiele für den Sachunterricht nach Maßgabe des vorliegenden Ansatzes kann ebenfalls als eingelöst angesehen werden. Die naturwissenschaftlich-physikalischen Sachverhalte werden phänomenbetont aufbereitet und so vor die Kinder gebracht, dass sie zum Staunen, Nachdenken, Vermuten, Probieren und Experimentieren einladen und anregen. Einschränkend muss angemerkt werden, dass der exemplarisch-genetisch-sokratische Sachunterricht ebenso wie der struktur- bzw. konzeptorientierte Ansatz und das verfahrensorientierte Curriculum bisher vorwiegend naturwissenschaftlich und technisch ausgeprägt ist. Allerdings sind auch Beispiele mit nicht naturwissenschaftlichen Sachverhalten vorgelegt worden (vgl. Messner 1998 und vgl. Soostmeyer 1998), was die Entwicklungsfähigkeit dieser Konzeption verdeutlicht. Mit dieser Aussage endete dieser Absatz in der dritten Auflage dieses Buches. Für die nunmehr vorhandene Auflage kann indes festgestellt werden, dass das seinerzeit dem genetischen Ansatz zuerkannte Potential Einlösung gefunden hat. Köhnlein (2012) hat eine Vielzahl von Grundbegriffen, Lernaufgaben, Inhalten und Verfahren zu jeder Dimension des Sachunterrichts herausgearbeitet und das Genetische und Vielperspektivische des Sachunterrichts konzeptionell und theoretisch produktiv zusammengeführt; Kapitel 3.9 wird näherhin darauf eingehen.

Bildungstheoretisch beinhaltet die Ausrichtung der vorliegenden Konzeption auf das Elementare und das Fundamentale den Anspruch auf überdauernde Relevanz. Die inhaltlich orientierte Nachfrage nach Themen von überdauernder Bedeutung im Sinne der Bearbeitung „großer Themen“ verweist darauf, dass diese tatsächlich vorhanden sind. Die Thematik „wie der Mensch zum Feuer kam“ drängt Bezüge förmlich auf, die über den naturwissenschaftlichen Bereich hinausweisen. Fragen wie „seit wann verfügt der Mensch über Feuer?“, „wie und wo lernten die Menschen, das Feuer zu gebrauchen?“, „welche Menschen nutzten als erste das Feuer?“

oder „welche Auswirkungen hatte das Beherrschen des Feuers auf die Lebensweise und das Zusammenleben der Menschen?“ machen nicht nur historisch-genetische Aspekte offenkundig, sondern sie machen darüber hinaus auf geschichtliche, geographische, biologische, soziale, kulturanthropologische, gesellschaftliche und philosophische Bezüge dieser Thematik aufmerksam.

3.8 Sachunterricht als Welterkundung

Nach einer vierjährigen Entstehungszeit legte eine vom Arbeitskreis Grundschule unterstützte Arbeitsgruppe einen Gesamtentwurf zur Reform der Grundschule vor. Der Arbeitsgruppe gehörten an: Gabriele Faust-Siehl, Frankfurt am Main, heute Gabriele Faust, Bamberg; Ariane Garlichs, Kassel; Klaus Klemm, Essen; Jörg Ramseger, Berlin; Hermann Schwarz, Hamburg und Ute Warm ebenfalls Hamburg. Renate Valtin, Berlin, nahm nur zu Beginn an der Arbeitsgruppe teil (vgl. Faust-Siehl u.a. 1996). Die Arbeitsgruppe sieht ihren Beitrag in der Tradition der pädagogischen Programmschriften der 1970er Jahre. Ihre Ausarbeitung fand parallel zu der Erarbeitung der „Empfehlungen zur Arbeit in der Grundschule“ durch die KMK statt, die am 6.5.1994 verabschiedet wurden. Der Autorenschaft der „Empfehlungen zur Neugestaltung der Primarstufe. Die Zukunft beginnt in der Grundschule“ ist klar, dass ihre Programmschrift nicht in eine eins zu eins Umsetzung einmünden wird, eher soll sie dem Selbstanspruch nach eine richtungsweisende Diskussionsgrundlage sein und entsprechende Anregungen und Impulse geben. Als Eckpunkte ihrer Reformvorschläge nennen die Verfasser:

- die Abschaffung der Einschulungsauslese
- integrative Erziehung aller Kinder
- Team-Teaching und sonderpädagogische Begleitung
- die Abschaffung der Ziffernbenotungen
- die Abschaffung des Sitzenbleibens
- die Einführung der „ganzen Halbtagsgrundschule“
- Computereinsatz, Fremdsprachen und einen neuen Mathematikunterricht
- die Abschaffung des Sachunterrichts und seine Ersetzung durch einen neuen Lernbereich, der Welterkundung genannt werden soll
- die Abschaffung eines konfessionell rückgebundenen Religionsunterrichts zugunsten eines Lernbereichs „Religion, Ethik, Philosophie“
- weitreichende Gestaltungsautonomie der einzelnen Schulen
- die Abschaffung des Beamtenstatus für alle an Schule und Schulaufsicht beteiligten Personen
- Gleichberechtigung der Lehrämter
- intensive Einbindung der Eltern (vgl. Faust-Siehl u.a. 1996)

Im Folgenden wird der eigenen Aufgabenstellung entsprechend nur der Teil der Programmschrift diskutiert, der den Sachunterricht betrifft. Die Arbeitsgruppe wendet sich gegen fachwissenschaftlich oder fachlich rückgebundene Inhalte im Sachunterricht. Nicht die Wissenschaften lieferten potentielle Inhalte für den Sachunterricht, stattdessen solle die kulturelle Weltaneignung des Menschen im Unterricht thematisiert werden. Wichtig sei es in diesem Kontext über „Verhältnisse" nachzudenken, wobei es inhaltlich um zwei wesentliche Gesichtspunkte gehe:
„ – die Bewältigung des Verhältnisses des Menschen zur belebten und unbelebten Natur und
– die Bewältigung des Zusammenlebens der Menschen untereinander" (Faust-Siehl u.a. 1996, S. 63).

Überkommene Heimatkundekonzeptionen werden ebenso kritisiert wie der gegenwärtige Sachunterricht, der als „ein Sammelsurium didaktisch reduzierter Bruchstücke" (ebd., S. 64) verunglimpft wird. Dabei kommen jedoch nur zwei Ausprägungen des Sachunterrichts in den Blick der Arbeitsgruppe: zum einen wird auf einen rigiden wissenschaftsorientierten Sachunterricht abgehoben, der Mitte der 1990er Jahre aber schon lange überwunden war. Zum anderen wird auf Fehlformen offenen Sachunterrichts verwiesen. Dabei wird allerdings die vielfältige konzeptionelle Entwicklung des Sachunterrichts übersehen, die durchaus tragfähige Ansätze hervorgebracht hat. Rückblickend sei beispielsweise auf den anspruchsvollen MPU, für die gegenwärtige Entwicklung sei auf den hoch rezipierten genetischen Ansatz und auf den einflussreichen vielperspektivischen Sachunterricht verwiesen. Stattdessen wird die Abschaffung des Sachunterrichts vorgeschlagen und aus der eben dargelegten Blickverengung heraus empfohlen: „Mit Rücksicht auf diese Entwicklungen schlagen wir eine radikale Neuorientierung für diesen Lernbereich einschließlich seiner neuen Benennung vor: «Welterkundung» statt «Sachunterricht»" (ebd., S. 65). In diesem neuen Lernbereich geht es nun darum, die Kinder weitgehend selbstständig entdecken und forschen zu lassen, wobei konkrete Inhalte nicht genannt werden. Dafür stellt die Arbeitsgruppe ein Suchraster vor, das aus vier „Gegenstandsfeldern" besteht. Diese sollen dabei helfen, Fragerichtungen und Inhalte zu finden. Die Gegenstandsfelder sind:

1. Entwicklungstypische Schlüsselfragen von Grundschulkindern wie etwa die Frage nach der eigenen Geschichtlichkeit, der eigenen Primärgruppe, der eigenen Endlichkeit oder die Frage nach Freundschaft und Ablehnung.
2. Epochaltypische Schlüsselfragen der Menschheit, wie sie durch Wolfgang Klafki (1927-2016) bekannt sind. Dazu zählen für den Bereich der Welterkundung neben anderen die Frage nach Krieg und Frieden, die ökologische Frage und das Problem der Entwicklungsländer.

3. Epochemachende Errungenschaften der Menschheit, ausgedrückt in Ideen wie etwa Freiheit, Gleichheit und Brüderlichkeit und Praktiken wie beispielsweise Handwerk, Kunst, Kultur, Religion, Ethik und Philosophie.
4. Methoden der Rekonstruktion und Darstellung der Wirklichkeit, womit auf mögliche Arbeitsweisen und Aneignungsformen im Unterricht verwiesen wird. Aufzählend werden unter vielen anderen genannt: Hypothesen bilden, Theorien verfolgen, Beobachtung und Experiment, Messen, Schätzen und Klassifizieren (vgl. ebd., S. 67-73).

Die Lehrerin oder der Lehrer soll nun den Kindern ihre Fragen gleichsam ablauschen (vgl. ebd., S. 66f.) und diese zu den vier Gegenstandsfeldern in Beziehung setzen, die ständig „«im Hinterkopf»" (ebd., S. 72) parat sein müssten. Auf diese Art und Weise gelänge es zuverlässig, geeignete Inhalte zu finden. Angebrachte Methoden seien das „freie Forschen" und das „Projekt", wobei es zu begrifflichen Unschärfen kommt. So wird der Begriff „Vorhaben" als Synonym für Projekt gebraucht (vgl. ebd., S. 74f.). Das Vorhaben entstammt jedoch der gesamtunterrichtlichen Tradition um Johannes Kretschmann (1859-1944) (vgl. Röhrs 2001, S. 247), dessen Pädagogik durch Otto Haase (1893-1961) auch noch spätere Bearbeitung fand (vgl. Kretschmann (1932): Natürlicher Unterricht. Neubearbeitet von Otto Haase, 1948), während das „Projekt" bekanntermaßen – die vorgängige europäische Entwicklung einmal außer Acht lassend (vgl. dazu Knoll 1993) – rezeptionsgeschichtlich auf John Dewey (1859-1952) und William H. Kilpatrick (1871-1965) zurückgeht (vgl. Knoll 2011, S. 12 f.) und damit einen ganz anders gelagerten Entstehungszusammenhang aufweist. Von daher ist der synonyme Gebrauch dieser zwei deutlich zu unterscheidenden pädagogischen Begriffe zumindest problematisch.

Schließlich raten die Verfasser des Ansatzes der Welterkundung noch dazu, „Experten" wie „Eltern, alte Leute, Handwerker, Künstler, Forscher, Schriftsteller, Arbeiter und Unternehmer" (ebd., S. 72) in den Unterricht mit einzubeziehen.

Mit der Auflösung des Sachunterrichts zugunsten des Fächerverbundes „Mensch, Natur und Kultur" im Bildungsplan für die Grundschule in Baden-Württemberg, der im Jahre 2004 in Kraft gesetzt wurde, ist das Anliegen der Welterkundung, die im Bildungsplan auch genannt wird (vgl. KM Baden-Württemberg 2004), nach Abschaffung des Sachunterrichts in gewisser Weise erfüllt worden. Ob den ureigensten Aufgaben und Zielen des Sachunterrichts mit der Verquickung von Sachwissen mit Gesang, Tanz, künstlerischer Gestaltung, Sagen und Märchen gedient ist, erscheint zumindest zweifelhaft – ganz davon abgesehen, dass es auch für die musischen Fächer nicht ein Gewinn sein dürfte. Wie die Verfallsgeschichte des Gesamtunterrichts eindrucksvoll vor Augen führte, hat sich dieser Weg historisch bereits schon einmal als Sackgasse herausgestellt.

3.8.1 Zum Wissenschaftsverständnis des Sachunterrichts als Welterkundung

Im Gegensatz zu den wissenschaftsorientierten Konzeptionen des Sachunterrichts steht der Ansatz der Welterkundung den Wissenschaften zurückhaltend gegenüber. Aus den Wissenschaften ließen sich keine Inhalte für den Unterricht gewinnen und der wissenschaftsorientierte Sachunterricht habe dazu geführt, dass „Kinder zu passiven Rezipienten wissenschaftlicher Modelle und Theorien degradiert" (Faust-Siehl u.a. 1996, S. 64) wurden. Der Lernbereich Welterkundung will eine „Vorwegnahme oder Einführung in irgendwelche Wissenschaftsdisziplinen" (ebd., S. 66) auf jeden Fall vermeiden und vertraut stattdessen weitgehend auf die Selbstentfaltung des Kindes.

Damit läuft der Ansatz der Welterkundung jedoch Gefahr, sich der Beliebigkeit und Zufälligkeit auszuliefern. Es scheint den Verfassern recht gleichgültig zu sein, welche Inhalte in dem umbenannten Sachunterricht eine Rolle spielen sollen: „Geschichten, Zeitungsmeldungen, eine Problemschilderung, ein Stück Literatur, einen Ausschnitt aus einem Film, ein Naturphänomen oder was auch immer den Geist anzuregen vermag" (ebd., S. 67). Nicht nur die bunte Aufzählreihe hinterlässt Ratlosigkeit, auch der Nachsatz, der in Varianten den Beitrag zur Welterkundung durchzieht (vgl. ebd., S. 67-71 und besonders S. 73), zeigt an, dass Inhalte scheinbar nach Belieben gewählt werden können, solange sie sich nur nicht an den Wissenschaften orientieren. So droht aus Welterkundung unversehens ein Alltagswissen wiederholender Gelegenheitsunterricht zu werden, der die Kinder nicht systematisch weiterführt, sondern sie an Alltagskonzepte ausliefert. Die Kinder sollen zwar Hypothesen bilden und Theorien verfolgen, Modellvorstellungen und Analogiebildung entwickeln und Experimente ausführen (vgl. ebd., S. 73) und auf diesem Wege forschend und entdeckend lernen (vgl. ebd., S. 66), aber „nicht etwa, weil dies eine typische Arbeitsform der Wissenschaften ist ..." (ebd.). Wie aber sollen die Kinder solch hochentwickelte Arbeitsformen erwerben, wenn sie dazu nicht auch wissenschaftsorientiert angeleitet werden? Lauterbach fragt zu Recht, welche und wie viele Kinder denn wohl „von sich aus" Theorien und Modellvorstellungen entwickeln und Experimente durchführen (vgl. 2001, S. 106). Sachunterricht kann Kinder nicht in ihrem Umgangswissen belassen, stattdessen muss er sie auch systematisch zu weiterentwickelten Wissensformen befähigen. Wenn einerseits von den Kindern erwartet wird, dass sie wissenschaftsorientierte Arbeitsweisen entfalten, kann andererseits ein Wissenschaftsbezug – neben anderen Bezügen – nicht negiert werden. Insofern kann der Konzeption der Welterkundung der Vorwurf historischer und systematischer Schwächen nicht erspart werden.

Historische Schwächen liegen vor, weil die Errungenschaften – trotz aller Übertreibungen – des modernen Sachunterrichts wie naturwissenschaftliche Inhalte und Methoden ignoriert werden und somit eine Traditionslinie des Sachunterrichts ohne Not gekappt wird. Systematische Schwächen liegen deshalb vor, weil nicht gezeigt wird, wie die Kinder die geforderten Arbeitsweisen entwickeln sollen. Falls aber nur Vorformen gemeint sein sollten, müsste dies gesagt werden. Desgleichen müssten sie beschrieben werden, um ihren didaktischen Stellenwert einschätzen zu können (vgl. Lauterbach 2001, S. 105f.) – so aber bleiben diese Fragen offen.

3.8.2 Welterkundung und anthropologisch-entwicklungspsychologische Voraussetzungen

Zweifellos steht bei der Welterkundung das Kind im Mittelpunkt der didaktisch-pädagogischen Bemühungen, wobei das Bild vom Kind und von Kindheit durch die kulturkritische und kulturpessimistische Diskussion um die sogenannte veränderte Kindheit der ausgehenden 1980er und der ersten Hälfte der 1990er Jahre (vgl. Fölling-Albers 1997, S. 41f.) beeinflusst wurde. Die Arbeitsgruppe hebt dabei besonders auf die Diversität gegenwärtiger Kindheitsmuster und Lebensentwürfe ab, die mehr denn je auf die Selbstentfaltung der Kinder angelegt seien. Diese ziele vor allem auf „Selbstständigkeit" von Kindern ab, womit eine hohe Zielkongruenz zwischen Elternhaus und Grundschule erreicht worden sei (vgl. Faust-Siehl 1996, S. 18f.).
An dieser Stelle wäre sicherlich eine Diskussion des Begriffes „Selbstständigkeit" hilfreich gewesen. Meinen Eltern und Pädagogen vorderhand immer dasselbe mit „Selbstständigkeit"? Es sollte zwischen funktionaler und autonomer Selbstständigkeit unterschieden werden, wobei mutmaßlich Eltern tendenziell eher dazu neigen, zunächst die funktionale Selbstständigkeit von Kindern anzustreben, da sie unmittelbar entlastende Funktion hat, während Lehrerinnen und Lehrer tendenziell eher die autonome Selbstständigkeit von Kindern im Blick haben dürften. Dieser Zusammenhang könnte sehr wohl Gegenstand der Elternarbeit sein, die das Verständnis von „Selbstständigkeit des Kindes" durchaus zu einem Thema eines Elternabends machen könnte. Ein undifferenzierter Gebrauch des Begriffes „Selbstständigkeit" erschwert die Wahrnehmung dieser Zusammenhänge.
Als einen weiteren Punkt zur sogenannten veränderten Kindheit betont die Arbeitsgruppe besonders, dass „viele Kinder in sozialer Vereinzelung aufwachsen" (ebd., S. 17). Zurückgeführt wird dieser Umstand in erster Linie auf die veränderten Familienstrukturen, ferner auf die veränderte Wohnumwelt und auf die arbeitsteilige und hochgradig verwaltete Welt (vgl. ebd., S. 19).
Der Frage nach den veränderten Familienstrukturen soll kurz nachgegangen werden. Fölling-Albers, die im Zusammenhang mit der Diskussion um die sogenannte veränderte Kindheit davor warnt, allzu viel Verunsicherung und Pessimismus walten zu lassen (vgl. 2001, S. 10), teilt dazu mit: „Nach wie vor wuchsen noch in den 90er Jahren über 80 % der Kinder bis zu ihrem Erwachsenenalter

bei ihren verheirateten Eltern auf" (ebd., S. 19). Demnach hat die traditionelle Gattenfamilie (seit dem 18. Jahrhundert) weiterhin in überwiegender Mehrheit Bestand, so dass pauschale Feststellungen zu gewandelten Familienstrukturen differenziert werden müssen. Andererseits belegen neuere Zahlen, dass in Bezug auf die klassische Gattenfamilie eine weiter abnehmende Tendenz zu verzeichnen ist. Demnach leben gegenwärtig hierzulande 71 % der Kinder in der angestammten Kernfamilie und darüber hinaus 2 % der Kinder in Drei-Generationen-Familien (vgl. WVD 2010, S. 17 und vgl. Fölling-Albers 2011, S. 164).
Was die soziale Vereinzelung darüber hinaus befördern könnte, wäre die Zahl der Geschwister. Hier ist festzustellen, dass die Zahl der Kinder in den Familien kontinuierlich abgenommen hat. Gleichwohl verfügen immer noch drei Viertel aller Kinder über Erfahrungen mit Geschwistern. So wachsen noch 48 % der Kinder in Zwei-Kind-Familien und 27 % aller Kinder in Drei- und Mehr-Kind-Familien auf (vgl. WVD 2010, S. 17). Natürlich ist die Zahl von 24 % aller Kinder, die hierzulande in Ein-Kind-Familien aufwachsen, nicht zu unterschätzen. Jedoch bleibt aufgrund der vorliegenden Daten festzustellen, dass die überwiegende Zahl der Kinder noch in traditionellen Familienverbänden aufwächst und immerhin drei Viertel der Kinder mit einem Geschwisterkind oder mehreren Geschwistern. Auch was die Daten zu Kinderfreundschaften betrifft (vgl. Fölling-Albers 2001, S. 25f.), scheint sich das Vereinsamungsproblem von Kindern nicht in der von der Arbeitsgruppe ausgemachten Schärfe zu stellen. Gleichwohl dient der Arbeitgruppe die „Vereinsamungsthese" als Hauptargument für die Forderung nach Erziehung in der und für die „Gemeinschaft" und nach der Stiftung einer „seelischen Heimat" in der Grundschule (Faust-Siehl 1996, S. 20). Diesen Zielen soll hier gar nicht widersprochen werden. Es scheint allerdings bedenklich, Kindheit reichlich pauschal mit dem Merkmal der „Vereinsamung" zu belegen und damit einen Begründungszusammenhang zu erstellen, der Kinder und Kindheit „wohlwollend stigmatisiert" (vgl. Kiper 1987), ähnlich wie dies Bezeichnungen wie „Konsumkindheit", „Medienkindheit", „Verlust- und Problemkindheit" unterstellen (vgl. Fölling-Albers 2011, S. 167). Positive Entwicklungen heutiger Kindheit werden ausgeblendet, wenn statistische Erhebungsdaten einseitig negativ interpretiert werden. Es entsteht ein Zerrbild von Kindheit, dass positive Befunde ausklammert und nicht sieht, dass gegenwärtig viele Kinder materiell, medizinisch, partnerschaftlich, informativ, erzieherisch besser versorgt sind als je zuvor in Mitteleuropa (vgl. Schorch 2007, S. 119).

3.8.3 Welterkundung im gesellschaftlichen Kontext und pädagogisch-curriculare Aspekte

Mit der Feststellung, dass die Grundschule den „Erfordernissen unserer Zeit" (Faust-Siehl u.a. 1996, S. 11) nicht mehr entspreche, beginnen die Ausführungen der Arbeitsgruppe. Als Grund dafür wird eine Gesellschaft genannt, die sich im „Umbruch" befände. Für den Bereich des in Welterkundung zu überführenden Sachunterrichts wird „Gesellschaft" vor allen Dingen als „Mediengesellschaft" vorstellig: „Schon Sechsjährige entschlüsseln heute problemlos die typischen Verlaufsformen eines fernöstlichen Ritterduells, das Procedere einer nordamerikanischen Gerichtsverhandlung oder die Verhaltensstandards im internationalen Rauschgiftgeschäft, die ihnen das Fernsehen täglich neu ins Kinderzimmer sendet" (ebd., S. 65).

Abgesehen von diesen völlig überzogenen Formulierungen, betont die Arbeitsgruppe in diesem Zusammenhang, dass Kinder durch die Medien heutzutage mit Problemen aus der ganzen Welt konfrontiert würden, was auch das Festhalten an überkommenen Heimatkundekonzeptionen unhaltbar mache. Aber – und dass muss sich die Konzeption Welterkundung fragen lassen – besteht denn die zuträgliche Antwort auf die obige Feststellung darin, dass der beklagten medialen Problementgrenzung eine curriculare Entgrenzung hinzugefügt wird? Da das vorgeschlagene Curriculumraster unverbindlich bleibt, was besonders die Zusätze „und andere mehr" oder „und viele andere mehr" (ebd., S. 73) verdeutlichen, wird der Sachunterricht nach dem Verständnis der Welterkundung kontur- und gestaltlos. Die Folge ist, dass der Sachunterricht an Profil verliert und zur curricularen Manövriermasse degeneriert. Fölling-Albers verwies zeitnah ausdrücklich auf den Ansatz der Welterkundung, den sie zuvor als „besonders symptomatisch für die aktuelle globale Orientierung im curricularen Bereich" (1997, S. 51) bezeichnet hat, wenn sie folgenden Zusammenhang feststellt: „Bemerkenswert ist allerdings, daß parallel zu den genannten Vorstellungen von Pädagogen und Didaktikern, im Sachunterricht vermehrt integrative Konzepte zu praktizieren, der Stellenwert des Faches an den Schulen zurückgegangen ist" (ebd.). Die Trennschärfe über Bord werfende globale Orientierung der Welterkundung geht einher mit der curricularen Schwächung des Sachunterrichts, die in Baden-Württemberg zu einer unangemessenen Vermengung mit anderen Lernbereichen in der Schule und zu einer Zurückdrängung des Sachunterrichts im Lehramtsstudium zugunsten der Fächer führte. Das Steinzeitmodell Sachunterricht als Fachunterricht (s. Kap. 3.1) feiert auf diese Weise fröhliche Urständ. Die historische Aufarbeitung der Konzeptionen des Sachunterrichts will vor diesem Hintergrund helfen, Fehler nicht zu perpetuieren.

Eine curriculare Entgrenzung des Sachunterrichts ist kontraproduktiv, stattdessen wäre danach zu fragen, was zu seiner Begrenzung und damit zu seiner Profilierung

beizutragen wäre, damit der Stellenwert des Sachunterrichts wieder seinen ihm gebührenden Rang erreicht. Lauterbach schlägt in diesem Zusammenhang beispielsweise vor, die systematische, durchaus auch lehrgangsbezogene Entwicklung von Methodenkompetenz im Sinne einer „vierten Kulturtechnik" zu einem zentralen Gegenstand des Sachunterrichts zu machen (vgl. 2001, S. 123). Auf keinen Fall kann das Curriculum nur ins Belieben der Lehrer oder der Kinder gestellt werden, denn durch „eine vermeintliche Kindorientierung könnte die vertiefte (auch anstrengende und anspruchsvolle) geistige Auseinandersetzung mit einem Sachverhalt vernachlässigt werden" (Fölling-Albers 1997, S. 51).
Die propädeutische Funktion, die der Sachunterricht ebenfalls zu erfüllen hat, wird durch die Aufhebung von Verbindlichkeiten außer Kraft gesetzt. Die aus pädagogisch-didaktischen Gründen zu Recht kritisierten Schwierigkeiten und Probleme beim Übergang von der Grundschule in den Sekundarbereich (vgl. Faust-Siehl u.a. 1996, S. 150) werden durch die Aufgabe von verbindlichen Inhalten, denen bei den Übergängen auch eine Brückenfunktion zukommt, nicht geringer.

3.8.4 Welterkundung und grundlegende Bildung

Auch nach der Auffassung der Arbeitsgruppe ist die Vermittlung grundlegender Bildung die zentrale Aufgabe der Grundschule. Für den Bereich der Welterkundung wird als oberstes Ziel „*Kulturaneignung* als Voraussetzung für die *Teilhabe an der menschlichen Kultur*" genannt (ebd., S. 63; kursiv wie im Original; Anm. B.T.).
Ausgehend von den Fragen der Kinder sollen die Lehrerinnen und Lehrer nun den Kindern „Interpretationsmuster der Welt", die die Menschheit im Laufe ihrer Geschichte entwickelt hat (vgl. ebd., S. 66), zurückhaltend anbieten und vorstellen. Dabei legen die Autoren nach eigenem Bekunden besonderen Wert auf die „materiale Bildung", womit eine durch Klafki überwundene Unterteilung (vgl. 1959) wieder aufgetan wird. In der Tat fallen die Ausführungen zur formalen Bildung sehr knapp aus und sind auf wenige Zeilen bemessen (vgl. Faust-Siehl u.a. 1996, S. 66). Für die materiale Bildung wird das oben schon vorgestellte Vierfelderraster angeboten. Leider wird an keinem inhaltlichen Beispiel gezeigt, wie mit diesem Raster bildungsrelevante Inhalte erkannt werden könnten. Die im „Suchraster" genannten Inhaltsbereiche sind derart allgemein gefasst, dass nur schwer nachvollziehbar ist, inwiefern sie bei der Findung bedeutsamer Themen eine Hilfe sein könnten. So werden beispielsweise in dem Inhaltsfeld „Epochemachende Errungenschaften der Menschheit" unter dem Segment „Systeme und Praktiken" nahezu alle Objektivationsbereiche des Menschen aufgezählt, sogar die Wissenschaften werden genannt.

Dort heißt es: „...

- Handwerk, Kunst und Kultur
- Religion, Ethik und Philosophie
- Politik und Geschichte
- Wissenschaft und Technik
- Welthandel und Verkehr
- Informationen und Telekommunikation
- Naturbearbeitung und Naturpflege
- Ernährung, Gesundheit und Hygiene
- und andere mehr ...“ (ebd., S. 73).

Bei dem hier Aufgeführten handelt es sich nur um die Hälfte des oben genannten Segments. Der hier vorstellig werdende didaktische Materialismus neigt sich mit seinen überbordend gefüllten Inhaltsfeldern einem Enzyklopädismus zu, der einfach nicht zu bewältigen ist, zumal für die Welterkundung keine Auswahlkriterien genannt werden. Mit seiner inhaltlichen Entgrenzung erliegt der Ansatz der Welterkundung „schlichter Selbstüberschätzung“ (Jung 2001, S. 39).

Schließlich soll auch die Welterkundung noch mit den Kriterien von Glöckel für grundlegende Bildung vermessen werden. Ausgangspunkte sollen immer Kinderfragen sein, so dass von daher ein enger Lebensweltbezug gesichert scheint, zumal die Lehrerinnen und Lehrer „vor Ort“ entscheiden sollen, welche Inhalte in der Welterkundung bearbeitet werden sollen (vgl. Faust-Siehl 1996, S. 75). An dieser Stelle droht sich die Welterkundung selbst zu hintertreiben. Mit dem Anspruch konzipiert, mit den Kindern die Welt zu erkunden, wird bei der Auswahl der Inhalte auf die Entscheidung „vor Ort“ verwiesen, so dass unversehens aus der „Weltkunde“ durch den permanenten Rückgriff auf die je gegebene Lokalität eine neue „Heimatkunde“ werden könnte.

Welterkundung will sich deutlich vom Sachunterricht absetzen, dem die Arbeitsgruppe vorwirft, dass er ein „Sammelsurium“ von unterschiedlichen Fachbezügen darstelle (vgl. ebd., S. 64). Auf jeden Fall soll eine Vorwegnahme oder eine Einführung in „irgendwelche Wissenschaftsdisziplinen“ (ebd., S. 66) vermieden werden. Der vorliegende Ansatz erhebt demnach erst gar nicht den Anspruch, auch fachlich orientiert zu sein, so dass die Frage nach der fachlichen Relevanz der Inhalte der Welterkundung ins Leere läuft.

Epochaltypische Schlüsselprobleme der Menschheit oder epochemachende Errungenschaften der Menschheit umfassen von sich aus Inhalte mit überdauernder Bedeutung. Da der Ansatz der Welterkundung diese jedoch bloß auf allgemeiner Ebene benennt und sie noch nicht einmal andeutungsweise weiter ausführt, wird ihre potentielle überdauernde Bedeutung nicht fassbar.

3.9 Der vielperspektivische Sachunterricht

Die Konzeption, die im Folgenden als „vielperspektivischer Sachunterricht" bezeichnet wird, geht im Wesentlichen auf die Arbeiten von Walter Köhnlein (vgl. 1988 und 1990) zurück. Köhnlein selbst und später auch Joachim Kahlert (vgl. 1994) schrieben diesen Ansatz fort und entwickeln ihn bis in die Gegenwart hinein weiter (vgl. Köhnlein 2012 und vgl. Kahlert 2009). Systematisch hängt der vielperspektivische Sachunterricht mit zwei vorgängigen Ansätzen zusammen.

1. Zunächst ist das Komponentenmodell nach Hartwig Fiege (1901-1997) zu nennen, das in der Übergangszeit von der Heimatkunde zum Sachunterricht entwickelt wurde. Durch diesen Ansatz sollte die inhaltliche Substanz der Heimatkunde bzw. des Sachunterrichts gestärkt werden und die Vorherrschaft der erdkundlich-lebensweltlichen und volkstümlich-historisierenden Themen überwunden werden (vgl. Höcker 1968). Nachstehende Komponenten oder Aspekte wurden angeführt: die erdkundliche, die biologische, die technologische, die wirtschaftliche, die sozialkundliche, die volkskundliche und die geschichtliche Komponente (vgl. Fiege (1967) 1969, S. 27). Naturwissenschaftliche Bezüge in Form physikalischer oder chemischer Stoffgebiete fehlen. Da Fiege in seinen weiteren Ausführungen jedoch immer wieder bestimmte Themen seinen Komponenten eins zu eins zugeordnet hat, begünstigte dieser Ansatz zudem die Verfachlichung des frühen Sachunterrichts bzw. widersprach ihr zumindest nicht.
2. Des Weiteren wird auf den Ansatz des integrativ-mehrperspektivischen Unterrichts hingewiesen (vgl. Köhnlein 1999, S. 11-13), der bereits weiter oben ausführlich diskutiert wurde (s. Kap. 3.6). Auch hier ging es darum, Unterrichtsthemen unter vielfältigen Perspektiven zu vermessen, um einer vorschnellen didaktischen Schlichtheit vorzubeugen und den hohen Selbstanspruch nach freisetzender Aufklärung einzulösen.

Der vielperspektivische Sachunterricht stellt nun keine Fortschreibung der beiden hier genannten Entwürfe dar, sowohl das Komponentenmodell nach Fiege als auch der MPU nach Giel und seinen Mitstreitern sind als historisch in dem Sinne, dass ihre jeweilige Entwicklung beendet ist, anzusehen. Gleichwohl wird der systematische Zusammenhang auch von den Vertretern des vielperspektivischen Sachunterrichts gesehen. So wird beispielsweise der MPU mit seinen didaktischen Positionen als „lohnende Spur" bezeichnet, die der vielperspektivische Sachunterricht wieder aufnimmt (vgl. Köhnlein 1999, S. 13).
Köhnlein verweist für den vielperspektivischen Sachunterricht auf vier „Anregungskomplexe" (ebd.). Zunächst wird auf die schulpädagogisch zugeschnittenen 13 Grundsätze zur Gestaltung des alltäglichen Schullebens abgehoben, die Hart-

mut von Hentig unter dem Leitgedanken „Die Menschen stärken und die Sachen klären“ vorgeschlagen hat. Dazu gehören etwa „Zuversicht ermöglichen“, „Arbeit mit Sinn“, „dem Therapismus widerstehen“ oder „für Kinder erwachsen sein“ (vgl. 1985, S. 106-124).
Ausdrücklich auf den Sachunterricht bezogen wurde hingegen der zweite Anregungskomplex formuliert. Anlässlich der Gründung der Gesellschaft für Didaktik des Sachunterrichts (GDSU) hielt Wolfgang Klafki das Grundsatzreferat, in dem er dem Sachunterricht die Aufgabe stellte, sich an der Bearbeitung der epochaltypischen Schlüsselprobleme zu beteiligen. Als Schlüsselprobleme, denen bereits in der Grundschule Relevanz zukommt, nennt Klafki: die Frage nach Krieg und Frieden, die ökologische Frage, das Problem des rapiden Bevölkerungswachstums gerade in den ärmsten Ländern der Erde, das Problem der gesellschaftlich produzierten Ungleichheit, die Gefahren und Moglichkeiten der neuen Technologien und das Verhältnis zwischen den Geschlechtern im Bezugsfeld zwischenmenschlicher Verantwortung (vgl. Klafki 1992, S. 19-21). Diese Schlüsselprobleme sollen nun nicht die einzigen Inhalte des Sachunterrichts sein, hinzu kommen lebensweltlich bezogene Themen und Themen, die den Interessen der Kinder entsprechen bzw. diese fördern oder anbahnen (vgl. ebd., S. 24-26). Köhnlein rechnet die Bearbeitung der Schlüsselprobleme einer zeitgemäßen Bildungskonzeption zu und empfiehlt ihre exemplarisch-sachgerechte Bearbeitung im Rahmen eines vielperspektivischen Sachunterrichts (vgl. 1999, S. 15) unter besonderer Berücksichtigung der unveräußerlichen Werte von Freiheit, Demokratie und Menschenwürde und den verfassungsgemäßen Grundrechten (vgl. Köhnlein 2012, S. 278-280). In dem einen, diesen Ausführungen folgenden Schaubild (s. Kap. 4.1), ist Klafkis Entwurf aus analytischen Gründen als eine selbstständige Konzeption aufgeführt. Das geschah deshalb, weil Klafkis Vorschlag 1992 zunächst als eigenständiger Entwurf in die Diskussion eingebracht und mit der Forderung verbunden wurde, Sachunterricht in Präzisierung seines Gegenstandsfeldes als Sach- und Sozialunterricht zu bezeichnen (vgl. Klafki 1992, S. 11). Zwischenzeitlich ist Klafkis Ansatz produktiv in die Sachunterrichtsdiskussion eingeflossen und konstitutiver Bestandteil des vielperspektivischen Sachunterrichts geworden, so dass er in dem hier vorliegenden Erläuterungszusammenhang einbezogen wird. Eine Erweiterung der Bezeichnung der Disziplin, wie Klafki dies vorschlug, ist allerdings nicht vorgenommen worden.
Als drittes Anregungsfeld für den vielperspektivischen Sachunterricht sind die Funktionsziele zu nennen, die bereits im Kontext mit dem exemplarisch-genetisch-sokratischen Sachunterricht diskutiert worden sind (s. Kap. 3.7).
Viertes Anregungsfeld und Kernstück für den vielperspektivischen Sachunterricht sind die inhaltlichen Dimensionen, die stets in Zusammenhang mit den Belangen, Interessen und Grenzen und Möglichkeiten der Kinder zu sehen sind, was in den nachstehenden Doppelbezeichnungen ausgedrückt wird:

„Kind und Heimat	die lebensweltliche Dimension
Kind und Geschichte	die historische Dimension
Kind und Landschaft	die geographische Dimension
Kind und Wirtschaft	die ökonomische Dimension
Kind und soziales Umfeld	die gesellschaftliche Dimension
Kind und physische Welt	die physikalische und chemische Dimension
Kind und konstruierte Welt	die technische Dimension
Kind und lebendige Welt	die biologische Dimension
Kind und Umwelt	die ökologische Dimension“

(Köhnlein 1999, S. 17 vgl. auch Köhnlein 1990 und 1996).

Auch in der Folgezeit hat Köhnlein zur Strukturierung des Sachunterrichts die Dimensionen beibehalten, jedoch in der Formulierung der jeweils zugeordneten kindlichen Lebensweltbezüge Differenzierungen vorgenommen. Die Dimensionen des Sachunterrichts „gliedern das Universum der Sachen und bezeichnen Bereiche des Vertrautwerdens der Kinder mit

- der heimatlichen Lebenswelt und kulturellen Vielfalt (lebensweltliche Dimension),
- der Geschichte des Gewordenen (historische Dimension),
- der Landschaft, ihrer Gestaltung, Erschließung und Nutzung (geografische Dimension),
- wirtschaftlichem Handeln (ökonomische Dimension),
- vielfältigen sozialen Bezügen und politischen Regelungen (gesellschaftliche Dimension),
- Phänomenen und Strukturen der physischen Welt (physikalische und chemische Dimension),
- technischen Einrichtungen und Nutzungsmöglichkeiten (technische Dimension),
- der lebendigen Natur, der wir angehören (biologische Dimension),
- ökologischen Einsichten und Handlungsimperativen (ökologische Dimension)“

(Köhnlein 2012, S. 64).

Während acht Dimensionen stärker auf mögliche fachliche Bezüge hindeuten, die sich im Sekundarbereich weiter ausdifferenzieren, liegt die erste Dimension – die lebensweltliche – gewissermaßen quer zu den anderen. Sie verweist darauf, dass die eher fachbezogenen Dimensionen die lebensweltlichen Umstände der Kinder in Rechnung zu stellen haben; in dem anspruchsvollen Handlungsfeld grundschulpädagogisch verantworteter Unterrichtsgestaltung ist dies anders auch gar nicht möglich.

Demgegenüber verdeutlichen die Dimensionen den Anspruch der Sache, der auf fachliche Bezüge verweist und damit anmahnt, dass es im Sachunterricht auch um niveauvolle, anstrengende und lohnende Arbeit an Sachzusammenhängen geht. Die Dimensionen dienen als Vermessungsraster für potentielle Inhalte des Sachunterrichts. Im Gegensatz zu den Komponenten nach Fiege werden ihnen nicht bestimmte Inhalte eins zu eins zugeordnet, stattdessen werden sie in ihrer Vielfalt auf einen Gegenstand bezogen und legen so dessen inhaltliche Reichhaltigkeit frei, was einer Verfachlichung des Sachunterrichts entgegenwirkt und zu einer multidimensionalen Sicht der Dinge und damit zu einem vielperspektivischen Sachunterricht führt.

Als Beispiele fur die multidimensionale Vermessung von potentiellen Inhalten des Sachunterrichts liegen dazu in der Literatur u.a. vor: „Müll“ (vgl. Kahlert 1994, S. 84), „Markt“, „Hafen“ (vgl. Köhnlein 1996, S. 53), „Mädchen und Junge“ (vgl. Kahlert 1998, S. 75), „Feuer und Flamme“ (vgl. Kahlert 1999, S. 103). Sehr differenziert ausgearbeitet und dem Ansatz des Dimensionsmodells nicht unähnlich hat Kahlert für seinen spezifizierten Zugriff der „didaktischen Netze“ die Inhalte „Wünschen und Brauchen“ und „Wasser und Wasserversorgung“ vorgelegt (vgl. 2009, S. 236f.).

Ein eigenes Beispiel soll die inhaltlichen Potentiale andeuten, die die Dimensionen des Sachunterrichts eröffnen. Als Gegenstand des Sachunterrichts wird für das Beispiel der Inhalt „Wald“ gewählt. Dabei beschränken sich die folgenden Ausführungen auf jeweils nur drei Beispiele, die überblicksartig dargestellt werden:

- die lebensweltliche Dimension → Wald als Spiel-, Erholungs- und Freizeitraum im Leben der Kinder, Wald als außerschulischer Lernort, Wald als mystisch-magischer Ort in Märchen …
- die historische Dimension → Ressourcenverwertung des Waldes im Wandel der Zeit (von der bäuerlichen Bedarfswirtschaft zur industriellen Profitbewirtschaftung), die Entwicklung der Forstwissenschaft (seit dem 18. Jahrhundert; Prinzip der Nachhaltigkeit), Waldbestand und Städte- und Schiffsbau (z.B. im Mittelalter und in der frühen Neuzeit) mit der Folge der Entwaldung großer Areale (etwa in Spanien und England) …
- die geographische Dimension → Parkanlagen in unserer Stadt, Wälder in unserem Landkreis, tropischer Regenwald und Klimazonen auf der Erde, Naturschutzgebiete in Deutschland …
- die ökonomische Dimension → Wald als Rohstoffreservoir, Wald als Ausstattungsfaktor im Tourismus, Besitzverhältnisse (etwa Staatsbesitz, Kirchenforste und Privatbesitz) …

- die gesellschaftliche Dimension → Wald als allgemeiner Regenerationsraum, Landschafts- und Artenschutz als gesellschaftliche Aufgabe, „Waldsterben" als Politikum …
- die physikalische und chemische Dimension → Wasser- und Stoffkreisläufe, Photosynthese, saure Böden und die Folgen …
- die technische Dimension → Maschinen zum Holzeinschlag, Wege- und Wasserbau im Wald, alternative Waldbautechniken (beispielsweise der Einsatz von Pferden zum Holzrücken) …
- die biologische Dimension → Stockwerke des Waldes, Wald als Lebensraum für eine vielfältige Flora und Fauna (im Gegensatz dazu: der Wald/ die Forst als Monokultur), Nahrungsketten und Nahrungsnetze …
- die ökologische Dimension → Wald als Wasserspeicher, Sauerstofflieferant und Erosionsschutz …

Erkennbar wird, dass ein vorderhand biologischer Inhalt durch die Vermessung und die Aufschlüsselung mit Hilfe der Dimensionen rasch vielfältige Aspekte aufweist, die weit über das Biologische hinausführen. Bestehende Zusammenhänge der Dimensionen und der ihnen zugewiesenen inhaltlichen Bezüge untereinander werden durch diese analytischen Zuordnungen oftmals erst bewusst und deutlich. Teilweise Köhnleins Argumentationen (vgl. beispielsweise 1996 und vgl. Köhnlein 2012, S. 64-67) als auch eigenen Einsichten folgend, soll die nachstehende Zusammenstellung einen Überblick darüber geben, auf welche Weise die Dimensionen des Sachunterrichts zu dessen vielperspektivischer Gestaltung beitragen können; es geht also um die Darlegung der didaktischen Funktionen der Dimensionen des Sachunterrichts:

Die Dimensionen des Sachunterrichts …

1. eröffnen vielfältige Bezüge eines Inhalts
2. eröffnen unterschiedliche Sichtweisen auf ein Ganzes
3. helfen bei der Auswahl von Zielen und Inhalten des Sachunterrichts
4. ermöglichen eine reflektierte Schwerpunktsetzung für die sachunterrichtliche Arbeit, da erst Vielfalt begründete Auswahl ermöglicht
5. können dazu beitragen, Einseitigkeiten zu vermeiden, da die jeweiligen fachlichen Bezüge deutlich und bewusst werden. Auf diese Weise kann vermieden werden, dass Sachunterricht ein heimliches Leitfach hat. Für die Heimatkunde war dies traditionell die Erdkunde gewesen (vgl. Höcker 1968); für den Sachunterrichtsalltag liegen Befunde vor, die darauf hindeuten, dass diese Rolle mittlerweile die Biologie übernommen hat (vgl. Koch 2000). Auch der Anteil der Verkehrserziehung bzw. Mobilitätsbildung scheint Einzelbefunden nach vor allem in der 4. Klasse (Fahrradprüfung!) gelegentlich unangemessen hoch zu sein (vgl. Berenz 2009). Auf der Ebene von Unterrichtswerken wird jedoch ein dynamisches Gleichgewicht zwischen traditionellen und innovativen In-

halten festgestellt, wobei es insgesamt zu einer Zunahme von Themen aus der unbelebten Natur gekommen sei (vgl. Blaseio 2009). Auswertungen von Schülerarbeitsmappen zum Sachunterricht zeichnen hier jedoch ein deutlich düstereres Bild. Themen aus der unbelebten Natur werden danach noch immer tendenziell vernachlässigt (vgl. Reichert 2013).

6. vermeiden Eindimensionalität des Sachunterrichts, wenn es gelingt, über die vier Grundschuljahre hinweg alle Dimensionen in etwa gleichmäßig zu berücksichtigen
7. müssen auf keinen Fall immer alle (an einem Thema) abgearbeitet werden; die Überfrachtung des Sachunterrichts ist unbedingt zu vermeiden
8. verweisen auf eine curriculare Perspektive und ermöglichen die begründete Anordnung der analysierten inhaltlichen Bezüge etwa nach spiralcurricularen Gesichtspunkten, denn nicht alle gefundenen Bezüge werden nur für eine Schuljahrgangsstufe bedeutsam sein, andere Aspekte werden gegebenenfalls über die sinnvolle Zuständigkeit der Grundschule hinausweisen …
9. meinen auf keinen Fall eine Auffächerung des Sachunterrichts wie etwa zu Zeiten des fachorientierten Curriculum. Ausgangspunkte für den Sachunterricht bleiben Gegenstände, Phänomene, Probleme oder Fragestellungen, die auch aus der Lebenswelt der Kinder stammen oder auf diese zugeführt werden können. Die Dimensionen helfen in diesem Kontext bei der jeweiligen vielperspektivischen und sachgerechten Erschließung. Eine interne fachliche Gliederung des Sachunterrichts sollen sie jedoch bestimmt nicht bewirken
10. entfalten die Vielperspektivität eines Inhalts und verweisen damit auf dessen mögliche Ergiebigkeit
11. vermögen auf diese Weise auf das exemplarische Potential eines Inhalts aufmerksam zu machen; denn ein sachlich ergiebiger Inhalt weist eher exemplarische Wirkungsfähigkeit auf als ein weniger ergiebiger
12. bringen Kind und Sache in ein gedeihlich-produktives Verhältnis.

Insgesamt gesehen verfügen die Dimensionen des Sachunterrichts über ein hohes heuristisches Potential und leisten ihren Beitrag dazu, dass sich bedeutsame Inhalte des Sachunterrichts, die zunächst als Phänomene, Fragen, Problemstellungen, Alltagserfahrungen oder Medienereignisse Eingang in den Sachunterricht finden, methodisch und strukturiert bearbeiten lassen, was auch die Hinzuziehung sach- und fachgerechter Arbeitsweisen einschließt. Eine Auslieferung des Sachunterrichts an eine diffuse Ganzheitlichkeit kann so vermieden werden.
Auch Joachim Kahlerts Ansatz der „didaktischen Netze“ sieht sich dem vielperspektivischen Sachunterricht verbunden. Begrifflich unterscheidet er zwischen Dimensionen und Perspektiven einerseits und zwischen Inhalten und Themen andererseits.

Der Begriff der Dimension wird dabei auf die lebensweltliche Orientierung bezogen. Die Dimensionen beschreiben Grundakte des menschlichen Zusammenlebens, denen Kahlert eine mittelfristige Relevanz zuspricht, die jenseits von teils modischen Zuschreibungen wie Risiko-, Freizeit- oder Wissensgesellschaft (vgl. 2009, S. 219f.) oder auch Spaßgesellschaft liegt. Als solche mittelfristig überdauernde Dimensionen identifiziert Kahlert beispielsweise „Mit anderen Zusammenleben", „Kaufen, Tauschen, Herstellen und Handeln" oder auch „Natürliche Gegebenheiten". Diesen lebensweltlich bezogenen Dimensionen werden nun fachlich orientierte Perspektiven zugeordnet, so dass es auch in diesem Modell zu Doppelbezeichnungen kommt, wobei aber ausdrücklich betont wird, das es sich nicht um trennscharfe eins zu eins Zuordnungen handele (vgl. ebd., S. 224). Die fachlich bezogenen Perspektiven führen aus der individuellen, unmittelbaren und bruchstückhaften Weltbegegnung hinaus und tragen dazu bei, dass allgemeingültige Wissensbestände grundgelegt und aufgebaut werden können. „Entscheidend ist, dass ein Themenfeld fachlich gehaltvoll und bezogen auf Erfahrungen der Schüler erschlossen wird" (ebd.). Dabei werden die Dimensionen und Perspektiven in Beziehung gesetzt, um entsprechende Inhalte zu gewinnen. Unter Berücksichtigung der Lernvoraussetzungen der Kinder, der vorhandenen oder aufzubauenden Interessen und der regionalen Bezüge können nun unter Ausrichtung auf eine oder mehrere Perspektiven aus den auf diese Weise erkannten Inhalten Themen für den Sachunterricht gewonnen werden, d.h. das Feld möglicher Inhalte ist weiter und allgemeiner gesteckt als das, was im Unterricht letztlich zum konkretisierten Thema wird (vgl. ebd., S. 205f.).

Dass es dabei keine erkenntnistheoretischen Notwendigkeiten geben kann, liegt auf der Hand. Es handelt sich hierbei immer um argumentative Aushandlungsprozesse, die die Interessen der Beteiligten – auch der Gesellschaft und der Fächer – zu berücksichtigen haben. „Große Prinzipien" (vgl. Köhnlein 1998a, S. 12) des Sachunterrichts – z.B. das exemplarische Lehren und Lernen – und die hier vorgestellten Strukturierungsmodelle geben bei der Auswahl relevanter Inhalte und Themen aber die Hilfen, die den Sachunterricht vor einer unterschwellig immer vorhandenen Bedrohung durch Beliebigkeit und Zufälligkeit bewahren können.

Inwieweit in diesem Kontext die Einbeziehung des ästhetischen und des ethischen Bereichs in den Sachunterricht sinnvoll ist, wie Kahlert dies vorschlägt (vgl. 2009, S. 236), bleibt fraglich. Es besteht hier möglicherweise wiederum die Gefahr einer inhaltlichen Entgrenzung, denn im Curriculum der Grundschule kann die Erstzuständigkeit für ästhetische und ethische Bezüge bereits Fächern wie Kunst, Werken, Religion und Ethik zugerechnet werden, wohingegen dem Sachunterricht zweifellos für den naturwissenschaftlich-technischen und den gesellschaftlich-sozialen Bereich die Erstzuständigkeit zukommt.

Als Einwände gegen das Dimensionieren des Sachunterrichts oder gegen die Anwendung „didaktischer Netze" benennt Kahlert selbst die Gefahr der möglichen

inhaltlichen Überfrachtung, das Abgleiten in ein bloßes Brainstorming und die Suche nach Anschlussstoffen, was zu einer Wiederbelebung einer Klebekonzentration wie in Zeiten des Gesamtunterrichts führen könnte.
Es ist bereits weiter oben betont worden, dass selbstredend nicht alles, was bei der Anwendung des Dimensionsmodells an potentiellen Inhalten entfaltet werden könnte, sogleich auch im konkreten Sachunterricht bearbeitet werden muss. Vielmehr ermöglichen die mannigfaltig identifizierten Inhalte erst eine gewinnbringende Auswahl. Darüber hinaus werden wesentliche curriculare Aspekte etwa im Sinne der Anordnung der Unterrichtsgegenstände über die vier Grundschuljahre hinweg deutlich. Der vielperspektivische Sachunterricht will auf keinen Fall einen Unterricht befördern, der auf enzyklopädische Wissensanhäufung abzielt.
Bloßes Brainstorming wäre immer noch zuträglicher als ein minimalistisches Zuruckgreifen auf die Vorschläge, die wie sie etwa die meisten Schulbücher zum Sachunterricht machen. Bei einer ernsthaften und sorgfältigen Anwendung der Dimensionen des Sachunterrichts finden sich allemal mehr lohnenswerte Bezüge. Desgleichen gilt es, bei der Verwendung des Dimensionsmodell stets die Bedürfnisse der jeweiligen Lerngruppe mit zu reflektieren. Darüber hinaus müssen didaktische Grundsätze hinzugezogen werden, wie beispielsweise das exemplarische Lehren und Lernen, Kind- und Sachgemäßheit und eine genetische Orientierung. Damit dürfte ein bloßes Brainstorming erfolgreich vermieden werden.
Schwerer wiegt der Einwand der Klebekonzentration, vor allen Dingen dann, wenn der angestammte Bereich des Sachunterrichts verlassen wird. Die didaktischen Netze nach Kahlert erfassen auch die ethische und die ästhetische Perspektive, womit die Möglichkeit einer Ausweitung des Sachunterrichts über seine ursprüngliche Zuständigkeit hinaus befördert werden könnte. Bei dem Inhalt „Wasser" etwa wird vorgeschlagen, auch „Musik über/ zum Wasser" und „Wasserszenen malen, gestalten" (Kahlert 2009, S. 237) in den Unterricht mit einzubeziehen. Dies könnte das Profil des Faches Sachunterricht schädigen und statt der dringend notwendigen Grenzstärke und Konturierung des Sachunterrichts eine funktionale Entgrenzung und eine Verwischung seines Erscheinungsbildes bewirken. Natürlich ist es möglich, sich anlässlich des Inhalts „Wasser" mit passender Musik zu befassen (etwa „Die Moldau" von Smetana oder die „Wassermusiken" von Händel oder Telemann). Es sollte dann aber betont werden, dass es sich nun um Musikunterricht und nicht mehr um Sachunterricht handelt, wodurch fächerübergreifende Potentiale der Thematik deutlich werden würden. Fächerübergreifendes Arbeiten setzt jedoch profilierte Fächer voraus, die selbstbewusst die Zusammenarbeit mit anderen Fächern eingehen können, ansonsten bliebe der Unterricht vorfachlich und nicht fächerübergreifend (vgl. Thomas 2009b, S. 394). Es bestünde die Gefahr einer Wiederbelebung des eigentlich historisch gewordenen Gesamtunterrichts, bei dem letztendlich die Sachbezüge die großen

Verlierer waren, wie dies zeitgenössisch bereits Walter Jeziorsky (1903-1992) kritisch anmerkte (vgl. 1965, S. 29f.).
Um eine vielperspektivische Gliederung des Sachunterrichts hat sich der Perspektivrahmen der GDSU in bemerkenswerter Weise verdient gemacht. Der Perspektivrahmen der Gesellschaft für Didaktik des Sachunterrichts (vgl. GDSU 2002) benennt fünf die Gegenstandsfelder des Sachunterrichts strukturierende Perspektiven. Genannt werden:

- Sozial- und kulturwissenschaftliche Perspektive
- Raumbezogene Perspektive
- Naturbezogene Perspektive
- Technische Perspektive
- Historische Perspektive

Diese Perspektiven gilt es, kompetenzbezogen und vernetzt zu erarbeiten. Lebensweltorientierung und kindliche Erfahrungswelt müssen dabei angemessen berücksichtigt werden. Als Kompetenzbereiche werden genannt: das deklarative Wissen (Sach- und Faktenwissen), das prozedurale Wissen (Verfahrens- und Methodenwissen) und das metakognitive Wissen (Steuerungs- und Reflexionswissen). Damit die Perspektiven nicht zu einer simplen Verfachlichung des Sachunterrichts führen, wird die Forderung, sie zu vernetzen, nicht nur mitgeteilt, sondern auch immer mit Beispielen belegt. Die Perspektiven als Binnenfächerung des Sachunterrichts zu begreifen, hieße, das konzeptionelle Anliegen des Perspektivrahmen vollends miss zu verstehen und bedeutete einen Rückfall in Zeiten des fachorientierten Ansatzes. Auch auf der Ebene von Schulbüchern muss darum ein solches Missverständnis unbedingt vermieden werden. Die rund 30seitige prägnante und konzise Struktur- und Programmschrift Perspektivrahmen des Sachunterrichts (vgl. GDSU 2002) ist von einer breiten Fachöffentlichkeit hervorragend aufgenommen worden und hat seit ihrem Erscheinen bei der Neu-Erstellung von Lehrplänen oftmals maßgeblichen Einfluss gehabt. Der Perspektivrahmen in jener Fassung hat sich als ein schlagkräftiges Instrument bei der Ausgestaltung des Sachunterrichts auf der Lehrplanebene bewährt.
Zwischenzeitlich hat die GDSU eine neue Version des Perspektivrahmens erarbeitet und publiziert (vgl. 2013). Der auf dem ersten Blick festzustellende Wandel ist der von einer überschaubaren Strukturschrift zu einem veritablen Buch von immerhin rund 160 Seiten. Der Aufbau des Sachunterrichts ist dabei im Wesentlichen gleich geblieben. Wieder wird er in fünf Perspektiven entfaltet, die allerdings leichte Umbenennungen und präzisierende Ergänzungen erfahren haben:

- Sozialwissenschaftliche Perspektive: Politik – Wirtschaft – Soziales
- Naturwissenschaftliche Perspektive: belebte und unbelebte Natur
- Geographische Perspektive: Räume – Naturgrundlagen – Lebenssituationen

- Historische Perspektive: Zeit – Wandel
- Technische Perspektive: Technik – Arbeit

Diese Perspektiven werden sodann kompetenzbezogen und inhaltlich beschrieben. Zudem werden perspektivbezogene und perspektivübergreifende Denk-, Arbeits- und Handlungsweisen aufgeführt. Mit der einleitenden Formulierung „Schülerinnen und Schüler können ...“ werden danach eine Fülle von Fertigkeiten und Fähigkeiten aufgezählt, die die Kinder im Sachunterricht erarbeiten, hervorbringen und zeigen sollen. Mit Hilfe übergreifender Themengebiete soll die Vernetzung der genannten Perspektiven inhaltlich zuverlässig eingelöst werden. Folgende perspektivvernetzende Themenbereiche gibt der neue Perspektivrahmen an:

- Mobilität
- Nachhaltige Entwicklung
- Gesundheit und Gesundheitsprophylaxe
- Medien

Die Hälfte der Ausführungen nehmen ausformulierte Unterrichtsbausteine zu den Perspektiven und zu den perspektivvernetzenden Themengebieten ein, die als „beispielhafte Lernsituationen“ bezeichnet werden (vgl. GDSU 2013, S. 86). Gewichtige Zielstellung des Perspektivrahmes ist es, weiterhin die strukturelle Identität des Sachunterrichts nach innen und nach außen zu stärken.

3.9.1 Zum Wissenschaftsverständnis des vielperspektivischen Sachunterrichts

Das Wissenschaftsverständnis des vielperspektivischen Sachunterrichts ist integrativ, multidimensional und wissenschaftsfreundlich ausgerichtet. Erkenntnistheoretisch steht der vielperspektivische Sachunterricht dem Konstruktivismus nahe. Darüber hinaus teilt der vielperspektivische Ansatz nicht wenige Standpunkte, die auch dem exemplarisch-genetisch-sokratischen Sachunterricht zu Eigen sind (z.B. Betonung des Phänomenbezugs, Verstehen als oberstes Ziel eines elaborierten Sachunterrichts, gemeinsames Nachdenken in reflektierenden Unterrichtsgesprächen), was nicht zuletzt auch daran liegt, dass führende Didaktiker des Sachunterrichts Positionen vertreten, die durchaus beiden Ansätzen zugeordnet werden können. In diesem Kontext sei beispielsweise auf die Erziehungswissenschaftler und Didaktiker des Sachunterrichts Walter Köhnlein, Joachim Kahlert, Michael Soostmeyer und Kornelia Möller hingewiesen.
Der vielperspektivische Sachunterricht bearbeitet im Wesentlichen Themen aus den sozialwissenschaftlichen und aus den naturwissenschaftlich-technischen Disziplinen. Dabei ist der vielperspektivische Sachunterricht auf eine Zusammenführung dieser beiden Gegenstandsfelder ausgerichtet. Es gilt von vornherein einer

Aufteilung des Sachunterrichts in „zwei Kulturen“ entgegen zu wirken. „Dieser Sichtweise der „zwei Kulturen“, wie sie Charles Percy Snow (1905-1980) vorgetragen hat (vgl. 1967), stellt sich die Sachunterrichtsdidaktik ihrem Selbstverständnis nach ausdrücklich entgegen. Im Sachunterricht geht es immer darum, die Vielperspektivität der zu bearbeitenden Gegenstände deutlich zu machen und nicht darum, irgendwelche Fachgrenzen nachzuzeichnen“ (Thomas 2011, S. 662). Dieser Integrationswille mündet jedoch nicht in eine simple Gleichmacherei ein. Es werden auch weiterhin die unterschiedlichen Zugangsweisen, Methoden und Zuständigkeitsbereiche der verschiedenen Wissenschaften gesehen. Dabei wird jedoch vermieden, sie gegeneinander auszuspielen oder sie gar in ein hierarchisches Verhältnis zu bringen.

Aus der Sicht des Kindes stellt Kahlert fest, dass naturwissenschaftliche Deutungskonzepte zwar oft nur mühsam zu lernen seien, dafür sind sie aber meist zuverlässiger, belastbarer und stabiler als sozialwissenschaftliche Zusammenhänge. Diese seien zugänglicher, aber weniger eindeutig. Gerade die Akzeptanz verschiedener Sichtweisen zeuge im sozialwissenschaftlichen Kontext von Verstehen (vgl. Kahlert 2009, S. 128-132). Der Zerfall des Sachunterrichts in einen sozialwissenschaftlichen und in einen naturwissenschaftlichen Bereich muss auf jeden Fall vermieden werden. Die Integration beider Bereich ist ausdrückliches Anliegen des vielperspektivischen Sachunterrichts.

Der vielperspektivische Sachunterricht ist multidimensional angelegt. Potentielle Gegenstände des Unterrichts werden unter möglichst vielfältigen Perspektiven vermessen. Diese richten sich nach den Wissenschaften, wie sie für unsere Kultur konstitutiv geworden sind (vgl. Köhnlein 2012, S. 65). Das multidimensionale Wissenschaftsverständnis des vielperspektivischen Sachunterrichts trifft sich hier mit der aspekthaften Sicht von Wissenschaft, wie sie im exemplarisch-genetisch-sokratischen Ansatz vorstellig wurde. Während dieser vorwiegend naturwissenschaftlich ausgerichtet bleibt, bemüht sich der vielperspektivische Ansatz desgleichen betont darum, sozialwissenschaftliche und auch historische Bezüge mit Hilfe der Dimensionen (Köhnlein) oder der Perspektiven (Kahlert) zu berücksichtigen. Dadurch sollen auch inhaltliche Engführungen vermieden werden, wie sie etwa den frühen wissenschaftsorientierten Konzeptionen des Sachunterrichts innewohnten.

Der vielperspektivische Sachunterricht ist ausgesprochen wissenschaftsfreundlich, wobei durch Multidimensionalität Einseitigkeiten verhindert werden. Außerdem soll der Belehrungsüberhang der frühen wissenschaftsorientierten Ansätze des Sachunterrichts vermieden werden – auch Irrtümer und Umwege können den Lernprozess fruchtbar gestalten. Kahlert bringt diesen Zusammenhang auf die Formel mit dem Bergsteigerbegriff für die kürzeste (Kletter)route: „Unterwegs zu den Höhen des Wissens – ohne Direttissima“ (2009, S. 174). Dass eine tragfähige Konzeption des Sachunterrichts immer auch wissenschaftsorientiert sein muss, wird geradezu als Selbstverständlichkeit angesehen (vgl. ebd.); für die Gestaltung des Sachunterrichts sind Wissenschaften auch als Objektivierung von Wissen und Methode stets ein wichtiger Bezugspunkt (vgl. Köhnlein 2012, S. 254), durch sie ist gewährleistet, dass die Sachstruktur gediegen und anspruchsvoll entfaltet werden kann.

Die Wagenscheinsche Aussage, dass Kinder von sich aus wissenschaftsorientiert seien, erhält durch Forschungen zur Entwicklungs- und Lernpsychologie empirische Unterstützung. Hasselhorn und Mähler konstatieren mit Sodian, dass die Metapher vom „Kind als Wissenschaftler" immer häufiger gebraucht werde. Sich auf entsprechende Forschungsergebnisse stützend, stellen die beiden Autoren fest, „daß schon Grundschulkinder in der Lage sind, einen schlüssigen oder kritischen Test zu wählen, um eine Hypothese zu überprüfen" (Hasselhorn/ Mähler 1998, S. 83f.). Demzufolge gebe es Ähnlichkeiten zwischen der kindlichen Vorgehensweise und der wissenschaftlichen Theoriebildung.

Als aneignungstheoretische Grundauffassung wird in diesem Kontext der Konstruktivismus angesehen, der sich nach der Überwindung des Behaviorismus und nach dem Kognitivismus immer stärker durchsetzt. Je nach Lesart werden dabei zwei bzw. vier verschiedene Ausprägungen unterschieden: der radikale Konstruktivismus, der moderate oder auch pragmatische Konstruktivismus, der triviale Konstruktivismus und der Pseudo-Konstruktivismus (vgl. Terhart 1999 und vgl. Möller 1999, S. 130).

Der triviale Konstruktivismus und der Pseudokonstruktivismus werden hier nur der Vollständigkeit halber erwähnt. Sie spielen in den weiteren Ausführungen keine Rolle. Deshalb folgt nur eine kurze Begriffsklärung: unter trivialem Konstruktivismus wird unter didaktischer Perspektive eine Vorgehensweise verstanden, die sich zwar extra dazu bekennt, am Vorwissen der Schüler anknüpfen zu wollen, sich im Übrigen aber wenig um das konstruktive Lernen kümmert. Der Pseudokonstruktivismus bedient sich überhaupt nicht mehr der Einsichten des Konstruktivismus, tarnt aber seine Einlassungen mit einer konstruktivistisch ausgerichteten Begrifflichkeit (vgl. Terhart 1999, S. 638 und S. 645).

Als philosophisch-erkenntnistheoretische Position wird der radikale Konstruktivismus bezeichnet, der sich neurobiologisch rückbindet. Seiner Auffassung nach besteht zwischen der Außenwelt und der eigenen Erlebniswelt nur ein geringer Zusammenhang. Die aus der Außenwelt stammenden Reize werden vom Gehirn zwar aufgenommen, Bedeutung erhalten sie jedoch allein durch die Verarbeitung im Gehirn, wobei dem Vorwissen, den Erwartungen und den eigenen zerebralen Strukturen eine viel größere Rolle zugeschrieben wird als der äußeren Umwelt. Das Gehirn wird dabei als ein in hohem Maße selbstreferentielles autopoietisches System verstanden (vgl. Terhart 1999, S. 633; damit ist gemeint, dass das Gehirn als eine sich selbsterhaltende, selbstanpassende und selbsterneuernde Einheit angesehen wird), das seine eigene Wirklichkeit konstruiert. Gerhard Roth führt an dieser Stelle die Begriffe „Wirklichkeit" und „Realität" ein. Mit Realität ist die

„objektive, bewußtseinsunabhängige oder transphänomenale Welt" (Roth 1995, S. 288) gemeint, die der Erkenntnis prinzipiell unzugänglich ist – ähnlich wie beim „Ding an sich" nach Immanuel Kant (1724-1804) (vgl. etwa Hirschberger s. a., S. 327f.).

Dieser erkenntnistheoretisch nicht erschließbaren Realität wird die im Gehirn konstruierte „Wirklichkeit" gegenübergestellt. Stand das behavioristische Paradigma noch ganz im Zeichen von Außenbestimmtheit (etwa Operante Konditionierung als Belohnungslernen), vollzieht der radikale Konstruktivismus eine 180°-Wende zu einem von außen nicht mehr zu beeinflussenden geschlossenen autopoietischen System. Diesen Zusammenhang konsequent zu Ende gedacht, bedeutete die völlige Aufgabe von Lehre und Didaktik, da diese den autopoietischen Menschen gar nicht erreichen könnten und zudem noch den Versuch darstellten, unberechtigt in die Autonomie des Menschen einzugreifen. Terhart führt dazu aus: der radikale Konstruktivismus „würde didaktisches Denken und Handeln letztendlich sachlich unmöglich sowie moralisch illegitim und insofern vollkommen überflüssig machen" (1999, S. 638).

Auch erkenntnistheoretisch liefe die Annahme eines vollkommen geschlossenen nur noch selbstreferentiellen Systems auf Aporien also Ausweglosigkeiten hinaus, die an einen simplen Solipsismus (erkenntnisphilosophische Lehre, die nur das eigene Bewusstsein als das einzig Wirkliche gelten lässt) erinnern. Um nicht einer abgeschotteten Vereinzelung zu erliegen, wird der Ko-Konstruktion ein hoher Stellenwert eingeräumt, d.h. Konstruktionen entstehen nicht nur individuell, sondern immer auch in sozialen Gefügen, wobei der sprachlichen Vermittlung eine hohe Relevanz zuerkannt wird. Im gegenseitigen Austausch muss sich zeigen, ob sich eine Konstruktion bewährt oder nicht. Dabei gibt es keine letzten Wahrheiten oder auch nur einen Allgemeingültigkeitsanspruch. Konstrukte können lediglich „viabel" (v. Glasersfeld) oder „operativ tauglich" (v. Foerster) sein (vgl. Terhart 1999, S. 632). Auf diese Weise entstehen im kommunikativen Austausch gemeinsame Vorstellungswelten, die sich historisch, kulturell und sozial darstellen. Da der Konstruktivismus nachdrücklich auf den Herstellungscharakter von Wissen und Welt – letztlich auch seiner selbst – abhebt und keine Wahrheiten mit einem wie auch immer gearteten Alleinvertretungsanspruch zulässt und vielmehr die Vorläufigkeit allen Wissens betont, fordert er zur unbedingten Toleranz gegenüber anderen Wissenstraditionen und ihren Vertretern auf, womit sich die erkenntnistheoretische Grundauffassung zu einer ethischen weitet.

Wird der „objektiven" Außenwelt ein größerer Einfluss zugestanden als im „radikalen Konstruktivismus" neigt sich diese Position dem „moderaten Konstruktivismus" zu. Es liegt auf der Hand, dass didaktisch agierende Menschen sich eher diese Position zu Eigen machen. Möller stellt dazu fest: „Weitgehende Einigkeit besteht darin, daß die radikal konstruktivistische Position wegen ihrer erkenntnistheoretischen Prämissen als Paradigma für die Lehr-Lernprozeßforschung nicht geeignet ist“ (1999, S. 130). Aus der Sicht der Didaktik ist daher der moderate Konstruktivismus eindeutig zu bevorzugen, da er neben der Konstruktion auch die Instruktion anerkennt und somit aus konstruktivistischer Perspektive didaktisches Denken und Handeln überhaupt erst sinnvoll erscheinen lässt. Allerdings sind die Standpunkte innerhalb des moderat konstruktivistischen Lagers über das angemessene Verhältnis von Instruktion und Selbstregulierung – also Konstruktion – durchaus unterschiedlich. Auf der einen Seite wird der Selbstregulierung der klare Vorrang eingeräumt (vgl. Gerstenmaier/ Mandl 1995), auf der anderen Seite wird vor einer Überschätzung der Selbstlernprozesse gewarnt (vgl. Dubs 1995). Besonders mit Blick auf Kinder im Grundschulalter ist eine vorsichtigere Einschätzung der Möglichkeiten von selbstgesteuerten Lernprozessen zu teilen. Instruktive Anteile sind im Lernprozess von Grundschulkindern unverzichtbar (vgl. Furtner 2012, S. 33) und besonders für lernlangsamere Kinder absolut geboten (vgl. Möller 2002). Generell ist dabei das Aktivieren und der Einbezug des Vorwissens der Kinder von hoher Bedeutung, denn Kinder sind nicht die „universellen Novizen“ als die sie in den 1980er Jahren noch häufig angesehen wurden (vgl. Hasselhorn/ Mähler 1998, S. 83). Das Erweitern bestehender Konzepte und Vorstellungen oder deren Ablösung durch tauglichere kann nur mit Hilfe von Erwachsenen – im vorliegenden Kontext der Lehrerinnen und Lehrer – geschehen. Deutlich wird, dass ein Gegeneinanderausspielen von Instruktivismus und Konstruktivismus für das didaktische Denken und Handeln im Sachunterricht unzuträglich ist.

Beide Positionen seien idealtypisch als Synopse gegenübergestellt

Instruktivismus	**Konstruktivismus**
Schule als Belehrungsstätte	Schule als Lernstätte
Faktenwissen, ggf. als Einzelfachwissen	selbstständige Wissensaneignung in Zusammenhängen, ggf. unsystematisch
Lehren mit dem Ausgangspunkt didaktisch reduzierter Zugriffe, ggf. mit Simplifizierungs- und Unterforderungstendenzen	Lernen mit dem Ausgangspunkt in einer komplexen und realen Gegebenheit, situiertes Lernen, ggf. mit Überforderungstendenzen
methodisch angeleitetes Lernen, ggf. in kleinen Schritten arrangiertes Lernen	Lernen in hinreichend komplexen Situationen, authentisches Lernen, ggf. in unübersichtlichen Konstellationen
Lehrer als Anleiter und Arrangeur von Lernprozessen	Lehrer als Wegbereiter und Begleiter von Lernprozessen
„Input“ im Sinne einer monodirektionalen Informationsvermittelung	„Intake“ im Sinne einer mehrkanaligen Informationsverarbeitung
direkte Wissensvermittlung	indirekter Wissenserwerb

Im konkreten Unterrichtsgeschehen wird ein Hin- und Hergleiten zwischen beiden hier idealtypisch gekennzeichneten Polen von „instruktiver Lehre" zu „konstruktivem Lernen" stattfinden. Zweifelsohne ist es aus pädagogischer Sicht hochwünschenswert, dass Schülerinnen und Schüler möglichst in der Gemeinschaft aktiv, selbstständig, entdeckend, erfindend und problemlösend lernen, wie es der Konstruktivismus fordert.

Neu ist diese Sicht jedoch nicht. Schon in der ersten Hälfte des 19. Jahrhunderts betonte Herbart mit seinem Verständnis von Bildsamkeit (s. Kap. 3.6.4) den hohen Eigenanteil des Individuums in seinen jeweiligen Lern- und Bildungsprozessen. Spätestens in Zeiten der Reformpädagogik sind diese Forderungen immer wieder erhoben worden, so beispielsweise von Dewey mit dem „problemlösenden Unterricht", von Kerschensteiner mit dem „Arbeitsunterricht" in der „Arbeitsgemeinschaft" oder durch Hugo Gaudig (1860-1923) mit der „freien geistigen Arbeit". Eine Analogie zwischen reformpädagogischen Forderungen und den didaktischen Einsichten des Konstruktivismus stellt auch Terhart in Anlehnung an Wolff heraus (vgl. 1999, S. 239). Die Bedeutung des Lernens in sozialen Gefügen streicht Köhnlein heraus, der – dem reformpädagogischen Begriff der „Arbeitsgemeinschaft" nicht ganz unähnlich – in diesem Kontext den Begriff „Arbeitsbündnis" verwendet (2012, S. 133).

Der Bezug zu Gaudig verdeutlicht curriculare Aspekte. Gaudigs „freie geistige Arbeit" kann erst gegen Ende der Schulzeit – das ist bei Gaudig das Gymnasium bzw. das Lyzeum – in ihrer Vollform erreicht werden (vgl. Dietrich 1975, S. 227). Allerdings müsse vom ersten Schuljahr daran gearbeitet werden. Möglicherweise verhält es sich bei der Relation von instruktivem und konstruktivem Lernen ähnlich: die instruktiven Anteile müssten demnach in den ersten Schuljahren höher sein als in den späteren Jahrgangsstufen, wo sie zugunsten konstruktiven Lernens zurücktreten könnten. Diese Sichtweise legen auch die Befunde von Hasselhorn und Mähler nahe (vgl. 1998). Ein weiterer Gesichtspunkt kommt hinzu: nicht alles, was über Generationen an Wissensbeständen angesammelt wurde, kann individuell rückgebunden nachkonstruiert werden. Systematisches, angeleitetes Lehren und Lernen wird daher immer seine Berechtigung haben, nicht zuletzt aus lernökonomischen Gründen (vgl. Ternhart 1999, S. 641). Es bleibt also unsinnig, angeleitetes gegen selbstgesteuertes Lernen ausspielen zu wollen.

Dem Konstruktivismus kommt das Verdienst zu, diese Zusammenhänge mit zum Teil neuer Sprache wieder verstärkt ins Bewusstsein gehoben zu haben. Terhart weist ausdrücklich auf Parallelen zwischen den pädagogisch-didaktischen Ansätzen von Dewey, Piaget und Wagenschein und der konstruktivistischen Didaktik hin (vgl. 1999, S. 645). Vor allem Wagenschein mit seinem phänomen- und problemorientierten Unterricht, der das Gespräch in der Gruppe als zentral ansah und das aktive, selbstständige Lernen forderte, erinnert an die Grundsätze des konstruktivistisch interpretierten Lernens. Für den Sachunterricht hat Köhnlein konstruktivistische Einsichten ausführlich auf dessen Didaktik bezogen und dabei auch die wissenschaftstheoretisch-philosophischen Entstehungszusammenhänge expliziert (vgl. 2012, S. 107-110). In den didaktischen Auslegungen zum Konstruktivismus werden desgleichen reformpädagogisch anmutende Merkmale identifiziert, etwa die Betonung des Vorwissens, die wichtige Rolle der Selbstständigkeit der Lernenden im Lernprozess oder die Bedeutung herausfordernder Lernumgebungen (vgl. ebd., S. 112).

Bei der Bestimmung des Verhältnisses zwischen instruktivem und konstruktivem Lehren und Lernen im Sachunterricht könnte Wagenscheins Pädagogik hilfreich sein. Heinrich Roth, dessen Überlegungen zum orientierenden und exemplarischen Lehren bei Wagenschein ihren Ausgang nehmen, stellt dazu fest, dass beide Formen des Lehrens und Lernens ihre eindeutige Berechtigung hätten, wobei jedoch das orientierende Lehren und Lernen nur vor dem Hintergrund des exemplarischen Lehrens und Lernens zu rechtfertigen sei (vgl. Roth 1974, S. 169-178). In Form eines Analogieschlusses auf die Konstruktivismusdebatte bezogen, könnte das bedeuten, dass es darum geht, konstruktive und instruktive Lernprozesse nebeneinander und aufeinander verweisend durchzuführen, wobei sich dann auch hier das instruktive Lehren und Lernen nur vor dem Hintergrund des konstruktiven Lehrens und Lernens legitimieren ließe. Bei der zeitlichen Anordnung instruktiver und konstruktiver Lernmöglichkeiten käme dann noch die weiter oben erläuterte curriculare Perspektive hinzu.

Für den Sachunterricht, der als erste Fachdidaktik mit dem MPU eine Konzeption hervorgebracht hatte, die dem heutigen Konstruktivismus verwandt ist (vgl. Terhart 1999, S. 630), hat das zur Konsequenz, dass er immer eigenständiges, entdeckendes und erfindendes Lehren und Lernen berücksichtigen muss. Andererseits braucht er aber auch kein „schlechtes Gewissen" zu haben, wenn er darlegend-informierend-instruktiv verfährt. Konzeptionell abgesichert ist er dabei durch den vielperspektivischen Ansatz, aber auch durch die exemplarisch-genetisch-sokratische Konzeption. Beide betonen das aktive, freisetzende und selbstentfaltende Lernen des Kindes, das dem Menschen als autopoietisches System in besonderer Weise angemessen sei (vgl. Soostmeyer 1998, S. 291). Damit sind aber bereits deutlich anthropologische Aspekte angesprochen, die im Folgenden zu erörtern sind.

3.9.2 Vielperspektivität und anthropologisch-entwicklungspsychologische Voraussetzungen

Ähnlich dem exemplarisch-genetisch-sokratischen Ansatz sieht auch der vielperspektivische Sachunterricht die Anthropologie des Kindes und die damit verbundenen entwicklungspsychologischen Implikationen zuversichtlich und lernoptimistisch – die weiter oben benutzte Metapher vom „Kind als Wissenschaftler" verdichtet diese Sicht prägnant und anschaulich. Der Mensch, das Kind will „von sich aus“ lernen. Soostmeyer beruft sich auf Bruner und auf Wagenschein, wenn er „Lernen“ gleichsam als ein anthropologisches Grundbedürfnis herausstellt (vgl. 2001, S. 245). Dabei müsse das Kind nicht zum Lernen gezwungen, verführt oder überlistet werden – gegen diese „falsche Anthropologie des Kindes“ hat sich schon Wagenschein vehement gewehrt (Wagenschein 1984 in einer Rundfunksendung des WDR zit. n. Soostmeyer 2001, S. 247) –, vielmehr leiste das Kind diese Arbeit selbst.

Dabei komme es zum Sammeln von Informationen, der allmählichen Überwindung von Widersprüchen, der Strukturierung von Erfahrungen, zum Ausbilden oder zur Änderung von Konzepten und zur weiteren Entwicklung des logischen Denkens. Diese Prozesse vollziehen sich unter Zuhilfenahme empirischer Überprüfungen durch konkretes Handeln im sozialen Austausch mit anderen – im schulischen Regelfall mit Mitschülerinnen und Mitschülern und der Lehrerin bzw. dem Lehrer (vgl. Köhnlein 2012, S. 122-124). Wenn dabei der Mensch als eine sich selbst erhaltende, selbstwandelnde und -erneuernde Einheit und somit als ein autopoietisches System betrachtet wird (vgl. Soostmeyer 1998, S. 130), nähert sich diese Auffassung der konstruktivistischen Sicht an.

Allerdings kann das Kind bei seinem Lernen nicht allein gelassen werden. Der Hinweis auf die hohe Relevanz des kommunikativen Austauschs macht dies bereits deutlich. Dies trifft besonders für Kinder mit ungünstigeren Lernvoraussetzungen zu. Köhnlein spricht hier von „Lernhemmnissen“ und mahnt daher eine besondere pädagogisch-didaktische Qualität für den Sachunterricht an. In der Schule als „Haus des Lernens“ und im Sachunterricht als „Ort des Verstehens“ gelte es, ein gutes Schulklima, förderliche Lernumgebungen, ein entspanntes Feld, inhaltliche Konsistenz und curriculare Strukturierung zu schaffen (vgl. Köhnlein 2012, S. 49), um ein frühes Eröffnen neuer Horizonte zu bewirken (vgl. ebd., S. 21).

Zu Letzterem kann in Anlehnung an Forschungsergebnisse festgestellt werden (vgl. Weinert/ Helmke 1997), dass das Potential für das naturwissenschaftliche und technische Lernen, das besonders jüngere Kinder für diese Inhalte entgegenbrächten, noch lange nicht ausreichend genutzt wird. Es werde vielmehr vernachlässigt, was dazu führe, dass der später einsetzende naturwissenschaftlich-technische Unterricht nur noch wenig Erfolg habe. In der Tat mehren sich die Stimmen, die naturwissenschaftlich-technischen Unterricht als besonders zugänglich gerade für Kinder im Grundschulalter ansehen (vgl. Kircher 2007, vgl. Lück/ Köster 2006 und vgl. Köhnlein 2012). Weitere qualifizierte Handreichungen dazu liegen ausgearbeitet vor (vgl. beispielsweise Grygier/ Hartinger 2009).

Der vielperspektivische Sachunterricht will das Kind stärker zum Subjekt seines Lernens machen, wobei verschiedene Begründungskontexte zu gleichen oder doch sehr ähnlichen Ergebnissen führen. Ob das Kind nach Lesart der Brunerschen Kognitionspsychologie „entdeckt“ oder nach Wagenscheins bildungstheoretisch rückgebundener Pädagogik „produktive Findigkeit" und „kritisches Vermögen" entwickelt, die anthropologische Sicht des Kindes ist bei beiden nahezu übereinstimmend ausgeprägt. Soostmeyer geht noch einen Schritt weiter und stellt fest, indem er Bruner mit Wagenschein vergleicht: „Bei Bruner liegt im Prinzip dieselbe Anthropologie des Kindes vor" (2001, S. 248). Schließlich zeigt auch die konstruktivistische Sicht viele Parallelen zu Wagenschein auf. Der lernende Mensch müsse demnach von komplexen Problembereichen ausgehen, den Lernprozess aktiv gestalten und die Ergebnisse in der Diskussion mit anderen überprüfen und schließlich seinen Lernerfolg einschätzen und bewerten (vgl. Dubs 1995, S. 890f.). Das Gemeinte liegt damit dem inhaltlich sehr nahe, was Wagenschein mit „Einstieg", „produktiver Findigkeit", „Gespräch" und „kritischem Vermögen" ausgedrückt hat. Unter anthropologischer Perspektive hat Soostmeyer Wagenschein und Bruner gleichgesetzt. Selbst wenn es konstruktivistisch konsequent gesprochen statt „entdecken" „erfinden" heißen müsste, um einen aktiven Lernprozess angemessen zu beschreiben, ergibt sich die Feststellung, dass der Anthropologie des vielperspektivischen Sachunterrichts gleich aus drei theoretischen Begründungskontexten Argumente zuströmen: aus der Kognitionspsychologie, aus der Bildungstheorie und aus dem Konstruktivismus.

Ähnlich wie Wagenscheins „romantischer Blick" auf das Kind, bedürfen – nach eigener Ansicht – auch der kognitionspsychologische und der konstruktivistische Optimismus einiger Relativierungen. Wie beim exemplarisch-genetisch-sokratischen Ansatz muss hier festgestellt werden, dass z.B. die gewandelten Erfahrungsbedingungen von Kindern – erinnert sei etwa an die Merkposten „Medienkindheit", „Konsumkindheit" und „verändertes Erziehungsverhalten von heutigen Eltern" – gegenwärtig nicht selten einem kognitionspsychologisch ausgemachten „Entdeckerdrang" oder einem konstruktivistisch motivierten „Erfindergeist" unter Umständen entgegenwirken. So wird die Grundschule die Bedingungen immer wieder auch erst schaffen und stiften müssen, die „Entdecken", „Erfinden" oder „produktive Findigkeit" überhaupt erst hervorrufen, was leichter gefordert und geschrieben als pädagogisch-didaktisch ausgestaltet ist.

Gleichwohl wollen diese kritischen Anmerkungen nicht das anthropologische Grundanliegen des vielperspektivischen Sachunterrichts untergraben, gilt es doch, das Kind gegenüber gesellschaftlichen Funktionsansprüchen wie Reproduktion des Qualifikationsbedarfs und Allokation (Verteilung von Lebenschancen durch schulische Leistungsauslese) (Fend 1979) zu stärken. Besonders unter konstruktivistischer Rücksicht ist in den letzten Jahren immer wieder das Recht des Kindes auf eigene Lernwege herausgehoben und deren Bedeutung für eine gedeihliche kognitive Entwicklung betont worden. Angesichts der im Zeichen des PISA-Schocks entstandenen Zentralisierungs-, Egalisierungs-, Normierungs- und Überprüfungstendenzen, die sich mittlerweile auch in der Grundschule auf breiter Front Bahn gebrochen haben (frühe Selektion, Kompetenzkataloge, Zensuren-

und Leistungsdruck, uniformierende Vergleichsarbeiten), werden die Eigenrechte der Kinder zunehmend in Frage gestellt. Der vielperspektivische Sachunterricht muss sich daher an dieser Stelle mehr denn je unter Zuhilfenahme der angeführten Theorien auch zum entschlossenen Anwalt der Rechte der Kinder machen.

3.9.3 Vielperspektivität im gesellschaftlichen Kontext und pädagogisch-curriculare Aspekte

Die Konzeptionen des Sachunterrichts sind immer auch „Kinder ihrer Zeit" gewesen. Demzufolge standen die wissenschaftsorientierten Ansätze ganz im Zeichen der Wissenschaftsgläubigkeit und Aufbruchseuphorie ihrer Epoche. Der heutige Sachunterricht hingegen realisiert sich vor dem Hintergrund einer sich vielleicht schneller denn je wandelnden Gesellschaft. „Informationsgesellschaft", „Risikogesellschaft", „Leistungsgesellschaft" oder „Wissensgesellschaft" sind zwar keine theoretischen Begriffe, die zur Analyse gesellschaftlicher Entwicklungen und schulischer Konsequenzen taugen würden, sie verdeutlichen aber gleichwohl die gesellschaftlichen Wandlungsprozesse (vgl. Köhnlein 2012, S. 248), die ihrerseits die Bedingungen der heutigen Kindheit prägen. In der pädagogischen (Alltags) diskussion wird dieser offenkundige Zusammenhang unter der Überschrift „veränderte Kindheit" gelegentlich mit geradezu weinerlich-kulturkritischer Attitüde vorgetragen und Kindheit wird vor allen Dingen als „bedrohte Kindheit" oder „Verlustkindheit" interpretiert.
Es besteht auch gar kein Zweifel daran, dass die Veränderungen, die die gegenwärtigen Entwicklungen unserer Gesellschaft mit sich bringen, auch negative Einflüsse auf heutige Kinder haben können, aber: „Diesen oft als Defizite heutiger Kindheit formulierten Merkmalen ließen sich zum Teil korrespondierende Chancen gegenüberstellen" (Kahlert 2009, S. 79). Als solche benennt Kahlert in Anlehnung an Schorch etwa die medizinische Versorgung, die potentiell optimale Ernährung, die partnerschaftliche Erziehung, der meistenteils vorhandene materielle Wohlstand und ein breites Förder-, Freizeit- und Sportangebot (vgl. ebd. und Schorch 2006, S. 143.). Allerdings ist dies durchaus nicht einheitlich verteilt, so dass eine immer differenzierter und vielfältiger werdende Gesellschaft ebenso eine große Vielzahl von Kindheitsmustern nach sich ziehe mit der Folge, dass man von „der Kindheit heute" nicht sprechen könne, denn angesichts der schon weiter oben angeklungenen Verschiedenheit von heutigen Kindheitsmustern sei dies „aussichtslos" (Kahlert 2009, S. 79).
Die gesellschaftliche Vielfalt sieht Kahlert grundsätzlich als eine Chance für den Sachunterricht, vielfältige Lernanlässe aufzufinden, um an ihnen gemeinsam teilbares Wissen zu erarbeiten. Die Kinder können auf diese Weise auch erfahren, dass zwischen intersubjektiven Wissensbeständen und individuellen Vorstellungen zu unterscheiden sei.

Andererseits hat die gesellschaftliche Pluralität auch zur Folge, dass die Verbindlichkeit von Normen abnimmt und das vormalige Selbstverständlichkeiten heute längst nicht mehr von allen oder auch nur von einer großen Mehrheit geteilt würden (vgl. ebd., S. 81). Dieser Prozess kann jedoch nicht so weit gehen, dass für alle möglichen Entwicklungen Akzeptanz hergestellt wird. Es muss eindeutig bleiben, „dass Toleranz nicht pervertiert und gegen die Grundwerte selbst in Anspruch genommen werden darf" (Köhnlein 2012, S. 400). Dabei hat hierzulande der Geltungsanspruch des Grundgesetzes den letztbegründenden Rang: „Die in der Verfassung genannten Grundwerte sind für viele Menschen zugleich religiös oder (als Ertrag der Aufklärung) weltanschaulich fundiert; verbindlich als Normen des Verhaltens sind sie für alle Menschen, die im Geltungsbereich des Grundgesetzes leben, unabhängig von religiösen Bindungen oder kulturellen Traditionen" (ebd., S. 401).
Deutlich wird, dass der vielperspektivische Sachunterricht sich der Vielgestaltigkeit der gesellschaftlichen Gegebenheiten stellen will, wobei einerseits die gesellschaftliche Vielfältigkeit als Chance und Herausforderung für den Sachunterricht gesehen, andererseits aber auch die entschiedene Forderung nach einer Nichthintergehbarkeit verbindlicher normativer Werte angemahnt wird.
Dass damit auch pädagogisch-curriculare Fragen des Sachunterrichts berührt werden, ist offenkundig. Soostmeyer stellt dazu fest, dass ein Sachunterricht, der gesellschaftliche Inhalte und politische Bildung ignoriere, „esoterisch" (1998, S. 190) sei. Als inhaltliche Orientierung hat sich dabei Klafkis Schlüsselproblemkatalog in der Berliner Version durchgesetzt, den er eigens mit Blick auf den Sachunterricht formulierte (vgl. 1992). Die Erarbeitung dieser komplexen Problembereiche, die weit über die Zuständigkeit der Grundschule hinausweisen, muss in einem vielperspektivischen Sachunterricht grundgelegt und angebahnt werden. Die dabei über die Grundschule hinausweisenden Inhalte und Themen sprechen für einen spiraligen Aufbau des Curriculum, der nicht nur für die Bearbeitung der Schlüsselprobleme angebracht wäre. Auf diese Weise kann es nach Sicht des vielperspektivischen Sachunterrichts gelingen, kumulative Lernprozesse zu bewirken, die sachlogisch verschränkt und unter Anleitung, deren Notwendigkeit der gemäßigte Konstruktivismus nie bestritten hat, von der „Zone der aktuellen Leistung" zur „Zone der nächsten Entwicklung" (Wygotski) führen (vgl. Köhnlein 2012, S. 206).
Realistischerweise muss an dieser Stelle angemerkt werden, dass die Möglichkeiten eines Spiralcurriculum wohl leider überschätzt werden. Schule entpuppt sich allzu oft als eine Art Verschiebebahnhof. Dabei kommt es kaum zu einer inhaltlichen Zusammenarbeit zwischen den verschiedenen Schulformen, was bei einem Spiralcurriculum aber dringend geboten wäre. Der Sachunterricht kann daher nur für seinen Zuständigkeitsbereich zuverlässig spiralcurricular arbeiten, wobei eine sinnvolle Weiterarbeit in den sich anschließenden Schuljahrgängen sicherlich sinnvoll und wünschenswert wäre.

3.9.4 Vielperspektivität und grundlegende Bildung

Wie der exemplarisch-genetisch-sokratische Sachunterricht auch, stellt der vielperspektivische Sachunterricht den Bildungsbegriff nicht in Frage, sondern bekennt sich ausdrücklich zu ihm (vgl. z.B. Soostmeyer 1998, Kahlert 2009, Köhnlein 2012). Dabei wird das dynamische Moment von Bildung betont, wodurch Übereinstimmungen mit dem Wagenscheinschen Begriff „Formatio" deutlich werden. Des Weiteren wird die gesellschaftliche Rückbindung von Bildung gesehen (Köhnlein 2012, S. 409). Bildung kann sehr wohl auch für gesellschaftliche Zwecke eingesetzt werden, wodurch das Humboldtsche Bildungsideal der reinen zweckfreien Bildung zeitgemäße Erweiterung erfährt. Im Rahmen der Grundschule und des Sachunterrichts handelt es sich dabei immer um grundlegende Bildung als Basis von Allgemeinbildung.

Neigt sich dabei der vielperspektivische Sachunterricht aneignungstheoretisch zu sehr dem Konstruktivismus zu, besteht möglicherweise die Gefahr, dass die formale Bildung funktional überbetont werden könnte. Terhart hält dem Konstruktivismus vor, dass er dazu tendiere „zu entmaterialisieren" und „zu prozessualisieren", was dazu führe, dass „eine inhaltlich entkernte Prozeß-Didaktik" (1999, S. 645) entstehe. Auch Dubs warnt vor der Gefahr, dass die konstruktivistische Sicht dazu verführe, die Inhaltsfrage zu vernachlässigen (vgl. 1995, S. 898). Der vielperspektivische Sachunterricht ist allerdings entschlossen mit dem Ziel angetreten, besonders die inhaltliche Seite des Sachunterrichts zu stärken (vgl. Köhnlein 1990, vgl. Soostmeyer 2002, vgl. Kahlert 2009 und vgl. Köhnlein 2012).

Die systematische Darstellung der Konzeptionen des Sachunterrichts soll auch hier mit einer kurzen Befragung des vielperspektivischen Sachunterrichts in Bezug auf sein Verständnis von grundlegender Bildung nach den drei Kriterien von Glöckel (Lebensweltbezug, fachliche Relevanz und überdauernde Bedeutung) geschehen. Es ist dem vielperspektivischen Sachunterricht von seinem Grundverständnis her eigen, die kindliche Lebenswelt mit fachlichen Bezügen, die sich sachgemäß und wissenschaftsorientiert verstehen, zu verbinden. Insofern kann dem vielperspektivischen Sachunterricht attestiert werden, dass er den Lebensweltbezug der Kinder unter Wahrung oder Herstellung fachlicher Relevanz angemessen berücksichtigt. Dabei kommen dann durchaus auch Inhaltlichkeiten in den Blick, die im eigenen Verständnis als „große Themen" bezeichnet werden und die sich auf große Fragen und Rätsel der Menschheit und ihrer Wissenschaften beziehen. Diese können dann multidimensional im Sachunterricht (vgl. beispielsweise Thomas 2013a zu Archaeopteryx) oder fächerübergreifend mit anderen eigenständigen Fächern der Grundschule erarbeitet werden (vgl. etwa Thomas 2013b zum Thema Piraten in Verbindung mit dem Englischunterricht). Der vielperspektivische Sachunterricht zeigt sich demnach auch unter den vorgenannten drei Kriterien als inhaltsstark und kann von daher auch souverän „große Themen“ (vgl. Köhnlein 2012, S. 267) bewältigen.

4 Vergleichende Zusammenfassung der bearbeiteten Konzeptionen

4.1 Die Konzeptionen im synoptischen Überblick

Die folgenden zwei Schaubilder (Konzeptionen des Sachunterrichts I und II) versuchen, die wesentlichen Merkmale der hier diskutierten Konzeptionen des Sachunterrichts auf einem Blick zur Verfügung zu stellen. Dieses Vorhaben verlangte nach einer komprimiert-beschreibenden Darstellung der hier bearbeiteten Konzeptionen des Sachunterrichts. Diese Vorgehensweise legitimiert sich vor dem Hintergrund der bisherigen Ausführungen, die sich jeweils intensiv der analytisch-kritischen Erörterung der einzelnen Konzeptionen gewidmet haben. In einer universitären Lehrveranstaltung eingesetzt, können diese Schaubilder einen ersten Überblick über die zunächst verwirrend erscheinende konzeptionelle Vielfalt des Sachunterrichts geben. Insofern kann ihnen auch hochschuldidaktische Funktion zukommen. Eine vertiefende Arbeit müsste sich danach anschließen.

Konzeptionen des Sachunterrichts I / 1					
Ansätze	**Fachorientiertes Curriculum**	**Struktur- bzw. konzeptorientiertes Curriculum**	**Verfahrensorientiertes Curriculum**	**Situationsorientiertes Curriculum**	**Integrativ-mehrperspektivischer Unterricht (MPU)**
Vertreter Namen	seit 1969: Beispiele dafür in verschiedenen Lehrplänen wie NRW (1969/1973), Berlin (1970), Bayern (1971) sowie Veröffentlichungen auf dem Lehrmittelsektor (Schulbücher, Unterrichts- und Experimentiermaterialien)	seit 1968: nach dem US-amerikanischen Vorbild „Science Curriculum Improvement Study" (SCIS) von Arbeitsgruppen unter Ltg. von Kay Spreckelsen entwickelte Curricula, zentrale Idee: Struktur der Disziplin nach Jerome S. Bruner	seit 1968: Übernahme des US-amerikanischen Curriculum „Science – A Process Approach" (S-APA) durch die Göttinger Arbeitsgruppe für Unterrichtsforschung, Ltg. Hans Tütken, später eigenständige Neuentwicklungen	1973: Curriculum „Soziales Lernen" der Arbeitsgruppe Vorschulerziehung am Deutschen Jugendinstitut München, Ltg. Jürgen Zimmer, Einfluss von Saul B. Robinsohn (1967), 28 Didaktische Einheiten, offenes Curriculum	seit 1974: Curriculum „Integrativ-mehrperspektivischer Unterricht" CIEL-Arbeitsgruppe Reutlingen unter Ltg. von Klaus Giel entwickelte etwa 10 Teilcurricula (einige blieben unvollendet), offenes Curriculum
Entstehungszusammenhang	Aufholen des Modernitätsrückstandes, Wissenschaftsorientierung, beschleunigte Zunahme des Wissens, Georg Picht: „Deutsche Bildungskatastrophe"	naturwissenschaftlicher Unterricht in der Grundschule als Beitrag zur Verbesserung von Allgemeinbildung und Chancengleichheit	naturwissenschaftlicher Unterricht in der Grundschule als Beitrag zur Verbesserung von Allgemeinbildung und Chancengleichheit	Demokratisierung der Gesellschaft, explizite Einforderung des sozialen Lernens in Vor- und Grundschule	Demokratisierung der Gesellschaft, nach dem Wegfall des Gesamtunterrichts will der MPU dem Grundschulunterricht eine neue Konzeption geben

Konzeptionen des Sachunterrichts I / 2

Ansätze	Fachorientiertes Curriculum	Struktur- bzw. konzeptorientiertes Curriculum	Verfahrensorientiertes Curriculum	Situationsorientiertes Curriculum	Integrativ-mehrperspektivischer Unterricht (MPU)
Ziele Prinzipien	a) Vorraussetzungen für den Fachunterricht des Sekundarbereichs schaffen (Propädeutik) b) sachgemäße Auseinandersetzung mit den Inhalten der Fachwissenschaften unter teilweiser Berücksichtigung kindlicher Erfahrungsräume c) fachliche Arbeitsweisen und Arbeitshaltungen vermitteln	a) -Naturwissenschaftliche Allgemeinbildung -Emanzipation und Selbstbestimmung -Wissenschaftsorientiertes Lernen -Förderung aller Schüler b) Erwerb von fächerübergreifenden Begriffen und Basiskonzepten zur Integration der natürlichen und technischen Lebenswirklichkeit	a) wie beim struktur- und konzeptorientierten Ansatz b) Erwerb von fächerübergreifenden Verfahren zur selbständigen Erschließung der natürlichen und technischen Umwelt	a) autonomes, kompetentes und konkretes Handeln in gegenwärtigen und zukünftigen Lebenssituationen b) Abbau von Handlungsunfähigkeit und Fremdbestimmung c) Erwerb entsprechender Qualifikationen	a) Erweiterung der eingeschränkten Handlungsfähigkeit b) Aufklärung darüber, wie die Institutionen (Handlungsfelder) funktionieren c) Erzeugung einer allgemeinen Handlungsfähigkeit i.S. einer aufgeklärten und mündigen Kritik- und Fragekompetenz

Konzeptionen des Sachunterrichts I / 3					
Ansätze	**Fachorientiertes Curriculum**	**Struktur- bzw. konzeptorientiertes Curriculum**	**Verfahrensorientiertes Curriculum**	**Situationsorientiertes Curriculum**	**Integrativ-mehrperspektivischer Unterricht (MPU)**
Inhalte	Lernbereiche: Physik, Chemie, Werken/ Technik, Biologie, Erdkunde, Geschichte, Sozialkunde Auswahl der Stoffe: Orientierung an den Lehrplänen der Sek. I und an den klassischen Fachwissenschaften, Inhalte werden auf den Entwicklungsstand der Kinder abgestimmt (didaktische Reduktion), der Lebensweltbezug wird oftmals funktionalisiert	Auswahl i.S. der Reduktion der komplexen Lebenswirklichkeit: Festlegung auf drei erfahrungserschließende, naturwissenschaftliche Basiskonzepte, die grundlegende Interpretationsmuster beinhalten: 1.Teilchenkonzept 2.Wechselwirkungskonzept 3.Erhaltungskonzept Aufbau: geschlossenes Spiralcurriculum	Auswahl i.S. der Reduktion der komplexen Lebenswirklichkeit: Festlegung auf 13 Verfahren bzw. intellektuelle Fertigkeiten: 8 grundlegende Fertigkeiten: Beobachten, Klassifizieren, Gebrauch von Zahlen, Messen, Gebrauch von Raum-Zeit-Beziehungen, Kommunizieren, Voraussagen, Schlussfolgern; 5 darauf aufbauende komplexere Fertigkeiten: operational Definieren, Formulieren von Hypothesen, Interpretieren von Daten, Variablenkontrolle, Experimentieren als naturwissenschaftliche Vollform	Auswahl von 28 Lebenssituationen, in denen Schüler handlungsfähig werden sollen, z.B. „Verlaufen in der Stadt“, „Kinder im Krankenhaus“, „Fernsehen“ oder „Kinder kommen in die Schule“ deduktives Verfahren aufgrund von Literatur, Statistiken usw. kombiniert mit induktivem Verfahren aufgrund des Diskurses mit Erzieherinnen und Erziehern, Lehrerinnen und Lehrern, Kindern und Eltern. Reihenfolge der UE ist beliebig.	Auswahl von Handlungsfeldern (gesellschaftliche Sinnbereiche), in denen Menschen ihren alltäglichen Besorgungen nachgehen und in denen ihre Handlungsfähigkeit eingeschränkt ist (z.B. Supermarkt), Rekonstruktion der Alltagswirklichkeit in Modellen, die die Funktionen und Strukturen der sozialen Realität durchschaubar machen sollen. Rekonstruktion aus 4 Perspektiven: erlebnis-erfahrungsbezogene, szenische, politisch-gesellschaftliche und wissenschaftliche Perspektive, Reihenfolge der UE ist beliebig.

Konzeptionen des Sachunterrichts I / 4					
Ansätze	**Fachorientiertes Curriculum**	**Struktur- bzw. konzeptorientiertes Curriculum**	**Verfahrensorientiertes Curriculum**	**Situationsorientiertes Curriculum**	**Integrativ-mehrperspektivischer Unterricht (MPU)**
Verfahren Methoden usw.	in Phasen gegliederter, lehrerzentrierter und lernzielorientierter Unterricht	nach Phasen gestufte, lernzielorientierte Lektionen	Lernziele werden als Verhaltensziele operationalisiert, die Stunden sind lektionsartig i.S. der hierarchischen Lerntheorie von Robert M. Gagné über die Schuljahre hinweg aufgebaut, lernzielorientierter, vorbestimmter Unterricht. Nach ersten werkgetreuen Übernahmen entstanden bundesdeutsche Eigenentwicklungen, die offener gestaltet waren und die insgesamt stärker die kindlichen Lernbedürfnisse berücksichtigten.	Lernen durch Erfahren und Handeln, Projekte: Ausgang von situativen Anlässen, Didaktische Schleifen: kursartige Phasen, Evaluationen: Überprüfung des Lernerfolgs, erfahrungsoffene Lernprozesse	Lernen durch rationale Aufklärung Projekte: Anlässe bietet das mediale Material (Spiele, Poster, Modelle), Kurse: für den systematischen Erwerb von Fertigkeiten und Fähigkeiten, Metaunterricht: Unterricht über Unterricht (Reflexion)

Konzeptionen des Sachunterrichts II / 1				
Ansätze	**Exemplarisch-genetisch-sokratischer Sachunterricht**	**Welterkundung**	**Sachunterricht als Sozial- und Sachunterricht**	**Vielperspektivischer Sachunterricht**
Vertreter Namen	Seit den 1960er Jahren: Martin Wagenschein: Kinder auf dem Wege zur Physik (1962 ff.), Siegfried Thiel: Entwicklung von Lehrstücken zum exemplarisch-genetisch-sokratischen Sachunterricht (1967 ff.) und dessen theoretisch-konzeptionelle Fundierung durch Walter Köhnlein (1984ff.), Michael Soostmeyer: genetischer Sachunterricht (2002)	seit 1996: Gabriele Faust-Siehl, Ariane Garlichs, Jörg Ramseger, Hermann Schwarz und Ute Warm als eine Arbeitsgruppe im Rahmen des Arbeitskreises Grundschule	seit 1992: Wolfgang Klafki: Sachunterricht als Sozial- und Sachunterricht unter besonderer Berücksichtigung der epochaltypischen Schlüsselprobleme – zwischenzeitlich im Wesentlichen im Ansatz des vielperspektivischen Sachunterrichts eingearbeitet	seit 1990: Walter Köhnlein: Dimensionen (1990 ff.), Joachim Kahlert: didaktische Netze (1994 ff.), Gesellschaft für Didaktik des Sachunterrichts (GDSU): Perspektivrahmen des Sachunterrichts (2002), der seitdem in allen Richtlinien berücksichtigt worden ist, Köhnlein „Sachunterricht und Bildung" (2012), GDSU legt neuen Perspektivrahmen vor (2013)
Entstehungszusammenhang	Ausgangspunkt: Tübinger Resolution (1951) gegen die Stofffülle in den Gymnasien, Wagenschein: „Verstehen ist Menschenrecht" (1970), naturwissenschaftlicher Unterricht in der Grundschule	Empfehlungen zur Neugestaltung der Grundschule als Beitrag zu einer inneren Schulreform	konzeptionelle Grundlegung des Sachunterrichts im Rahmen seines Allgemeinbildungsauftrages	Vermittlung zwischen Kind-, Sach- Fach- (Wissenschafts-) und Gesellschaftsbezug, inhaltliche Bestimmung des Sachunterrichts auch in Hinblick auf die Diskussion um ein Kerncurriculum

Konzeptionen des Sachunterrichts II / 2				
Ansätze	**Exemplarisch-genetisch-sokratischer Sachunterricht**	**Welterkundung**	**Sachunterricht als Sozial- und Sachunterricht**	**Vielperspektivischer Sachunterricht**
Ziele Prinzipien	a) Verstehen lehren, Phänomene als Ausgangspunkt für naturwissenschaftlichen Unterricht in der Grundschule b) Kontinuitätshypothese i.S. eines bruchlosen Lernens von Beginn an c) neben Sachzielen werden immer auch Funktionsziele angestrebt d) „Didaktik der Zugangswege“	a) Aneignung von Kulturtechniken und Kulturgütern mit Betonung der materialen Bildung b) Lehrerinnen an Grundschulen sollen die Fragen der Kinder aus Gesprächen mit ihnen „heraushören“ und danach Inhalte der Welterkundung bestimmen, als Suchraster dazu dienen c) vier Gegenstandsfelder	Grundlegende Bildung im Medium des Allgemeinen mit den umfassenden Zielen der Solidaritäts-, Selbst- und Mitbestimmungsfähigkeit	a) vielperspektivisches Denken fördern b) belastbares Sachwissen entwickeln c) multidimensionale Sachzugänge eröffnen d) Pluralismus entwickeln
Inhalte	Auswahl: physikalisch-technische Zusammenhänge, die stets phänomenbezogen erarbeitet werden: warum springt ein Ball?, kann Wasser den Berg hinauffließen?, wie verbreitet sich der Schall?, wie haben die Urmenschen Feuer gemacht?	die vier Gegenstandsfelder sind (wobei das Vierte der Methodik zuzuordnen ist): 1. entwicklungspsychologische Schlüsselfragen von Grundschulkindern 2. epochaltypische Schlüsselfragen der Menschheit 3. epochemachende Errungenschaften der Menschheit	Auswahl: epochaltypische Schlüsselprobleme: Krieg und Frieden, gesellschaftlich bedingte Ungleichheit, Gefahren und Möglichkeiten neuer Technologien, die „Eine Welt“-Problematik, die ökologische Frage und das Verhältnis von Frau und Mann und die Interessen der Kinder sowie Themen mit aktuellem oder regionalem Bezug	neun Dimensionen des Sachunterrichts (lebensweltliche, historische, geographische, gesellschaftliche, ökonomische, technische, physikalisch-chemische, biologische und ökologische Dimension), die auch die Schlüsselprobleme berücksichtigen, die fünf Perspektiven des Perspektivrahmens (vgl. GDSU 2013 und vgl. Köhnlein 2012)

Konzeptionen des Sachunterrichts II / 3				
Ansätze	**Exemplarisch-genetisch-sokratischer Sachunterricht**	**Welterkundung**	**Sachunterricht als Sozial- und Sachunterricht**	**Vielperspektivischer Sachunterricht**
Verfahren Methoden usw.	exemplarisches Lehren und Lernen, der Einstieg als Exposition, die Präsentation eines Phänomens oder eines Phänomenkomplexes, das Gespräch auch i.S. einer gleichberechtigten Kommunikation, Ergebnis und Erkenntnisprozess werden nicht voneinander getrennt, vielmehr ist den Kindern stets gegenwärtig, wie sie zu einer konkreten Erkenntnis gelangt sind, das Experimentieren wird auch als Fortsetzung des explorativen Spiels (Soostmeyer) der frühen Kindheit gesehen, Epochenunterricht	4. Methoden der Rekonstruktion und Darstellung der Wirklichkeit: - Hypothesen und Theorien bilden - außerschulisches Lernen - Erkundungen und Experimente - Modellvorstellungen und Analogiebildungen - Beschreiben und szenische Darstellungen - Zeichnen und bildnerisches Gestalten - Verfremden und Collagen ... , Projektunterricht	Epochen- und Projektunterricht, lehrgangsbezogene Phasen	exemplarisches Lehren und Lernen, handlungsbezogener Unterricht, der moderat-konstruktivistisch rückgebunden ist, Epochenunterricht, Projekt und lehrgangsbezogener Unterricht, genetische Orientierung

4.2 Aspekte der Rezeption, Zusammenfassung und Vergleich der diskutierten Konzeptionen des Sachunterrichts

Die vorliegenden Ausführungen haben relevante Konzeptionen des Sachunterrichts systematisch dargelegt. In diesem Kontext sind Konzeptionen bearbeitet worden, denen eine bis heute andauernde Rezeption zukommt bzw. die gegenwärtig die didaktische Diskussion des Sachunterrichts bestimmen.

Der reine Fachbezug hat sich als untauglich erwiesen, weil er den Sachunterricht zu zersplittern drohte. Gleichwohl spielen fachliche Bezüge im Rahmen eines integrativen Sachunterrichts bis heute eine nicht zu unterschätzende Rolle. Der vielperspektivische Sachunterricht mit seinem Dimensionierungsansatz verweist auch in diese Richtung; allerdings mit dem eklatanten Unterschied, dass er von einem gesicherten Integrationsstandpunkt aus seine fachlichen Bezüge entfalten kann. Fachliche Bezüge und Arbeitsweisen erhalten damit eine zuarbeitende, jedoch nicht eine bestimmende Funktion.

Seit den 1980er Jahren hat in den USA erneut das Bemühen um die Einführung naturwissenschaftlicher Curricula in den Primarbereich Raum gegriffen, die Kindern naturwissenschaftliche „Konzepte“ und „Verfahren“ vermitteln sollen. Allerdings sollte das nicht durch einen bloßen Neuaufguss der seinerzeit etwa im frühen naturwissenschaftlichen Sachunterricht so stark beachteten Curricula „Science Improvement Curriculum Study“ (Konzeptorientierung) oder „Science – A Process Approach“ (Verfahrensorientierung) geschehen. Vielmehr wurde in den Folgejahren versucht, die Kritik an den frühen naturwissenschaftlichen Konzeptionen aufzugreifen und bei der Neukonzeptionierung zu berücksichtigen.

Kritikpunkte an dem struktur- bzw. konzeptorientierten Ansatz (Spreckelsen) und dem verfahrensorientierten Ansatz (Tütken) waren vor allem ihre Lebensweltferne, die geringe Beachtung der Interessen der Kinder und ihr einengender Zuschnitt gewesen. Die nachfolgende Generation der US-Curricula betonte demzufolge zuvor vernachlässigte Aspekte wie etwa die eigenständige Selbsttätigkeit der Kinder und das soziale Lernen in Form der Erzeugung einer Kooperationsfähigkeit. Darüber hinaus werden besonders digitale Medien mit einbezogen. Das von Marquardt-Mau mitgeteilte Beispiel aus dem Curriculum „The Kids Network“ vermag allerdings nicht zu überzeugen. Wie vormals – jetzt aber in Gruppen – erhalten die Kinder penible Arbeitsanweisungen, die sie Schritt für Schritt zu befolgen haben. In dem gegebenen Beispiel sind es neun „Steps“. Am Ende sollen die Kinder dann diskutieren, welche Gruppe wie viel Wasser zu einem „geheimen Stoff“ („strange stuff“) gegeben hat (vgl. 1996, S. 79-82).

Vieles erinnert trotz anderer Absichten überraschend an die Konzeptionen aus den 1960er und 1970er Jahren. Wieder geht es um „Konzepte“ und „Verfahren“ und wieder wird – gemäß der US-amerikanischen Curriculum-Tradition (vgl.

Wiater 2009, S. 130) – penibel schrittweise vorgegangen. An die Stelle kognitiver Lerntheorien treten konstruktivistische Aneignungsvorstellungen, denen zufolge das selbsttätige und sozial-kommunikative Lernen stärker betont werden. Insgesamt wird auch bei diesen Curricula die amerikanische Implementierungstradition sichtbar, die von Experten ausgearbeiteten Curricula möglichst ungebrochen in die schulische Praxis transportieren will, was dazu führt, dass der Vorgabenvorrat hoch und die Entscheidungsfreiheit vor Ort gering sind (vgl. Gundem 1998, S. 12-23). Dadurch wird der regionale Bezug erschwert und der Lebensweltbezug des Unterrichts entfällt häufig. Bei Überlegungen sich für die hiesigen Verhältnisse an diesen oder ähnlichen Curricula orientieren zu wollen, sollten diese Implikationen bedacht werden. Ansonsten bestünde allzu leicht die Gefahr einer Wiederholung der Verfallsgeschichte wie sie der struktur- bzw. konzeptorientierte und der verfahrensorientierte Ansatz des Sachunterrichts erfahren haben.

Neben diesen US-amerikanischen Entwicklungen bleibt die Frage, was von den frühen naturwissenschaftlichen Ansätzen des Sachunterrichts geblieben ist. Es kann vor allen Dingen festgestellt werden, dass diesen Konzeptionen die Naturwissenschaften als Inhalt des Sachunterrichts zu verdanken ist. Ohne diese frühen Entwicklungen wäre es vermutlich nicht zu dieser festen Verankerung, die sich auch auf dem Lehrmittelsektor reichhaltig ausdrückt, physikalischer, chemischer und technischer Bezüge im Sachunterricht gekommen, auch wenn ihr Stellenwert in den Folgejahren wieder abnahm. Im Zuge der Diskussion um die Befunde internationaler Schulvergleichsuntersuchungen (TIMSS, PISA, PIRLS/ IGLU) ist zu bemerken, dass der Bedeutung des biographisch frühen naturwissenschaftlichen Lernens wieder mehr Relevanz zugemessen wird. Diese Tendenzen scheinen neuere inhaltsanalytische Studien zu belegen (vgl. Blaseio 2009), auch wenn manche Einzelbefunde eher ernüchternd ausfallen (vgl. Reichert 2013). Aus der Geschichte lernen hieße in diesem Fall sicherlich auch, vorschnelle Adaptionen und Übertragungen zu vermeiden, um nicht nach einer kurzen Curriculumeuphorie wieder vor einem schnellen Ende zu stehen – dafür sind die naturwissenschaftlichen Inhalte im Sachunterricht viel zu wichtig. Das stärker kindorientierte und offener gestaltete Curriculum Science 5/ 13 (vgl. Schwedes 2011) könnte hier Impulse liefern, die – allerdings verknüpft mit angemessener methodischer Konsequenz – einen Weg zu einem erfolgreichen naturwissenschaftlichen Lehren und Lernen im Sachunterricht aufzeigen könnten.

Der Situationsansatz lebt bis heute in der Elementarpädagogik fort und stellt im internationalen Vergleich einen Sonderweg dar, dem Faust-Siehl in Anlehnung an Tietze und Roßbach „Unterstimulierung" (2001, S. 71) und inhaltliche Beliebigkeit zuschreibt. Diese Probleme räumt auch Jürgen Zimmer als Begründer des Situationsansatzes ein (vgl. Zimmer u.a. 1997, S. 119). Insgesamt bescheinigt Faust-Siehl der gegenwärtigen Ausprägung des Situationsansatzes in der Kindergartenpädagogik einen „»sachbezogenen« Nachholbedarf" (2001, S. 65). Als weitere Minusposten diagnostiziert sie die Unklarheiten des Situationsbegriffes, die mit den bereits weiter oben diskutierten erkenntnistheoretischen Problemen verbunden sind, den einseitigen Anspruch an das soziale Lernen, was das sachliche Lernen oftmals erschwere, sowie das letztlich gescheiterte Einbeziehen der Kinder und vor allem der Eltern bei der Identifizierung von lernrelevanten Situationen. Statt Situationsorientierung empfiehlt Faust-Siehl eine stärkere Akzentuierung der Kompetenzorientierung (vgl. 2001, S. 61-71). Obwohl diese auch von Zimmer ausdrücklich angestrebt wurde, fand sie für den Sachunterricht keine Einlösung. Auch hier bleibt die Frage, was ist geblieben? Die frühen Beiträge von Zimmer führen für den Bereich der Vor- und Grundschulpädagogik bisher wohl am weitgehendsten aus, was unter „Situationsorientierung" zu verstehen sei. Insofern verschaffen sie mehr Klarheit über diese Begrifflichkeit als ein nur benennender Gebrauch. Darüber hinaus betont der Situationsansatz die lebensweltliche Komponente als didaktische Kategorie, die zuvor von den naturwissenschaftlichen Konzeptionen vernachlässigt worden war. In der Elementarpädagogik behauptet der Situationsansatz nach wie vor seinen Platz (vgl. Zimmer 2006), und in der Reggio-Pädagogik (eine in der italienischen Stadt Reggio Emilia entstandene pädagogische Ausrichtung, die die individuellen Stärken der Kinder betont und diese unter besonderer Berücksichtigung der künstlerisch-kreativen Fähigkeiten der Kinder in Projekten entwickelt; vgl. Lingenauber 2011) hat er eine internationale Verwandte erhalten.

Rezeptionsgeschichtlich hat der MPU von den „historischen" Konzeptionen des Sachunterrichts die breiteste Aufnahme gefunden. Im Folgenden wird dieser Zusammenhang schlaglichtartig angedeutet.

Mit Einstellung der Fördermittel der VW-Stiftung fand der MPU am Ende der 1970er Jahre sein rasches Aus. Bereits 1983 wurden die von der CIEL-Arbeitsgruppe entwickelten Materialien vom Klett-Verlag aus dem Programm genommen (vgl. Hiller/ Popp 1994, S. 109). Einen gewissen Versuch der Lebenserhaltung dieser Konzeption stellt der Beitrag von Duncker und Hohberger dar, in dem die Autoren das Thema „Bekleidung/ Mode" nach Maßgabe der vier Rekonstruktionstypen des MPU mehrperspektivisch aufbereiten (vgl. 1980, bes. S. 82-94). In den 1990er Jahren forderten Hiller und Popp fast beschwörend zu einer Rückbesinnung auf den MPU auf (vgl. 1994, S. 111f.). Während der MPU dagegen in der Praxis seit langem vergessen ist und dort auch nie über eine lokal beschränkte Wirkung hinauskam (vgl. Hiller/ Popp 1994, S. 109), so findet er in der didaktischen Diskussion weiterhin Beachtung. Köhnlein sieht ihn mit Bezug auf Hiller und Popp in Hinblick auf die Entwicklungen um den vielperspektivischen Sachunterricht als eine „lohnende Spur" (1999, S. 13), während zeitgenössisch andere Stimmen seine konzeptionelle Zwanghaftigkeit rügten (vgl. Bolscho 1976). Bis in die Gegenwart hinein gilt jedoch sein Aufklärungsethos gerade in Bezug auf Kinder mit ungünstigeren Sozialisationschancen als weiterhin aktuell und paradigmatisch (vgl. Köhnlein 2012, S. 217).

Die nur unter erheblichem Kraftaufwand zu erschließende Theoriebildung des MPU sehen auch Mitstreiter der MPU-Konzeption rückblickend als einen der wichtigsten Gründe für das Ausbleiben seiner praktischen Durchsetzung (vgl. Hiller/ Popp 1994, S. 109). Illustrativ lässt sich an dieser Stelle der MPU als die „Mengenlehre des Sachunterrichts" bezeichnen. Schon zeitgenössisch stellt Bolscho heraus, dass der Leser sowohl bei den didaktischen Kommentaren und erst recht bei den Theoriebänden intensives Einarbeiten, Geduld und Wohlwollen brauche, da die Texte kompliziert und schwer zugänglich seien (vgl. 1976, S. 34 und S. 31). Ein weiterer, schlichterer Grund für die fehlende praktische Rezeption des MPU war der zu hohe Preis für die Materialien. Sie waren den Schulen einfach zu teuer! Auch diesen Umstand gestehen ehemalige Mitstreiter zu (vgl. Hiller/ Popp 1994, S. 109).
Was ist geblieben? Ein wesentliches Verdienst des MPU ist ohne Zweifel die entschlossene Ablösung des Gesamtunterrichts durch ein Neuverständnis von Perspektivität, das bis in die gegenwärtige Diskussion die Didaktik des Sachunterrichts mitgestaltet. Der MPU stellt den ersten ernsthaften Versuch dar, eine qualifizierte Vielperspektivität in der Grundschularbeit didaktisch einzulösen. In diesem Kontext hat der MPU der Didaktik des Sachunterrichts nach der Gemengelage des Gesamtunterrichts die Augen für eine aufmerksame Vielfalt seiner inhaltlichen Bezüge geöffnet. Mit dieser Öffnung des Blickes für eine „erste" und „zweite Realität" (Hiller/ Popp 1994, S. 98) kam der MPU schon dem sehr nahe, was der Konstruktivismus später als „viabel" und damit erkenntnistheoretisch als prinzipiell immer diskutierbar gekennzeichnet hat. Ein weiteres Ziel des MPU war die Hebung des Sachunterrichts gegenüber den lehrgangsbezogenen Fächern der Grundschule. Diese Aufgabe ist bis heute der Didaktik des Sachunterrichts gestellt. Der Perspektivrahmen des Sachunterrichts ist ein Schritt in die Richtung zur erfolgreichen Bearbeitung dieses Problemfeldes (vgl. GDSU 2002 und vgl. GDSU 2013). Insgesamt lässt sich dem MPU rückschauend ins Stammbuch schreiben: theoretisch anspruchsvoll und hier auch bis in die Gegenwart hinein wirksam, praktisch jedoch nahezu folgenlos.
Der exemplarisch-genetisch-sokratische Sachunterricht wirkt bis heute fort, wobei es sich eingebürgert hat, dass er auch kurz als „genetischer Sachunterricht" bezeichnet wird (vgl. Soostmeyer 2002). Der genetische Sachunterricht bearbeitet als zentrale Aufgabe, die Pädagogik Martin Wagenscheins für den Sachunterricht fruchtbar zu machen. Der Freiburger Pädagoge Siegfried Thiel entwickelte ab der zweiten Hälfte der 1960er Jahre einen naturwissenschaftlichen Unterricht, der sich stark an den Einsichten Wagenscheins orientierte. Dabei wurden Unterrichtssequenzen kreiert, erprobt, protokolliert und teilweise als Videoaufzeichnungen dokumentiert, die mittlerweile als geradezu klassisch bezeichnet werden können (vgl. etwa Thiel 1987a und vgl. Thiel 1987b). Systematisch-konzeptionell wurde der genetische Sachunterricht seit den 1980er Jahren von dem Hildesheimer Er-

ziehungswissenschaftler Walter Köhnlein immer weiter und differenzierter ausgeführt, so dass er schließlich eine auf dem genetischen Sachunterricht basierende Theorie des Sachunterrichts vorlegen konnte (vgl. Köhnlein 2012).
Der genetische Sachunterricht geht von eindrücklichen Phänomenen aus und räumt dem gemeinsamen, klärenden Gespräch einen hohen Stellenwert ein. Oberstes Ziel ist es, Verstehen zu bewirken und nicht bloßes Wissen anzuhäufen. Dem Lehrer bzw. der Lehrerin kommt dabei eine höchst anspruchsvolle unterstützende Rolle zu. Neben sachlichen Zielen werden im genetischen Sachunterricht immer auch nicht stoffgebundene Funktionsziele angestrebt. Der genetische Sachunterricht beabsichtigt selbstgesteuertes Lernen, das sich in sozialen Gefügen vollzieht. Hier zeigen sich Berührungspunkte mit dem Konstruktivismus, den der vielperspektivische Sachunterricht als Aneignungstheorie bevorzugt. Genetischer und vielperspektivischer Sachunterricht wollen beide einen Sachunterricht zuwege bringen, der nicht vom fertigen Wissen ausgeht und es die Kinder schlicht nachlernen lässt, sondern die Kinder sollen ihr Wissen selbst erarbeiten, um auf diese Weise zum Verstehen zu gelangen. Daneben sind aber auch orientierende und informierende Unterrichtsabschnitte vorgesehen, die sich jedoch erst in einem Zusammenwirken mit dem exemplarisch-genetisch-sokratischen Sachunterricht legitimieren lassen. Während der vielperspektivische Sachunterricht den Zerfall in „zwei Kulturen" verhindern will, liegen für den genetischen Sachunterricht überwiegend Unterrichtsbeispiele für den naturwissenschaftlichen Kontext vor. Gleichwohl verdeutlichen Unterrichtsvorschläge zu den Thematiken „Feuer", „Buchdruck" und „Tapetenfabrik", indem sie desgleichen auf historische, ökonomische und zudem ästhetische und ethische Aspekte abheben, dass hier über naturwissenschaftliche Zusammenhänge hinausgegangen wird und teilweise auch epochemachende Errungenschaften der Menschheit in den Blick genommen werden (vgl. Thiel 1987a, vgl. Soostmeyer 2002 und vgl. Köhnlein 2012).
Auch der Ansatz der Welterkundung beansprucht, sich um epochemachende Errungenschaften der Menschheit zu bemühen und diese unterrichtlich zu thematisieren. Insgesamt benennt der Ansatz der Welterkundung vier Gegenstandsfelder, die bei der Identifizierung von Unterrichtsinhalten hilfreich sein sollen. Demnach habe sich der Unterricht mit der Bezeichnung Welterkundung neben den epochemachenden Errungenschaften der Menschheit auch um epochaltypische Schlüsselprobleme nach Klafki, um entwicklungstypische Schlüsselfragen und um Methoden der Rekonstruktion der Wirklichkeit zu kümmern. Wie aus diesen Forderungen allerdings ein sinnvolles Curriculum werden soll, wird nicht mitgeteilt. Die Lehrerinnen sollen die Kinder ahnungsvoll belauschen, um auf diese Weise Inhalte des in Welterkundung umbenannten Sachunterrichts zu finden. Der sich als „material" bezeichnende Ansatz macht aber im weiteren Verlauf keine konkreten Angaben zu seiner inhaltlichen Ausgestaltung. Stattdessen wird ein Bild vom Kind und heutiger Kindheit mitgeteilt, das sicherlich „pro Kind" ge-

meint ist, das aber doch mehr Verwirrung als Klärung hinterlässt. Mit kulturkritischer Attitüde wird etwa in Hinblick auf „Medienkindheit" allen Ernstes festgestellt, dass heute schon Sechsjährige „die Verhaltensstandards im internationalen Rauschgiftgeschäft" (Faust-Siel u.a. 1996, S. 65) entschlüsseln könnten. Nicht ganz ohne Süffisanz stellt Kahlert dazu fest, dass wohl noch nicht einmal eine Spezialbehörde wie das Bundeskriminalamt immer in der Lage sein dürfte, die oben angesprochenen Verwicklungen zu durchschauen – ganz davon abgesehen helfen derartige Aussagen überhaupt nicht dabei, relevante Inhalte des Sachunterrichts auszumachen (vgl. Kahlert 2009, S. 51). Überflüssig ist auch die Diskussion um eine neue Namensgebung für das Fach Sachunterricht, denn unter dieser Bezeichnung hat sich diese Disziplin profiliert und sich an den deutschen Universitäten als Didaktik und verbandspolitisch (GDSU) etabliert. Statt über neue Namensgebungen nachzudenken, wäre es sicherlich hilfreicher, auch für den schulischen Bereich auf eine bundesweite Vereinheitlichung der Benennung dieses Faches in „Sachunterricht" hinzuwirken. „Sachunterricht" heißt zwar in den meisten Ländern (12) der Bundesrepublik einheitlich „Sachunterricht", aber es gibt immer noch vier Ausnahmen (diese sind neben Baden-Württemberg – „Mensch, Natur und Kultur" –, Bayern „Heimat- und Sachunterricht", Thüringen „Heimat- und Sachkunde" und Schleswig-Holstein „Heimat-, Welt- und Sachunterricht"; für die Internet-Recherche danke ich M. Ed. Signe Kiesewetter).

Der vielperspektivische Sachunterricht hat Modelle von Dimensionen (Köhnlein) und didaktischen Netzen (Kahlert) entwickelt, die es gestatten, mögliche Inhalte des Sachunterrichts vielfältig auf ihr didaktisches Potential hin zu vermessen. Im Gegensatz zu Vorläufermodellen des vielperspektivischen Sachunterrichts – wie etwa das Komponentenmodell von Hartwig Fiege – bezieht der vielperspektivische Sachunterricht seine Dimensionen auf einen Themenbereich, um so dessen ganze Vielfalt freizulegen. Damit wird eine eindimensionale Themen-Fachzuordnung, wie sie der fachorientierte Ansatz kannte und auch das Fiegesche Modell beförderte, vermieden. Bei multidimensionaler Gestaltung des Sachunterrichts wird hingegen eine fachliche Zersplitterung des Sachunterrichts verhindert. Bieten Themen nach den Dimensionen des Sachunterrichts vielfältige Bezüge, verweist dies auf ihre Ergiebigkeit, was möglicherweise gestattet, ihnen eine exemplarische Bedeutung beizumessen. Des Weiteren hat der vielperspektivische Sachunterricht die Bearbeitung der epochaltypischen Schlüsselprobleme nach Klafki gewinnbringend aufgegriffen.

Verbandspolitische Ausformulierung fand der vielperspektivische Sachunterricht im Perspektivrahmen der Gesellschaft für Didaktik des Sachunterrichts (vgl. GDSU 2002). Dieser bündige Text entfaltete seitdem eine hohe Wirksamkeit bei der Neugestaltung zahlreicher landesweiter Bildungsvorgaben (vgl. beispielsweise KM Niedersachsen 2017). Auch die Nachfrage in der Lehrerschaft und bei den Studierenden war stets sehr hoch gewesen. Zwischenzeitlich ist der Perspektivrah-

men überarbeitet, erheblich erweitert und in einer Neufassung vorgelegt worden (vgl. GDSU 2013). Aneignungstheoretisch bezieht sich der vielperspektivische Sachunterricht auf den moderaten Konstruktivismus, wobei deutlich wurde, dass hier Gemeinsamkeiten mit der Wagenscheinschen Pädagogik feststellbar sind. Dies gilt sowohl für das selbstgesteuerte Lernen als auch für die Bedeutung des Gesprächs in Lern- und Verstehensprozessen.
Die Diskussion um die Konzeptionen des Sachunterrichts verweist immer wieder auf überdauernde Grundprobleme dieses Fachs, die besonders in bestimmten Beziehungen deutlich werden. Nur einige seien benannt:

1. Wie stehen Eigenerfahrungen und Selbstlernprozesse der Kinder den didaktisch vermittelten Belehrungsbemühungen gegenüber?
2. Wie verhalten sich die Forderung nach inhaltlicher Vielfalt und die Gefahr inhaltlicher Entgrenzung zueinander?
3. Wie sieht das Verhältnis zwischen didaktischem Entwurf und unterrichtlicher Realität aus?
4. Wie werden die Eigenrechte des Kindes zu gesellschaftlichen und fachlich-wissenschaftlichen Anforderungen in Beziehung gesetzt?

Den ersten drei Fragenkomplexen soll im folgenden Text kurz nachgegangen werden. Der vierte Zusammenhang soll mit Hilfe einer Graphik beschrieben werden, die von Krebs angeregt wurde (vgl. 1977, S. 188) und für den eigenen Diskussionsbeitrag erweitert worden ist.

Zu 1.: Die erläuterten Konzeptionen des Sachunterrichts markieren Pendelausschläge zwischen der Betonung des Eigenlernens der Kinder und dem Bemühen um didaktisch kleingearbeitete Belehrungsanstrengungen, wobei es vermittelnde Positionen gibt. Diese werden vor allem vom vielperspektivischen Sachunterricht und vom genetischen Sachunterricht eingenommen, wobei Letzterer vielleicht noch stärker auf die Selbstlernprozesse der Kinder eingeht.
Den frühen wissenschaftsorientierten Ansätzen – gemeint sind hier die fachorientierte und die naturwissenschaftlichen Konzeptionen – ist eindeutig ein Belehrungsüberhang zu attestieren, wobei der verfahrensorientierte Ansatz noch am ehesten kindgemäße Lehr- und Lernformen berücksichtigte.
Obwohl sich der MPU ausdrücklich auf das Projekt als Unterrichtsform beruft und den „spielerischen Modellcharakter" seiner Unterrichtsinszenierungen betont, tendiert er jedoch aufgrund seines hohen kognitiven Anspruchs und seines nahezu messianischen Aufklärungswillens über die gesellschaftlichen Verhältnisse deutlich zur Belehrungsfraktion. Der Situationsansatz pendelt seinerseits wieder stärker zum Eigenlernen der Kinder, wobei jedoch festzuhalten ist, dass die Curriculum-Ära zumindest unterschwellig immer dazu neigte, die Belehrungsanteile im Unterricht besonders zu betonen. Deutlich beim Lernen des Kindes ist der

naturwissenschaftliche Sachunterricht in der Ausprägung nach Science 5/ 13, das konsequent auf das entdeckende Lernen setzt. Die Welterkundung baut voll auf das Eigenlernen der Kinder und sieht die Lehrerin als ahnungsvolle „Ablauscherin" kindlicher Lernbedürfnisse.

Zu 2.: Seit den Zeiten des Gesamtunterrichts steht der Realienunterricht im Grundschulbereich in der Gefahr inhaltlicher Beliebigkeit, die von einer inhaltlichen Überfrachtung bis zu einer niveaulosen Verschulung von Alltagswissen reichen kann. Nach Lesart des struktur- bzw. konzeptorientierten und des verfahrensorientierten Ansatzes war der frühe Sachunterricht durch Curriculumvorgaben inhaltlich klar festgelegt, dadurch aber auch eingeschnürt und unflexibel. Desgleichen war der fachorientierte Ansatz inhaltlich durch seine lehrplanmäßige Absicherung recht verbindlich, jedoch durch seinen deutlich ausgeprägten propädeutischen Zuschnitt aus der Sicht der Grundschule gleichsam fremdbestimmt.
Die situationsorientierte Konzeption und der MPU verstanden sich beide ausdrücklich als offene Curricula, die ihre Unterrichtsvorschläge vor allem als Anregungen sahen. Gleichwohl haben beide Ansätze eine Fülle von Materialien und Ausarbeitungen hervorgebracht, die eindeutig inhaltliche Zuordnungen vornahmen. So legte die Arbeitsgruppe um Jürgen Zimmer 28 materialreiche Einheiten zum sozialen Lernen vor. Die COLFS-Arbeitsgruppe entwickelte eine Reihe von Teilcurricula zu natur- und sozialwissenschaftlichen Themen, die anfangs noch dem fachorientierten Ansatz verbunden waren, von dem sie sich aber in der Folgezeit entfernten (vgl. Dallmann/ Meißner 1980 a , S. 135f.). Die CIEL-Arbeitsgruppe legte ihrerseits 10 Curricula vor, die ebenfalls eine Fülle von inhaltlichen Bezügen und Varianten anboten. Auch der sich entschieden als offenes Curriculum verstehende naturwissenschaftliche Sachunterricht im Verständnis von Science 5/ 13 unterbreitete inhaltliche Ausarbeitungen, die in ihrer sachlichen Durchdringung der jeweiligen Gegenstandsbereiche bis heute lesenswert sind (vgl. z.B. Schwedes 1977).
Der genetische Sachunterricht ist vorwiegend naturwissenschaftlich ausgerichtet. In lockerer Folge liegen unterrichtliche Beispiele vor, teilweise in Form von Unterrichtsprotokollen, die meist auf Siegfried Thiel zurückgehen (vgl. etwa 1984). Darüber hinaus hat Soostmeyer eine umfangreiche Sammlung von Vorschlägen und Analysen zum Sachunterricht auf CD-ROM und in Buchform vorgelegt (vgl. 2002). Ebenso hat Köhnlein Unterrichtsbeispiele ausgeführt und kommentiert, die er im vorliegenden Kontext als „Lehrstücke" bezeichnet (vgl. 2012, S. 227). Die drei genannten Autoren sind allesamt dem genetischen Sachunterricht verpflichtet. Ein systematisches Curriculum zum exemplarisch-genetisch-sokratischen Sachunterricht liegt nicht vor. Die vorhandenen Unterrichtsanalysen (z.B. Köhnlein 2012) und die darüber hinaus vorliegenden Protokolle und Kinderaussagen zu naturwissenschaftlichen Phänomenen, Aufgabenstellungen und

Problemzusammenhängen eigenen sich wiederum in ausgezeichneter Weise zur Untersuchung von Denk- und Lernprozessen von Kindern in einem niveauvollen Sachunterricht (vgl. Thiel in Wagenschein 2010 und vgl. Furtner 2012).
Der Ansatz Welterkundung bleibt inhaltlich ohne Gestalt und liefert somit den umbenannten Sachunterricht der Gefahr aus, in einem bloßen Gelegenheitsunterricht banalen Alltagsaktualitäten zu erliegen. Der vielperspektivische Sachunterricht hingegen bietet belastungsfähige inhaltliche Dimensionen an, mit denen potentielle Inhalte des Sachunterrichts multidimensional und elaboriert erschlossen werden können. Ihre Anwendung darf aber nicht zu stofflicher Überfrachtung oder zu einem gesamtunterrichtlich verstandenen Suchen nach „Anschlussstoffen“ im Sinne der überkommenen „Klebekonzentration“ führen. Beispiele für die multidimensionale und vielperspektivische Vermessung von Inhalten des Sachunterrichts liegen von Köhnlein (vgl. z.B. 1996 und 2012) und Kahlert (vgl. z.B. 2009) und in diesem Band vor.

Zu 3.: Über die durch die didaktischen Entwürfe beeinflusste Realgestalt von Unterricht lässt sich nur schwer und unsicher etwas sagen, ist doch die Realgestalt von Unterricht – nicht nur im bildungshistorischen Forschungsfeld (vgl. Keck 1994, S. 21) – viel zu selten Gegenstand von Forschungsbemühungen. Für den fachorientierten Sachunterricht darf angenommen werden, dass er die Unterrichtspraxis zeitweise merklich beeinflusste, da er sich auf der Lehrplanebene abbildete und sich somit in der Gestaltung von Unterrichtswerken zum Sachunterricht wiederfand, die die zeitgenössische Lehrerschaft auch einsetzten.
Nach der Ablösung der Heimatkunde durch den neuen Sachunterricht zeigten inhaltsanalytische Studien einen Modernisierungsschub auf (vgl. Schreier 1979). Vor allen Dingen vollzogen zunächst die Naturwissenschaften einen Siegeszug im Sachunterricht, der ihren Anteil deutlich zunehmen ließ.
Dass dazu auch die frühen naturwissenschaftlichen Konzeptionen beitrugen, kann sicherlich mit einigem Recht gesagt werden, zumal sie besonders die Entwicklung von naturwissenschaftlichen Unterrichtsmaterialien reichhaltig anregten. Nach der Abkehr von der Wissenschaftsorientierung sank der Anteil der Naturwissenschaften wieder auf das alte Niveau zurück (vgl. Einsiedler/ Schirmer 1986). Auch das offene Curriculum Science 5/ 13 konnte daran nichts ändern, obwohl es im Trend der Zeit lag, denn eine neue „Kindorientierung“ hielt Einzug in die Grundschule und drängte streng wissenschaftsorientierte und lehrgangsförmig aufbereitete Inhalte im Sachunterricht zurück. Ob daran auch der Situationsansatz wesentlich beteiligt war, ist zu bezweifeln, denn er entfaltete sich wirksam vor allem im Elementarbereich und wird gerade in Hinblick auf die sachlich-inhaltliche Förderung der Kinder sehr kritisch eingeschätzt (vgl. Faust-Siehl 2001). Der Grund für die „neue Kindorientierung“ wird eher in einer Renaissance reformpädagogischer Muster im ausgehenden 20. Jahrhundert zu sehen

sein, wobei freilich der Aspekt der Erziehung zur Demokratie eine bestimmte Rolle spielte. Die Reformpädagogik artikulierte sich wesentlich gesellschaftsferner (vgl. Neuhaus-Siemon 2000).
Generell lässt sich für die Konzeptionen des Sachunterrichts sagen, dass sie die Qualität des Sachunterrichts bestimmt so lange beeinflussten und verbesserten, wie vor Ort ein Forschungs- und Evaluationsimpuls vorhanden war und die Unterrichtenden zumindest teilweise selbst in die Curriculumentwicklung eingebunden waren. Auf diesen Umstand machen beispielsweise Hiller und Popp im Zusammenhang mit dem MPU aufmerksam (vgl. 1994, S. 109).
Der genetische Sachunterricht hat bundesweit Eingang in die Lehre der Didaktik des Sachunterrichts gefunden. Eine Reihe von Hochschullehrerinnen und Hochschullehrern repräsentiert diesen Ansatz oder sie stehen ihm zumindest nahe. In diesem Zusammenhang sei hier nur – ohne Anspruch auf Vollständigkeit – auf die Beiträger zu dem weiter oben schon erwähnten Wagenschein-Buch hingewiesen (vgl. Cech u.a. 2001). Es darf festgestellt werden, dass ein namhafter Kreis der in der Didaktik des Sachunterrichts Forschenden und Lehrenden für die Fortschreibung und Weiterentwicklung der Pädagogik Martin Wagenscheins in Bezug auf den Sachunterricht arbeitet (vgl. etwa Möller 2007 und vgl. Köhnlein 2012), so dass die Hoffnung nicht unberechtigt erscheint, dass dies nicht ganz ohne Folgen für die Praxis des Sachunterrichts geblieben ist und bleiben wird.
Der vielperspektivische Sachunterricht, der sich besonders im naturwissenschaftlichen Bereich durchaus in Einklang mit dem genetischen Sachunterricht befindet, bildet sich u.a. auch im Perspektivrahmen des Sachunterrichts ab. Im Gegensatz zu den hier behandelten Konzeptionen, die von einzelnen Arbeitsgruppen entwickelt worden sind, ist der Perspektivrahmen sowohl in der ersten Auflage als auch in der neuen, zweiten Auflage aufgrund eines bundesweit von der GDSU geführten Diskurses zustande gekommen. Der Perspektivrahmen benennt und führt fünf Perspektiven aus: die sozialwissenschaftliche, die naturwissenschaftliche, die geographische, die historische und die technische Perspektive. Diese Bereiche werden nun nicht kursartig angegangen, womit dem fachbezogenen Ansatz unversehens ein Comeback beschert werden würde, sondern diese Bezüge müssen miteinander verzahnt werden. Daher werden auch Vernetzungsbeispiele ausgeführt, die deutlich werden lassen, wie an einem Lernzusammenhang mehrere Perspektiven erarbeitet werden können (vgl. GDSU 2002 und 2013).

Zu 4.: die Einordnung der diskutierten Konzeptionen nach Kind-, Gesellschafts- und Wissenschafts- bzw. Fachbezug geschieht idealtypisch und aufgrund der im vorliegenden Text entwickelten Standpunkte. Vorbild ist das Schaubild, das Krebs seinerzeit ihrem Beitrag vorangestellt hatte (vgl. 1977, S. 188). Dabei wird der Einordnung des fachorientierten Ansatzes und der beiden frühen naturwissenschaftlichen Konzeptionen gefolgt. Science 5/ 13 wollte sich stärker um die Belange der Kinder kümmern und befindet sich daher in der Schnittmenge von „Kind" und „Wissenschaft/ Fachbezug". Aufgrund der eigenen Befunde wird der MPU jedoch ausschließlich dem Bezugsfeld „Gesellschaft" zugeordnet. Der Situationsansatz wird hingegen deutlicher in Richtung „Kind" gesehen, da sich die Verbindlichkeit gesellschaftlich vermittelter Inhalte in dieser Konzeption als wenig stabil erwiesen hat. Der Ansatz der Welterkundung wird aufgrund seiner inhaltlichen Unbestimmtheit, die weder gesellschaftlich noch wissenschaftlich-fachlich abgesichert ist, dem Bezugsfeld „Kind" eingruppiert. Die Zuordnung des exemplarisch-genetisch-sokratischen Sachunterrichts in die Schnittmenge von „Kind" und „Wissenschaft/ Fachbezug" bezieht sich auf den Entstehungszusammenhang dieses Ansatzes, in dem es zunächst um die gegenseitige Öffnung von Kind und Sache (Wissenschaft) im Sinne der „doppelseitigen Erschließung" (Klafki) ging. Ziel ist, das Recht auf „Verstehen" einzulösen, wobei nicht übersehen wird, dass verstandenes Wissen immer auch ein Beitrag zur Demokratie ist und damit auch gesellschaftliche Aspekte ins Spiel kommen. Dennoch soll der zuvor dargelegte Zusammenhang mit der hier vorgenommenen Einteilung betont werden. Die Zuordnung des vielperspektivischen Sachunterrichts wird aus den vorliegenden Ausführungen dazu klar. Gleichwohl wohnen ihr auch optimistische Hoffnungen inne, die sich allerdings seit der 3. Auflage dieses Buches vernehmlich bestätigt haben, was besonders an den Publikationen von Köhnlein (vgl. 2012) und der GDSU (vgl. 2013) deutlich wird.

Idealtypische Zuordnung der Konzeptionen des Sachunterrichts innerhalb der Spannungsfelder: Kind – Gesellschaft – Wissenschaft/ Fachbezug

Abkürzungen: FachO = Fachorientiertes Curriculum, StrukO = Struktur- bzw. konzeptorientiertes Curriculum, VerO = Verfahrensorientiertes Curriculum, SitA = Situationsansatz, MPU = Integrativ-mehrperspektivischer Unterricht, GSU = Exemplarisch-genetisch-sokratischer Sachunterricht bzw. genetischer Sachunterricht, WErk = Welterkundung, Science 5/ 13, VPSU = Vielperspektivischer Sachunterricht

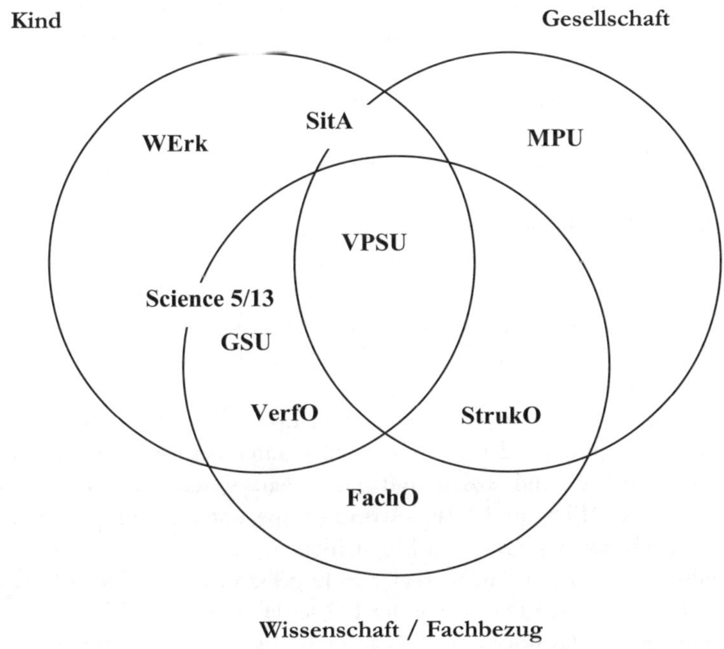

5. Die Periodisierung der weiteren Entwicklung des Sachunterrichts nach 1945 und Schlussbemerkungen

Abschließend soll ein Vorschlag zur Periodisierung der Geschichte des modernen Sachunterrichts beginnend mit seinen frühen Vorläufermodellen bis in die Gegenwart hinein gemacht werden. Vor dem Hintergrund der vorliegenden Ausführungen wird folgende Einteilung vorgenommen:

- Von Kriegsende bis 1954: Wiederanknüpfen an den Konzeptionen des Gesamtunterrichts und der Heimatkunde der Weimarer Grundschule unter gleichzeitiger Rezeption von Sprangers Schrift „Der Bildungswert der Heimatkunde" (1923), die nach der ersten Drucklegung erst 20 Jahre später und dann nach dem Krieg weitere Auflagen erfährt.
- 1954-1967: Interne Reformansätze in der Heimatkunde beginnend mit Ilse Rother (später Lichtenstein-Rother) (vgl. 1954; 7. Auflage 1969) über Karnick (vgl. 1958 und 1964) und Rabenstein/ Haas (vgl. 1965) bis hin zu Fiege (vgl. 1967).
- 1966/ 1967-1970: Die Ablösung der gesamtunterrichtlichen Heimatkunde durch den wissenschaftsorientierten Sachunterricht mit den Stationen: die Artikelserie zur Reform der Grundschule von Schwartz (vgl. 1966/ 1967), der Frankfurter Grundschulkongreß (1969), der Strukturplan für das Bildungswesen (vgl. Deutscher Bildungsrat 1970) und die KMK-Empfehlungen zur Arbeit in der Grundschule aus dem Jahre 1970.
- Die 1970er Jahre bis 1980: Es kommt zur Ausformulierung wissenschaftsorientierter Konzeptionen des Sachunterrichts unter naturwissenschaftlicher (Spreckelsen, Tütken) und sozial- und gesellschaftswissenschaftlicher Rücksicht (Zimmer, COLFS- und CIEL-Arbeitsgruppe unter Leitung von Dallmann bzw. Giel). Die Grenzen und Möglichkeiten von politischer Bildung in der Grundschule werden diskutiert (vgl. z.B. Engelhardt 1971). Ein vorläufiges Ende der konzeptionellen Diskussion der 1970er Jahre stellt der KMK-Bericht „Tendenzen und Auffassungen zum Sachunterricht in der Grundschule" dar (vgl. 1980).

Merkposten der weiteren Entwicklungen:

- In den 1980er Jahren ist eine Neubesinnung auf Kindorientierung festzustellen, oftmals nach Mustern aus der Reformpädagogik.
- Neue Inhalte drängen in die Grundschule und damit in den Sachunterricht. Zwei Beispiele seien genannt: Umwelterziehung (vgl. Bolscho/ Eulefeld/ Sey-

bold 1980 und vgl. Schwarz 1991) und Interkulturelle Erziehung (vgl. Glumpler 1996).

- Die Gründung der Gesellschaft für Didaktik des Sachunterrichts (GDSU) in Berlin 1992 zieht gedeihliche Tagungs- und Forschungsaktivitäten nach sich, die vor allem durch die Publikationsreihen „Probleme und Perspektiven des Sachunterrichts" und „Forschungen zur Didaktik des Sachunterrichts" dokumentiert werden.
- 1992: Wolfgang Klafki erörtert im Rahmen des Gründungskongresses sechs epochaltypische Schlüsselprobleme, die es – neben anderem – im Sachunterricht zu bearbeiten gelte.
- Ab 1990 kommt es zur Entfaltung des Dimensionierungsmodells von Köhnlein (vgl. 1990). Kahlert folgt ab 1994 mit seinem Ansatz der didaktischen Netze (vgl. 1994).
- 2001: Mit der Vorlage des Forschungs- und Sammelbandes „Die Aktualität der Pädagogik Martin Wagenscheins für den Sachunterricht" (vgl. Cech u.a. 2001) erfährt die Wagenschein-Rezeption in der Didaktik des Sachunterrichts einen wichtigen Höhepunkt.
- 1999-2002: Erarbeitung des Perspektivrahmens Sachunterricht in einem bundesweiten Diskurs durchgeführt von der GDSU (vgl. 2002).
- 2004: Baden-Württemberg löst das Grundschulfach Sachunterricht zugunsten des Lernbereichs „Mensch, Natur und Kultur" auf.
- 2004: Der erste länderübergreifende Rahmenplan Grundschule entsteht, den die Bundesländer Berlin, Brandenburg und Mecklenburg-Vorpommern erarbeitet haben. Damit heißt „Sachunterricht" in den meisten Ländern (12) der Bundesrepublik nun auch einheitlich „Sachunterricht" (Ausnahmen neben Baden-Württemberg sind Bayern „Heimat- und Sachunterricht", Thüringen „Heimat- und Sachkunde" und Schleswig-Holstein „Heimat-, Welt- und Sachunterricht"; für die Internet-Recherche danke ich M. Ed. Signe Kiesewetter).
- 2006: Am Beispiel des Landes Niedersachsen wird die Umorientierung in der Lehrplanarbeit deutlich. Dort wird von der Struktur her in Anlehnung an den Perspektivrahmen ein Kerncurriculum eingeführt, das desgleichen fünf inhaltliche Perspektiven des Sachunterrichts benennt. In seinem weiteren Aufbau verlässt es allerdings die kontinental-europäische Didaktik-Tradition (Input-Orientierung: was sollen die Kinder wann lernen?) zugunsten des kompetenzbezogenen anglo-amerikanischen Curriculum-Verständnisses (Output-Orientierung: was sollen die Kinder wie können?) (vgl. KM-Niedersachsen 2006).
- 2007: Nachdem propädeutische Aufgaben des Sachunterrichts von Beginn an reflektiert worden sind, richtet sich nunmehr der Blick auch auf die Anschlussfähigkeit des Sachunterrichts in Bezug auf die elementarpädagogische Arbeit. In einer zentralen Publikation wird der Sachunterricht im Anfangsunterricht der Grundschule aspektreich entfaltet (vgl. Gläser 2007).

- 2007: Das Handbuch Didaktik des Sachunterrichts setzt einen weiteren Meilenstein in der wissenschaftlichen Selbstentfaltung dieser noch recht jungen wissenschaftlichen Disziplin (vgl. Kahlert u.a. 2007); sie gewinnt dadurch weiter an Profil.
- 2007/ 2008: Interdisziplinäre Aufgaben des Sachunterrichts werden etwa im Bereich der Bildung für Nachhaltige Entwicklung (BNE) und der ökonomischen Bildung in der Grundschule weiterführend ausformuliert (vgl. Hauenschild/ Bolscho 2007 und Bolscho/ Hauenschild 2008).
- 2012: Walter Köhnlein legt mit seinem Werk „Sachunterricht und Bildung" eine genetische und vielperspektivische Theorie des Sachunterrichts vor, die bildungstheoretisch rückgebunden ist und Weiterungen zum Sachlernen von Kindern im Grundschulalter auch außerhalb der Schule aufzeigt (vgl. 2012).
- 2013: Die GDSU gibt den Perspektivrahmen Sachunterricht in überarbeiteter und erweiterter Neufassung heraus.
- 2015: Das Handbuch Didaktik des Sachunterrichts erfährt eine zweite Auflage und etabliert sich als Standardwerk (vgl. Kahlert u.a. 2015).

Die historische und konzeptionelle Analyse machte deutlich, dass „Heimat" als didaktische Leitkategorie ausgedient hat und bestenfalls ein Bezug unter anderen sein kann (vgl. Götz 2003). Darüber hinaus konnte die vorliegende Arbeit die Entwicklung der Heimatkunde und des Sachunterrichts aufzeigen. Dabei wurde deutlich, dass Kind- und Sachbezug für den Sachunterricht nicht gegeneinander ausgespielt werden dürfen. Der genetische und der vielperspektivische Sachunterricht, die sich besonders im naturwissenschaftlichen Bereich stark durchdringen, scheinen diesen Anspruch am ehesten einzulösen, indem sie Kind und Sache pädagogisch-didaktisch sinnvoll und fruchtbar aufeinander beziehen. Der gegenwärtige Entwicklungsstand des Sachunterrichts wird vor allem durch den Perspektivrahmen (vgl. GDSU 2013), durch das Handbuch Didaktik des Sachunterrichts (vgl. Kahlert u.a. 2007) und durch Köhnleins Theorie des Sachunterrichts (vgl. 2012) verdeutlicht. Diese Publikationen finden eine breite Rezeption. Dies trägt in hohem Maße dazu bei, das Fach Sachunterricht inhaltlich zu stärken und zu profilieren, damit dem Sachunterricht u.a. auch im Unterrichtsalltag vollends der Rang eingeräumt wird, der ihm von seiner Bedeutung her für die Befähigung von Kindern zur Erschließung ihrer Umwelt zukommt.

Vielperspektivität und genetische Orientierung sind die Hauptmerkmale des derzeitigen Sachunterrichts, der sich zudem einer konstruktivistisch ausgerichteten Aneignungstheorie verpflichtet sieht. Diese betont vor allem das Vorwissen der Kinder, die Selbststeuerung und Selbstständigkeit ihrer Lernprozesse sowie die Erarbeitung des zu verstehenden Wissens in ko-konstruktiven Diskursen bzw. gründlichen und durchdenkenden Gesprächen.

konstruktiv exemplarisch – *genetisch* – sokratisch vielperspektivisch

Dieses Beziehungsgeflecht hat Köhnlein in dieser graphischen Darstellung auf den Punkt gebracht (2012, S. 99). Im Zentrum steht danach das Genetische; denn mit Kindern im Grundschulalter den Weg zu beginnen, der über Erkunden, Entdecken, Erfinden, Lernen und Wissen zum Verstehen der Welt führt, bleibt der unhintergehbare Zielhorizont des Sachunterrichts.

Literatur

Abelshauser, Werner: Die Langen Fünfziger Jahre. Wirtschaft und Gesellschaft der Bundesrepublik Deutschland 1949-1966. Düsseldorf: Schwann 1987.

AfU Arbeitsgruppe für Unterrichtsforschung, Göttingen: Kinder und ihre natürliche Umwelt. 1. Lernjahr, 1. und 2. Halbband. Frankfurt am Main, Berlin, München: Diesterweg 1977.

AfU Arbeitsgruppe für Unterrichtsforschung, Göttingen: Weg in die Naturwissenschaft. In: Die Grundschule 3 (1970), S. 21-27.

Allgemeine Bestimmungen für die Volks- und Mittelschulen in Preußen (1872). In: Michael, Berthold/ Schepp, Heinz-Hermann: Die Schule in Staat und Gesellschaft. Dokumente zur deutschen Schulgeschichte. Quellensammlung zur Kulturgeschichte. Göttingen, Zürich: Muster-Schmidt 1993, S. 179-183.

Arbeitskreis Grundschule/ Schwartz, Erwin (Hrsg.): Begabung und Lernen im Kindesalter. Frankfurt am Main 1970a.

Arbeitskreis Grundschule/ Schwartz, Erwin (Hrsg.): Inhalte grundlegender Bildung. Frankfurt am Main 1970b.

Autorenkollektiv: Zum Beitrag der Heimatkunde für die Persönlichkeitsentwicklung der Schüler (1985). In: Plöger, Wilfried/ Renner, Erich (Hrsg.): Wurzeln des Sachunterrichts. Genese eines Lernbereichs in der Grundschule. Weinheim, Basel: Beltz 1996, S. 213-216.

Banholzer, Agnes: Die Auffassung physikalischer Sachverhalte im Schulalter. Dissertation Universität Tübingen (Stuttgart 1936). Herausgegeben und eingeleitet von Bernd Feige und Hilde Köster. Forschungen zur Didaktik des Sachunterrichts, Band 8. Bad Heilbrunn: Klinkhardt 2008.

Banholzer, Agnes: Kinder untersuchen physikalische Sachverhalte. Ergebnisse ihrer Dissertation (Universität Tübingen 1936) synoptisch zusammengefasst und kommentiert von Martin Wagenschein. In: Wagenschein, Martin: Kinder auf dem Wege zur Physik. Mit Beiträgen von Agnes Banholzer, Siegfried Thiel, Wolfgang Faust. Vorwort Andreas Flitner. Weinheim, Basel: Beltz (1973) 2010, S. 76-89.

Benedict, Claudia/ Bolte, Claus: Erste Schritte der Analyse konzeptueller naturwissenschaftlicher Kompetenzen von Kindern im Grundschulalter. In: Giest, Hartmut/ Wiesemann, Jutta (Hrsg.): Kind und Wissenschaft. Probleme und Perspektiven des Sachunterrichts, Band 18. Bad Heilbrunn: Klinkhardt 2008, S. 263-275.

Berenz, Sina: Verkehrserziehung in der Grundschule: Curriculum Mobilität als Neuorientierung auch in der Primarstufe? Unveröffentlichte Masterarbeit im Studiengang M. Ed. Hildesheim 2009 (Standort: Universitätsbibliothek Hildesheim).

Blankertz, Herwig: Die Geschichte der Pädagogik. Von der Aufklärung bis zur Gegenwart. Wetzlar: Büchse der Pandora 1982.

Blaseio, Beate: Neue Entwicklungstendenzen der Inhalte des Sachunterrichts. In: Zeitschrift für Grundschulforschung 1 (2009), S. 117-131.

Blough, Glenn O.: Zur Entwicklung naturwissenschaftlicher Lehrpläne in der Elementarschule. In: Tütken, Hans/ Spreckelsen, Kay: Zielsetzung und Struktur des Curriculum, Band 1. Frankfurt am Main, Berlin, München: Diesterweg 1971², S. 87-95.

Bolscho, Dietmar/ Eulefeld, Günter/ Seybold, Hansjörg: Umwelterziehung: neue Aufgaben für die Schule. München: Urban & Schwarzenberg 1980.

Bolscho, Dietmar/ Hauenschild, Katrin (Hrsg.): Ökonomische Bildung mit Kindern und Jugendlichen. Frankfurt am Main u.a.: Lang 2008.

Bolscho, Dietmar: „Partituren" zum Sachunterricht – Beschreibung des Teilcurriculums „Schule" für einen mehrperspektivischen Sachunterricht. In: Lehrmittel aktuell 5 (1976), S. 29-34.

Borowsky, Peter: Zeiten des Wandels. Deutschland 1961-1974. Informationen zur politischen Bildung 258 (1998).

Borsche, Tilmann: Polemik als Argument. Kritische Bemerkungen zu Friedrich Immanuel Niethammers Kritik der philanthropi(ni)stischen Pädagogik. In: Keck, Rudolf W. (Hrsg.): Spätaufklärung und Philanthropismus in Niedersachsen. Hildesheim, Zürich, New York: Olms 1993, S. 217-227.

Bruner, Jerome S.: Die Wichtigkeit der Struktur. In: Tütken, Hans/ Spreckelsen, Kay: Zielsetzung und Struktur des Curriculum, Band 1. Frankfurt am Main, Berlin, München: Diesterweg 1971², S. 67-77.

Cech, Diethard u.a.: Die Aktualität der Pädagogik Martin Wagenscheins für den Sachunterricht. Bad Heilbrunn: Klinkhardt 2001.

CIEL-Arbeitsgruppe Reutlingen: Stücke zu einem mehrperspektivischen Unterricht. Einführung Übersicht Nutzungsvorschläge Implementierungsprogramm. Stuttgart: Klett 1976.

Dallmann, Gerhard/ Meißner, Klaus: Beiträge des COLFS-Projekts zur Entwicklung und Umsetzung einer situationsorientierten Didaktik im Sachunterricht. In: Ziechmann, Jürgen (Hrsg.): Sachunterricht in der Diskussion. Konzepte und Projekte modernen Sachunterrichts. Braunschweig: Westermann 1980a, S. 96-136.

Dallmann, Gerhard/ Meißner, Klaus: Situationsorientierte Umwelterziehung. Prinzipien der Situationsorientierung des Sachunterrichts. In: Grundschule 4 (1980b), S. 164-167.

Das Bildungswesen in der DDR. Informationen über Ziele, Inhalte, Ergebnisse. Redaktion „Aus erster Hand". Berlin, Dresden: Verlag Zeit im Bild, DDR 1987.

Der Grundschulkongreß vom 2.-5. Oktober 1969. In: Meiers, Kurt (Hrsg.): Erwin Schwartz und sein Beitrag zur Reform der Grundschule. Texte und Dokumente aus den Jahren 1966 bis 1970. Heinsberg: Dieck 1999, S. 88-193.

Deutscher Bildungsrat: Empfehlungen der Bildungskommission. Strukturplan für das Bildungswesen. Stuttgart: Klett 1970².

Dietrich, Theo (Hrsg.): Die pädagogische Bewegung „Vom Kinde aus". Klinkhardts Pädagogische Quellentexte. Bad Heilbrunn: Klinkhardt 1975².

Dietrich, Theo (Hrsg.): Die pädagogische Bewegung „vom Kinde aus". Klinkhardts Pädagogische Quellentexte. Bad Heilbrunn 1982; darin besonders „Die Bremer Reformer", S. 101-115.

DJI Arbeitsgruppe Vorschulerziehung des Deutschen Jugendinstituts: Curriculum Soziales Lernen: didaktische Einheiten für den Kindergarten. München 1980.

Dörpfeld, Friedrich Wilhelm: Schriften zur Theorie des Lehrplans (1873). Klinkhardts Pädagogische Quellentexte. Bad Heilbrunn 1962.

Dubs, Rolf: Konstruktivismus: Einige Überlegungen aus der Sicht der Unterrichtsgestaltung. In: Zeitschrift für Pädagogik 6 (1995), S. 889-903.

Duncker, Ludwig: Pädagogische Anthropologie des Kindes. In: Einsiedler, Wolfgang/ Götz, Margarete/ Hartinger, Andreas/ Heinzel, Friederike/ Kahlert, Joachim/ Sandfuchs, Uwe (Hrsg.): Handbuch Grundschulpädagogik und Grundschuldidaktik. Bad Heilbrunn: Klinkhardt 2011³, S. 149-153.

Duncker, Ludwig/ Hohberger, Gerhard: Mehrperspektivität und Handlungsfähigkeit im Unterricht. Konzeptionen und Beispiele einer alltagsorientierten Didaktik. In: Ziechmann, Jürgen (Hrsg.): Sachunterricht in der Diskussion. Konzepte und Projekte modernen Sachunterrichts. Braunschweig: Westermann 1980, S. 59-95.

Duncker, Ludwig/ Popp, Walter: Der schultheoretische Ort des Sachunterrichts. In: Duncker, Ludwig/ Popp, Walter (Hrsg.): Kind und Sache. Zur pädagogischen Grundlegung des Sachunterrichts. Weinheim, München: Juventa 1994, S. 15-27.

Einsiedler, Wolfgang/ Schirmer, Gudrun: Sachunterrichtsreform und Unterrichtsgestaltung. Eine Analyse von Schülerarbeitsmappen 1968-1981. In: Die Deutsche Schule 3 (1986), S. 316-326.

Einsiedler, Wolfgang: Lernspiele. In: Keck, Rudolf W./ Sandfuchs, Uwe/ Feige, Bernd (Hrsg.): Wörterbuch Schulpädagogik. Ein Nachschlagewerk für Studium und Schulpraxis. Bad Heilbrunn 2004²a, S. 287f.

Einsiedler, Wolfgang: Spiel. Keck, Rudolf W./ Sandfuchs, Uwe/ Feige, Bernd (Hrsg.): Wörterbuch Schulpädagogik. Ein Nachschlagewerk für Studium und Schulpraxis. Bad Heilbrunn 2004²b, S. 465-467.

Einsiedler, Wolfgang: Unterrichtsmethoden in der Heimat- und Sachkunde. In: Sauter, Helmut (Hrsg.): Heimat- und Sachkunde in der Grundschule. Donauwörth: Auer 1976, S. 21-37.

Eisenhauer, Hannelore/ Kohl, Klaus: Martin Wagenschein: ein tabellarischer Lebenslauf. In: chimica didactica 3 (1996), S. 244-249.

Eisenreich, Marianne: Zur Heimatkunde nach 1945 in der sowjetischen Besatzungszone bzw. ab 1949 in der DDR – Erfahrungen und Erkenntnisse aus meiner Lehrtätigkeit. In: Hempel, Marlies/ Wittkowske, Steffen (Hrsg.): Entwicklungslinien Sachunterricht. Einblicke in die Geschichte einer Fachdidaktik. Bad Heilbrunn: Klinkhardt 2011, S. 49-63.

Engelen, Achim/ Jonen, Angela/ Möller, Kornelia: Lernfortschrittsdiagnosen durch Interviews – Ergebnisse einer Pilotstudie zum „Schwimmen und Sinken" im Sachunterricht der Grundschule. In: Spreckelsen, Kay/ Möller, Kornelia/ Hartinger, Andreas (Hrsg.): Ansätze und Methoden empirischer Forschung zum Sachunterricht. Forschungen zur Didaktik des Sachunterrichts, Band 5. Bad Heilbrunn: Klinkhardt 2002, S. 155-173.

Engelhardt, Rudolf: Fünf Thesen zur Politischen Bildung in der Grundschule. In: Die Grundschule 4 (1971), S. 4-11.

Faust-Siehl, Gabriele/ Garlichs, Ariane/ Ramseger, Jörg/ Schwarz, Hermann/ Warm, Ute: Die Zukunft beginnt in der Grundschule. Empfehlungen zur Neugestaltung der Primarstufe. Reinbek bei Hamburg: Rowohlt 1996.

Faust-Siehl, Gabriele: Konzept und Qualität im Kindergarten. In: Faust-Siehl, Gabriele/ Speck-Hamdan, Angelika (Hrsg.): Schulanfang ohne Umwege. Mehr Flexibilität im Bildungswesen. Frankfurt am Main: Arbeitskreis Grundschule 2001, S. 53-79.

Feige, Bernd: Philanthropische Reformpraxis in Niedersachsen. Johann Peter Hundeikers pädagogisches Wirken um 1800. Köln, Weimar, Wien: Böhlau 1997.

Feige, Bernd: Vom Gesamtunterricht als Anfangsunterricht zum modernen Sachunterricht. In: Gläser, Eva (Hrsg.): Sachunterricht im Anfangsunterricht. Hohengehren: Schneider 2007, S. 31-46.

Fend, Helmut: Gesellschaftliche Bedingungen schulischer Sozialisation. Soziologie der Schule I. Weinheim, Basel: Beltz (1974) 1979.

Fiege, Hartwig: Der Heimatkundeunterricht. Bad Heilbrunn: Klinkhardt (1967) 1969².

Fiege, Hartwig: Die Heimatkunde. Mit einer Einleitung von Dieter Haarmann. Gekürzte Neuausgabe der 2. Auflage 1964. Weinheim, Basel: Beltz 1994.

Flitner, Andreas: Curricula für die Vorschule. In: betrifft: erziehung 12 (1974), S. 49-53.

Fölling-Albers, Maria: Kindheitsforschung im Wandel – Eine Analyse der sozialwissenschaftlichen Forschungen zur „veränderten Kindheit". In: Köhnlein, Walter/ Marquardt-Mau, Brunhilde/ Schreier, Helmut (Hrsg.): Kinder auf dem Wege zum Verstehen der Welt. Forschungen zur Didaktik des Sachunterrichts, Band 1. Bad Heilbrunn: Klinkhardt 1997, S. 39-54.

Fölling-Albers, Maria: Soziokulturelle Bedingungen der Kindheit. In: Einsiedler, Wolfgang/ Götz, Margarete/ Hartinger, Andreas/ Heinzel, Friederike/ Kahlert, Joachim/ Sandfuchs, Uwe (Hrsg.): Handbuch Grundschulpädagogik und Grundschuldidaktik. Bad Heilbrunn: Klinkhardt 2011³, S. 161-168.

Fölling-Albers, Maria: Veränderte Kindheit – revisited. Konzepte und Ergebnisse sozialwissenschaftlicher Kindheitsforschung der vergangenen 20 Jahre. In: Föllig-Albers, Maria/ Richter, Sigrun/ Brügelmann, Hans/ Speck-Hamdan, Angelika (Hrsg.): Jahrbuch Grundschule III. Fragen der Praxis, Befunde der Forschung. Seelze: Kallmeyer 2001, S. 10-51.

Furtner, Matthias: Kinderaussagen im naturwissenschaftlichen Kontext des Sachunterrichts – eine vergleichende Analyse historischer und aktueller Befunde. In: GDSU-Journal 2 (2012), S. 23-40.

Gamm, Hans-Jochen: Führung und Verführung. Pädagogik des Nationalsozialismus. München: List 1964.

Gagné, Robert M.: Science - A Process Approach. Ziele – Ergebnisse – Erwartungen. In: Tütken, Hans/ Spreckelsen, Kay: Konzeptionen und Beispiele des naturwissenschaftlichen Unterrichts, Band 2. Frankfurt am Main, Berlin, München: Diesterweg 1971², S. 111-124.

GDSU Gesellschaft für Didaktik des Sachunterrichts (Hrsg.): Perspektivrahmen Sachunterricht. Bad Heilbrunn 2002.

GDSU Gesellschaft für Didaktik des Sachunterrichts (Hrsg.): Perspektivrahmen Sachunterricht. Vollständig überarbeitete und erweiterte Ausgabe. Bad Heilbrunn 2013.

Gerstenmaier, Jochen/ Mandl, Heinz: Wissenserwerb unter konstruktivistischer Perspektive. In: Zeitschrift für Pädagogik 6 (1995), S. 867-888.

Giel, Klaus: Perspektiven des Sachunterrichts. In: Giel, Klaus/ Hiller, Gotthilf G./ Krämer, Hermann: Stücke zu einem mehrperspektivischen Unterricht. Aufsätze zur Konzeption 1. Stuttgart: Klett 1974, S. 34-66.

Giel, Klaus: Vorbemerkungen zu einer Theorie des Elementarunterrichts. In: Giel, Klaus und andere: Stücke zu einem mehrperspektivischen Unterricht. Aufsätze zur Konzeption 2. Stuttgart: Klett 1975, S. 8-181.

Giel, Klaus: Zur Revision des „Mehrperspektivischen Unterrichts" (MPU). In: Köhnlein, Walter/ Schreier, Helmut (Hrsg.): Innovation Sachunterricht – Befragung der Anfänge nach zukunftsfähigen Beständen. Forschungen zur Didaktik des Sachunterrichts, Band 4. Bad Heilbrunn: Klinkhardt 2001, S. 201-216.

Giel, Klaus/ Hiller, Gotthilf Gerhard/ Krämer, Hermann: Problem der Curriculumkonstruktion in Vor- und Grundschule. In: Giel, Klaus/ Hiller, Gotthilf Gerhard/ Krämer, Hermann: Stücke zu einem mehrperspektivischen Unterricht. Aufsätze zur Konzeption 1. Stuttgart: Klett 1974, S. 12-33.

Giest, Hartmut/ Wittkowske, Steffen: Heimatkunde in der DDR. In: Kahlert, Joachim/ Fölling-Albers, Maria/ Götz, Margarete/ Hartinger, Andreas/ Reeken, Dietmar v./ Wittkowske, Steffen (Hrsg.): Handbuch Didaktik des Sachunterrichts. Bad Heilbrunn 2007, S. 230-240.

Gläser, Eva (Hrsg.): Sachunterricht im Anfangsunterricht. Lernen im Anschluss an den Kindergarten. Hohengehren: Schneider 2007.

Glöckel, Hans: Vom Unterricht. Lehrbuch der Allgemeinen Didaktik. Bad Heilbrunn: Klinkhardt 1996³.

Glöckel, Hans: Was ist grundlegende Bildung? In: Schorch, Günther (Hrsg.): Grundlegende Bildung in Erziehung und Unterricht in der Grundschule. Bad Heilbrunn: Klinkhardt 1988, S. 11-33.

Glumpler, Edith: Interkulturelles Lernen im Sachunterricht. Bad Heilbrunn: Klinkhardt 1996.

Götz, Margarete: Die Grundschule in der Zeit des Nationalsozialismus. Eine Untersuchung der inneren Ausgestaltung der vier unteren Jahrgänge der Volksschule auf der Grundlage amtlicher Maßnahmen. Bad Heilbrunn: Klinkhardt 1997.

Götz, Margarete: Heimat – Heimatkunde – Sachunterricht. In: Einsiedler, Wolfgang/ Götz, Margarete/ Hartinger, Andreas/ Heinzel, Friederike/ Kahlert, Joachim/ Sandfuchs, Uwe (Hrsg.): Handbuch Grundschulpädagogik und Grundschuldidaktik. Bad Heilbrunn: Klinkhardt 2011³, S. 504-509.

Götz, Margarete (Hrsg.): Zwischen Sachbildung und Gesinnungsbildung. Historische Studien zum heimatkundlichen Unterricht. Bad Heilbrunn: Klinkhardt 2003.

Götz, Margarete/ Jung, Johannes: Die Heimatkunde als Vorläuferfach des Sachunterrichts. In: Köhnlein, Walter/ Schreier, Helmut (Hrsg.): Innovation Sachunterricht – Befragung der Anfänge nach zukunftsfähigen Beständen. Forschungen zur Didaktik des Sachunterrichts, Band 4. Bad Heilbrunn: Klinkhardt 2001, S. 21-41.

Grotelüschen, Wilhelm: Eduard Spranger und die Heimatkunde. In: Schwartz, Erwin (Hrsg.): Von der Heimatkunde zum Sachunterricht. Prinzipien und Beispiele. Braunschweig: Westermann 1977, S. 24-37.

Grygier, Patricia/ Hartinger, Andreas: Gute Aufgaben Sachunterricht. Naturwissenschaftliche Phänomene begreifen. Berlin: Cornelsen 2009.

Gundem, Björg B.: Grundlegende Bildung aus internationaler Sicht. In: Marquardt-Mau, Brunhilde/ Schreier, Helmut (Hrsg.): Grundlegende Bildung im Sachunterricht. Probleme und Perspektiven des Sachunterrichts, Band 8. Bad Heilbrunn: Klinkhardt 1998, S. 16-26.

Haase, Otto: Natürlicher Unterricht. Von Johannes Kretschmann. Neubearbeitet von Otto Haase. Hannover: Wissenschaftliche Verlagsanstalt 1948.

Habermas, Jürgen/ Luhmann, Niklas: Theorie der Gesellschaft oder Sozialtechnologie. Was leistet die Systemforschung? Frankfurt am Main: Suhrkamp 1971.

Hagstedt, Herbert/ Spreckelsen, Kay: Wie Kinder physikalischen Phänomenen begegnen. In: Sachunterricht und Mathematik in der Primarstufe 9 (1986), S. 318-323.

Handreichungen für den Lehrer zur Einheit „Die erstickende Kerzenflamme“. In: Tütken, Hans/ Spreckelsen, Kay: Konzeptionen und Beispiele des naturwissenschaftlichen Unterrichts, Band 2. Frankfurt am Main, Berlin, München: Diesterweg 1971², S. 125-136.

Hasselhorn, Marcus/ Mähler, Claudia: Wissen, das auf Wissen baut: Entwicklungspsychologische Erkenntnisse zum Wissenserwerb und zum Erschließen von Wirklichkeit im Grundschulalter. In: Kahlert, Joachim (Hrsg.): Wissenserwerb in der Grundschule. Perspektiven erfahren, vergleichen, gestalten. Bad Heilbrunn: Klinkhardt 1998, S. 73-89.

Hauenschild, Katrin/ Bolscho, Dietmar (Hrsg.): Bildung für Nachhaltige Entwicklung in der Schule. Frankfurt am Main u.a.: Lang 2007².

Hempel, Marlies/ Wittkowske, Steffen (Hrsg.): Entwicklungslinien Sachunterricht. Einblicke in die Geschichte einer Fachdidaktik. Bad Heilbrunn: Klinkhardt 2011.

Hentig, Hartmut v.: Die Menschen stärken, die Sachen klären. Ein Plädoyer für die Wiederherstellung der Aufklärung. Stuttgart: Reclam 1985.

Hentig, Hartmut v.: Einführung. In: Wagenschein, Martin: Verstehen lehren. Genetisch – Sokratisch – Exemplarisch. Mit einer Einführung von Hartmut von Hentig und einer Studienhilfe von Christoph Berg. Weinheim, Basel (1968) 1992¹⁰, S. 7-22.

Herrlitz, Hans-Georg/ Hopf, Wulf/ Titze, Hartmut/ Cloer, Ernst: Deutsche Schulgeschichte von 1800 bis zur Gegenwart (1993). Weinheim, München: Juventa 2009⁵.

Hiller, Gotthilf Gerhard: Die Elaboration von Handlungs- und Lernfähigkeit durch eine kritische unterrichtliche Rekonstruktion von Themen des öffentlichen Diskurses. In: Giel, Klaus/ Hiller, Gotthilf Gerhard/ Krämer, Hermann: Stücke zu einem mehrperspektivischen Unterricht. Aufsätze zur Konzeption 1. Stuttgart: Klett 1974, S. 67-81.

Hiller, Gotthilf Gerhard/ Popp, Walter: Unterricht als produktive Irritation – oder: Zur Aktualität des Mehrperspektivischen Unterrichts. In: Duncker, Ludwig/ Popp, Walter (Hrsg.): Kind und Sache. Zur pädagogischen Grundlegung des Sachunterrichts. Weinheim, München: Juventa 1994, S. 93-115.

Hirschberger, Johannes: Geschichte der Philosophie, 2. Teil: Neuzeit und Gegenwart. Freiburg: Herder. Lizenzausgabe für die Wissenschaftliche Buchgesellschaft s. a.

Höcker, Günther: Inhalte des Sachunterrichts im 4. Schuljahr. Eine kritische Analyse. In: Die Grundschule. Beiheft zu Westermanns Pädagogischen Beiträgen 3 (1968), S. 10-14.

Jeismann, Karl-Ernst: Die „Stiehlschen Regulative“. Ein Beitrag zum Verhältnis von Politik und Pädagogik während der Reaktionszeit in Preußen. In: Herrmann, Ulrich (Hrsg.): Schule und Gesellschaft im 19. Jahrhundert. Sozialgeschichte der Schule im Übergang zur Industriegesellschaft. Weinheim, Basel: Beltz 1977, S. 137-161.

Jeziorsky, Walter: Allgemeinbildender Unterricht in der Grundschule. Braunschweig: Westermann 1965.

Jeziorsky, Walter: Physik in der Grundschule. Kritische Betrachtungen zu einem Unterricht nach Kay Spreckelsen. In: Westermanns Pädagogische Beiträge 5 (1972), S. 72-85.

Jung, Johannes: Der Heimatkundeunterricht in der DDR. Die Entwicklung des Faches in den unteren vier Jahrgangsstufen der Polytechnischen Oberschule zwischen 1945 und 1989. Bad Heilbrunn: Klinkhardt 2011.

Jung, Johannes: Die Heimatkunde in der DDR – Zwischen Fachpropädeutik und sozialistischer Heimatliebe. In: Götz, Margarete (Hrsg.): Zwischen Sachbildung und Gesinnungsbildung. Historische Studien zum heimatkundlichen Unterricht. Bad Heilbrunn: Klinkhardt 2003, S. 81-106.

Jung, Johannes: Die Inszenierung der Welt im Sachunterricht. In: Sache – Wort – Zahl 40 (2001), S. 37-44.

Jung, Walter: Das Nuffield Science Projekt. Bericht über die Möglichkeiten des naturwissenschaftlichen Unterrichts in der Grundschule. In: Die Grundschule 3 (1968), S. 45-50.

Kahlert, Joachim: Der Sachunterricht und seine Didaktik. Bad Heilbrunn 2009³.

Kahlert, Joachim: Die historische Dimension und der Heimat- und Sachunterricht. In: Schreiber, Waltraud (Hrsg.): Erste Begegnungen mit Geschichte. Grundlagen historischen Lernens, Band 1. Neuried: Ars una 1999, S. 77-103.

Kahlert, Joachim: Ganzheit oder Perspektivität? Didaktische Risiken des fächerübergreifenden Anspruchs und ein Vorschlag. In: Lauterbach, Roland/ Köhnlein, Walter/ Koch, Inge/ Wiesenfarth, Gerhard (Hrsg.): Curriculum Sachunterricht. Probleme und Perspektiven des Sachunterrichts, Band 5. Kiel: IPN 1994, S. 71-85.

Kahlert, Joachim: Grundlegende Bildung im Spannungsverhältnis zwischen Lebensweltbezug und Sachanforderungen. In: Marquardt-Mau, Brunhilde/ Schreier, Helmut (Hrsg.): Grundlegende Bildung im Sachunterricht. Probleme und Perspektiven des Sachunterrichts, Band 8. Bad Heilbrunn: Klinkhardt 1998, S. 67-81.

Kahlert, Joachim/ Fölling-Albers, Maria/ Götz, Margarete/ Hartinger, Andreas/ Reeken, Dietmar v./ Wittkowske, Steffen (Hrsg.): Handbuch Didaktik des Sachunterrichts. Bad Heilbrunn: Klinkhardt 2007.

Kahlert, Joachim/ Fölling-Albers, Maria/ Götz, Margarete/ Hartinger, Andreas/ Miller, Susanne/ Wittkowske, Steffen (Hrsg.): Handbuch Didaktik des Sachunterrichts. Bad Heilbrunn: Klinkhardt 2015².

Kaiser, Astrid/ Pech, Detlef (Hrsg.): Basiswissen Sachunterricht. Geschichte und historische Konzeptionen des Sachunterrichts. Hohengehren: Schneider 2004.

Karnick, Rudolf: Mein Heimatort. Zur Theorie des Unterrichts im 3. und 4. Schuljahr. Beiträge für den Unterricht im 3. Schuljahr, 1. Teilband. Weinheim: Beltz 1964.

Karnick, Rudolf: „Redet um Sachen!" Beiträge für den Unterricht im 2. Schuljahr. Weinheim: Beltz 1958.

Keck, Rudolf W.: Entwicklung der pädagogischen Historiographie im 20. Jahrhundert. Periodisierung, Erträge und Perspektiven der Historischen Bildungsforschung. In: Chatty, Monika/ Hargasser, Franz (Hrsg.): Vom Jahrhundert der Kinder zum Jahrhundert der Alten? Versuch einer Ortsbestimmung vom 20. zum 21. Jahrhundert. Frankfurt am Main u.a.: Lang 1994, S. 14-36.

Keck, Rudolf W.: Zur Kontinuität der Reformpädagogik im Dritten Reich. Öffentlicher Vortrag an der Universität Hildesheim (zugleich Abschiedsvorlesung von Professor Keck) am 14. Februar 2001.

Keck, Rudolf W./ Thomas, Bernd: Lernorte. In: Einsiedler, Wolfgang/ Götz, Margarete/ Hartinger, Andreas/ Heinzel, Friederike/ Kahlert, Joachim/ Sandfuchs, Uwe (Hrsg.): Handbuch Grundschulpädagogik und Grundschuldidaktik. Bad Heilbrunn: Klinkhardt; UTB 2011³, S. 409-412.

Kiper, Hanna: „... und sie waren glücklich." Alltagstheorien und Deutungsmuster türkischer Kinder als Grundlage einer Analyse didaktischer Materialien und Konzeptionen am Beispiel des Faches Sachunterricht. Hamburg: E.B.-Verlag Rissen 1987.

Kircher, Ernst: Physikalische Aspekte. In: Kahlert, Joachim u.a. (Hrsg.): Handbuch Didaktik des Sachunterrichts. Bad Heilbrunn: Klinkhardt 2007, S. 129-135.

Klafki, Wolfgang: Allgemeinbildung in der Grundschule und der Bildungsauftrag des Sachunterrichts. In: Lauterbach, Roland/ Köhnlein, Walter/ Spreckelsen, Kay/ Klewitz, Elard (Hrsg.): Brennpunkte des Sachunterrichts. Probleme und Perspektiven des Sachunterrichts, Band 3. Kiel: IPN 1992, S. 11-31.

Klafki, Wolfgang: Neue Studien zur Bildungstheorie und Didaktik. Beiträge zur kritisch-konstruktiven Didaktik. Weinheim, Basel: Beltz 1985.

Klafki, Wolfgang: Zweite Studie: Kategoriale Bildung (1959). Zur bildungstheoretischen Deutung der modernen Didaktik. In: Klafki, Wolfgang: Studien zur Bildungstheorie und Didaktik. Weinheim: Beltz 1963, S. 25-45.

Klewitz, Elard: Die englische Primarstufenreform und Anfänge des offenen Unterrichts. In: Köhnlein, Walter/ Schreier, Helmut (Hrsg.): Innovation Sachunterricht – Befragung der Anfänge nach zukunftsfähigen Beständen. Forschungen zur Didaktik des Sachunterrichts, Band 4. Bad Heilbrunn: Klinkhardt 2001, S. 217-234.

Klewitz, Elard/ Mitzkat, Horst: Das Kind als Agent seiner Lernprozesse. In: Die Grundschule 7 (1974a), S. 376-381.

Klewitz, Elard/ Mitzkat, Horst: Entdeckendes Lernen in der Grundschule. In: Die Grundschule 7 (1974b), S. 356-365.

Klewitz, Elard/ Mitzkat, Horst: Nuffield Junior Science Project – Didaktische Prinzipien und Beispiele. In: Die Grundschule 3 (1973), S. 184-192.

Klewitz, Elard/ Richter, Katrin: Lernen und Verstehen im Sachunterricht. In: Duncker, Ludwig/ Popp, Walter (Hrsg.): Kind und Sache. Zur pädagogischen Grundlegung des Sachunterrichts. Weinheim, München: Juventa 1994, S. 243-253.

KM Kultusministerium Baden-Württemberg (Hrsg.): Bildungsplan 2004 Grundschule. Stuttgart 2004.

KM Kultusministerium Niedersachsen (Hrsg.): Kerncurriculum für die Grundschule. Schuljahrgänge 1-4. Sachunterricht. Hannover 2006.

KM Kultusministerium Niedersachsen (Hrsg.): Kerncurriculum für die Grundschule. Schuljahrgänge 1-4. Sachunterricht. Hannover 2017.

KMK Kultusministerkonferenz der Länder: Empfehlungen zur Arbeit in der Grundschule. Beschluß der Ständigen Kultusministerkonferenz der Länder vom 2.7.1970.

KMK Kultusministerkonferenz der Länder: Tendenzen und Auffassungen zum Sachunterricht in der Grundschule (1980). In: Einsiedler, Wolfgang/ Rabenstein, Rainer (Hrsg.): Grundlegendes Lernen im Sachunterricht. Bad Heilbrunn: Klinkhardt 1985, S. 117-125.

Knoll, Michael: 300 Jahre Lernen am Projekt. Zur Revision unseres Geschichtsbildes. In: Pädagogik 7-8 (1993), S. 58-65.

Knoll, Michael: Dewey, Kilpatrick und »progressive« Erziehung. Kritische Studien zur Projektpädagogik. Bad Heilbrunn: Klinkhardt 2011.

Koch, Christine: Fachbezüge und Dimensionen des Sachunterrichts: wie spiegeln sie sich im Unterricht wider? Eine Auswertung von Lehrberichten aus Klassenbüchern von zweiten, dritten und vierten Schuljahren. Unveröffentlichte Examensarbeit zur ersten Lehramtsprüfung. Standort: Universitätsbibliothek Hildesheim. Hildesheim 2000.

Köhnlein, Walter: Die Hinwendung zu einem naturwissenschaftlich orientierten Sachunterricht. In: Bauer, Herbert F./ Köhnlein, Walter (Hrsg.): Problemfeld Natur und Technik. Studientexte zur Grundschuldidaktik. Bad Heilbrunn 1984, S. 23-37.

Köhnlein, Walter: Einführende Bemerkungen zum Leben und Werk Martin Wagenscheins sowie zu den Beiträgen. In: Köhnlein, Walter (Hrsg.): Der Vorrang des Verstehens. Beiträge zur Pädagogik Martin Wagenscheins. Bad Heilbrunn 1998a, S. 9-20.

Köhnlein, Walter: Fachunterricht. In: Keck, Rudolf W./ Sandfuchs, Uwe/ Feige, Bernd (Hrsg.): Wörterbuch Schulpädagogik. Ein Nachschlagewerk für Studium und Schulpraxis. Bad Heilbrunn: Klinkhardt 2004²a, S. 145-147.

Köhnlein, Walter: Genetischer Unterricht. In: Keck, Rudolf W./ Sandfuchs, Uwe/ Feige, Bernd (Hrsg.): Wörterbuch Schulpädagogik. Ein Nachschlagewerk für Studium und Schulpraxis. Bad Heilbrunn: Klinkhardt 2004²b, S. 145-147.

Köhnlein, Walter: Grundlegende Bildung – Gestaltung und Ertrag des Sachunterrichts. In: Marquardt-Mau, Brunhilde/ Schreier, Helmut (Hrsg.): Grundlegende Bildung im Sachunterricht. Probleme und Perspektiven des Sachunterrichts, Band 8. Bad Heilbrunn: Klinkhardt 1998b, S. 27-46.

Köhnlein, Walter: Grundlegende Bildung und Curriculum des Sachunterrichts. In: Wittenbruch, Wilhelm/ Sorger, Peter (Hrsg.): Allgemeinbildung und Grundschule. Münster: Lit 1990, S. 107-125.

Köhnlein, Walter: Leitende Prinzipien und Curriculum des Sachunterrichts. In: Glumpler, Edith/ Wittkowske, Steffen (Hrsg.): Sachunterricht heute. Zwischen interdisziplinärem Anspruch und traditionellem Fachbezug. Bad Heilbrunn: Klinkhardt 1996, S. 46-76.

Köhnlein, Walter: Sachunterrichts-Didaktik und die Aufgabe des grundlegenden Lernens. In: Sachunterricht und Mathematik in der Primarstufe 12 (1988), S. 524-531.

Köhnlein, Walter: Sachunterricht und Bildung. Bad Heilbrunn: Klinkhardt 2012.

Köhnlein, Walter: Vielperspektivisches Denken – eine Einleitung. In: Köhnlein, Walter/ Marquardt-Mau, Brunhilde/ Schreier, Helmut (Hrsg.): Vielperspektivisches Denken im Sachunterricht. Forschungen zur Didaktik des Sachunterrichts, Band 3. Bad Heilbrunn: Klinkhardt 1999, S. 9-23.

König, Eckhard: Theorie der Erziehungswissenschaft, Band 1. Wissenschaftstheoretische Richtungen der Pädagogik. München, Wien: Fink 1975.

Köster, Hilde: Freies Explorieren mit physikalischen Phänomenen im Sachunterricht. In: Lück, Gisela/ Köster, Hilde (Hrsg.): Physik und Chemie im Sachunterricht. Bad Heilbrunn, Braunschweig: Klinkhardt, Westermann 2006, S. 43-53.

Kopp, Ferdinand: Probleme des Sachunterrichts. In: Arbeitskreis Grundschule/ Schwartz, Erwin (Hrsg.): Inhalte grundlegender Bildung. Frankfurt am Main 1970, S. 157-175.

Krämer, Hermann: Redaktionelle Bemerkungen. In: Giel, Klaus/ Hiller, Gotthilf Gerhard/ Krämer, Hermann: Stücke zu einem mehrperspektivischen Unterricht. Aufsätze zur Konzeption 1. Stuttgart: Klett 1974a, S. 8-11.

Krämer, Hermann: Themengitter für das Curriculum: Grundschule. In: Giel, Klaus/ Hiller, Gotthilf Gerhard/ Krämer, Hermann: Stücke zu einem mehrperspektivischen Unterricht. Aufsätze zur Konzeption 1. Stuttgart: Klett 1974b, S. 82-118.

Krebs, Renate: Curriculare Ansätze für den Sachunterricht. In: Krebs, Renate/ Klose, Peter/ Pidd, Günter/ Weigert, Edgar (Hrsg.): Sachunterricht. Ansätze und Anregungen. Stuttgart: Klett 1977, S. 185-246.

Krueger, Bernhard: Der konservative Stiehl und der liberale Diesterweg. Trennendes und Gemeinsames in der Auseinandersetzung um die Regulative. In: Adolph Diesterweg. Wissen im Aufbruch. Katalog zur Ausstellung zum 200. Geburtstag. Weinheim: Deutscher Studien Verlag 1990. S. 362-369.

Lauterbach, Roland G.: Brief an den Verfasser. Oktober 2006.

Lauterbach, Roland G.: „Science – A Process Approach" revisited – Erinnerungen an einen „Weg in die Naturwissenschaft". In: Köhnlein, Walter/ Schreier, Helmut (Hrsg.): Innovation Sachunterricht – Befragung der Anfänge nach zukunftsfähigen Beständen. Forschungen zur Didaktik des Sachunterrichts, Band 4. Bad Heilbrunn: Klinkhardt 2001, S. 103-131.

Lauterbach, Roland G.: Vom Einzug der Wissenschaft in den Sachunterricht – Ein Beitrag zur unendlichen Geschichte grundlegender Bildung. In: Hempel, Marlies/ Wittkowske, Steffen (Hrsg.): Entwicklungslinien Sachunterricht. Einblicke in die Geschichte einer Fachdidaktik. Bad Heilbrunn: Klinkhardt 2011, S. 101-119.

Lichtenstein-Rother, Ilse: Schulanfang. Pädagogik und Didaktik der ersten beiden Schuljahre. Neufassung, Frankfurt am Main, Berlin, Bonn, München: Diesterweg 1969[7].

Lingenauber, Sabine (Hrsg.): Handlexikon der Reggio-Pädagogik. Bochum, Freiburg: projektverlag 2011[4].

Lippitt, Ronald/ Fox, Robert/ Schaible, Lucille: Detto und andere. Acht Einheiten für Sozialwissenschaften in der Schule. Deutsche Bearbeitung von P. Böhningen. Stuttgart: Klett 1975.

Löffler, Gerhard/ Möhle, Volker/ Reeken, Dietmar v./ Schwier, Volker (Hrsg.): Sachbezug – Zwischen Fachbezug und Integration. Probleme und Perspektiven des Sachunterrichts, Band 10. Bad Heilbrunn: Klinkhardt 2000.

Lück, Gisela: Naturwissenschaften im frühen Kindesalter: Untersuchungen zur Primärbegegnung von Kindern im Vorschulalter mit Phänomenen der unbelebten Natur. Münster: Lit 2000.

Lück, Gisela/ Köster, Hilde (Hrsg.): Physik und Chemie im Sachunterricht. Bad Heilbrunn, Braunschweig: Klinkhardt, Westermann 2006.

Marquardt-Mau, Brunhilde: Neue Curricula für primary science education aus den USA – Anregungen für den Sachunterricht und die Lehrerausbildung. In: Marquardt-Mau, Brunhilde/ Köhnlein, Walter/ Cech, Diethard/ Lauterbach, Roland (Hrsg.): Lehrerbildung Sachunterricht. Probleme und Perspektiven des Sachunterrichts, Band 6. Bad Heilbrunn: Klinkhardt 1996, S. 69-88.

Messner, Rudolf: Wagenscheins Genetisches Lehren am Beispiel von Lessings Fabeln. In: Köhnlein, Walter (Hrsg.): Der Vorrang des Verstehens. Beiträge zur Pädagogik Martin Wagenscheins. Bad Heilbrunn: Klinkhardt 1998, S. 130-144.

Mitter, Wolfgang: ‚Social Studies' in der amerikanischen Elementarschule. In: Die Grundschule 4 (1969), S. 37-46.

Mitzlaff, Hartmut: Elementarunterricht zwischen geografischer Propädeutik und Kindorientierung – F.A. Fingers (1808-1888) Weinheimer „Heimathskunde" von 1844. In Kaiser, Astrid/ Pech, Detlef (Hrsg.): Geschichte und historische Konzeptionen des Sachunterrichts. Hohengehren: Schneider 2004, S. 85-89.

Mollenhauer, Klaus: Erziehung und Emanzipation. München: Juventa 1968.

Mollenhauer, Klaus: Vergessene Zusammenhänge. Über Kultur und Erziehung. München: Juventa 1985[2].

Möller, Kornelia: Genetisches Lernen und Conceptual Change. In: Kahlert, Joachim u.a. (Hrsg.): Handbuch Didaktik des Sachunterrichts. Bad Heilbrunn: Klinkhardt 2007, S. 258-266.

Möller, Kornelia: Genetisches Lehren und Lernen – Facetten eines Begriffs. In: Cech, Diethard u.a. (Hrsg.): Die Aktualität der Pädagogik Martin Wagenscheins für den Sachunterricht. Bad Heilbrunn 2001, S. 15-30.

Möller, Kornelia: Konstruktivistisch orientierte Lehr-Lernprozeßforschung im naturwissenschaftlich-technischen Bereich des Sachunterrichts. In: Köhnlein, Walter/ Marquardt-Mau, Brunhilde/ Schreier, Helmut (Hrsg.): Vielperspektivisches Denken im Sachunterricht. Forschungen zur Didaktik des Sachunterrichts, Band 3. Bad Heilbrunn: Klinkhardt 1999, S. 125-191.

Möller, Kornelia: Verstehen durch Handeln beim Lernen naturwissenschaftlicher und technikbezogener Sachverhalte. In. Köhnlein, Walter/ Lauterbach, Roland (Hrsg.): Verstehen und begründetes Handeln. Studien zur Didaktik des Sachunterrichts. Bad Heilbrunn: Klinkhardt 2004, S. 147-165.

Nestle, Werner: Stücke zu einem mehrperspektivischen Unterricht. Unterrichtsmodelle Wohnen/ Fahrplan. Stuttgart: Klett 1974.

Neuhaus-Siemon, Elisabeth: Reformpädagogik und offener Unterricht. Reformpädagogische Modelle als Vorbilder für die heutige Grundschule? In: Hinrichs, Wolfgang/ Bauer, Herbert F. (Hrsg.): Zur Konzeption des Sachunterrichts. Donauwörth: Auer 2000, S. 192-207.

Nießeler, Andreas: Weltbücher und Herzensschriften. Zur Geburt des Sachlernens aus dem Geist der Hermeneutik. Berlin, Münster: Lit 2010.

Nuffield Junior Science. Teacher's Guide 1 and 2. London, Glasgow 1967.

Pädagogische Rundschau (1951/ 52), Dezember-Heft 1951, S. 142: Über die Beziehung zwischen Universität und Schule (Dabei handelt es sich um den Text, der als „Tübinger Resolution" in die Pädagogikgeschichte eingegangen ist; Anm. B.T.).

Pestalozzi, Johann Heinrich: Die Abendstunde eines Einsiedlers. In: Schriften. Aus den Jahren 1765-1783. Heinrich Pestalozzi. Werke in acht Bänden. Herausgegeben von Paul Baumgartner. Erlenbach, Zürich: Rotapfel 1945, S. 145-164.

Plöger, Wilfried/ Renner, Erich (Hrsg.): Wurzeln des Sachunterrichts. Genese eines Lernbereichs in der Grundschule. Weinheim, Basel: Beltz 1996.

Postman, Neil: Das Verschwinden der Kindheit. Frankfurt am Main: S. Fischer 1983.

Rabenstein, Rainer/ Haas, Fritz: Erfolgreicher Unterricht durch Handlungseinheiten. Das methodische Modell der „Handlungseinheit" im Sachunterricht der Unterstufe. Bad Heilbrunn: Klinkhardt 1965.

Reichert, Julia Marie: Naturwissenschaftlich-technischer Sachunterricht im Spiegel von Schülerarbeitsmappen – eine inhaltsanalytische Untersuchung zur Unterrichtswirklichkeit. Unveröffentlichte Masterarbeit im Studiengang M. Ed. Hildesheim 2013 (Standort: Universitätsbibliothek Hildesheim).

Retter, Hein: Entwicklungsphasen und Grundschulpädagogik. In: Arbeitskreis Grundschule/ Schwartz, Erwin (Hrsg.): Begabung und Lernen im Kindesalter. Frankfurt am Main 1969, S. 51-72.

Richtlinien für die Volksschulen des Landes Niedersachsen. Schriftenreihe des Niedersächsischen Kultusministeriums. Braunschweig: Westermann 1957.

Richtlinien und Lehrpläne für die Grundschule in Nordrhein-Westfalen. Düsseldorf 1973.

Richtlinien zur Aufstellung von Lehrplänen für die Grundschule (1921). In: Michael, Berthold/ Schepp, Heinz-Hermann: Die Schule in Staat und Gesellschaft. Dokumente zur deutschen Schulgeschichte. Quellensammlung zur Kulturgeschichte. Göttingen, Zürich: Muster-Schmidt 1993, S. 246f.

Ringshausen, Gerhard: August Hermann Francke (1663-1727). In: Scheuerl, Hans (Hrsg.): Klassiker der Pädagogik, Band I. München: Beck 1979, S. 83-93.

Robinsohn, Saul B.: Bildungsreform als Revision des Curriculum und Ein Strukturkonzept für Curriculumentwicklung. Neuwied am Rhein, Berlin: Luchterhand 1972³.

Rodehüser, Franz: Epochen der Grundschulgeschichte. Bochum: Dr. Winkler 1989².

Röhrs, Hermann: Die Reformpädagogik. Ursprung und Verlauf unter internationalem Aspekt. Weinheim, Basel: Beltz 2001⁶.

Roloff, Ernst M. (Hrsg.): Lexikon der Pädagogik, Band 4. Freiburg im Breisgau: Herder 1915; darin: Wagner, A./ Widmann, S. P.: Realien, Sp. 215-224.

Roth, Gerhard: Das Gehirn und seine Erkenntnis. Frankfurt am Main: Suhrkamp 1995².

Roth, Heinrich: Begabung und Begaben. Über das Problem der Umwelt und der Begabungsentfaltung. In: Die Sammlung (1952), S. 395-407.

Roth, Heinrich: Pädagogische Psychologie des Lehrens und Lernens (1957). Hannover: Schroedel 1974¹⁴.

Rother, Ilse: Schulanfang. Ein Beitrag zur Arbeit in den ersten beiden Schuljahren (1954). Frankfurt am Main, Berlin, Bonn: Diesterweg 1961⁴.

Sandfuchs, Uwe: Unterrichtsinhalte auswählen und anordnen. Vom Lehrplan zur Unterrichtsplanung. Bad Heilbrunn: Klinkhardt 1987.

Schaller, Klaus: Die Pädagogik des Johann Amos Comenius und die Anfänge des pädagogischen Realismus im 17. Jahrhundert. Heidelberg: Quelle & Meyer 1962.

Schaub, Horst: Entwicklungspsychologische Grundlagen für historisches Lernen in der Grundschule. In: Schreiber, Waltraud (Hrsg.): Erste Begegnungen mit Geschichte. Grundlagen historischen Lernens, Band 1. Neuried: Ars una 1999, S. 215-251.

Schaub, Horst: Grundsätze der Montessori-Pädagogik bei Martin Wagenschein und Montessoris Konzept der Kosmischen Erziehung. In: Cech, Diethard u.a. (Hrsg.): Die Aktualität der Pädagogik Martin Wagenscheins für den Sachunterricht. Bad Heilbrunn 2001, S. 31-46.

Schaub, Horst: Heimatkunde. In: Keck, Rudolf W./ Sandfuchs, Uwe/ Feige, Bernd (Hrsg.): Wörterbuch Schulpädagogik. Ein Nachschlagewerk für Studium und Schulpraxis. Bad Heilbrunn: Klinkhardt 2004, S. 197-201.

Schmidt, Rudolf: Sachlichkeit und Sachunterricht in der Grundschule. Bad Heilbrunn: Klinkhardt 1972.

Schorch, Günther: Studienbuch Grundschulpädagogik. Die Grundschule als Bildungsinstitution und pädagogisches Handlungsfeld. Bad Heilbrunn: Klinkhardt 2007.

Schreier, Helmut: Sachunterricht. Themen und Tendenzen. Eine Analyse von Lehrberichtsaufzeichnungen aus Kasseler Grundschulen im Zeitraum 1967-1975. Paderborn: Schöningh 1979.

Schwartz, Erwin: Ist die Grundschule reformbedürftig? In: Westermanns Pädagogische Beiträge 8 (1966), S. 389-394; 11 (1966), S. 529-538; 12 (1966), S. 572-584 und 10 (1967), S. 473-480.

Schwarz, Hermann (Hrsg.): Empfehlungen zur Umwelterziehung in der Grundschule. Frankfurt am Main: Arbeitskreis Grundschule 1991[3].

Schwedes, Hannelore: Aus den Anfängen physikdidaktischer Forschung und die Etablierung des naturwissenschaftlichen Sachunterrichts in (West-)Deutschland. In: Hempel, Marlies/ Wittkowske, Steffen (Hrsg.): Entwicklungslinien Sachunterricht. Einblicke in die Geschichte einer Fachdidaktik. Bad Heilbrunn: Klinkhardt 2011, S. 153-173.

Schwedes, Hannelore: Das Curriculum Science 5/ 13 – Sein Konzept und seine Bedeutung: In: Köhnlein, Walter/ Schreier, Helmut: Innovation Sachunterricht – Befragung der Anfänge nach zukunftsfähigen Beständen. Forschungen zur Didaktik des Sachunterrichts, Band 4. Bad Heilbrunn: Klinkhardt 2001, S. 133-152.

Schwedes, Hannelore: Holz und Bäume: Unterrichtsvorschläge für die Grundschule. Stuttgart: Klett 1977.

Siller, Rolf: Sachunterricht in der Grundschule. Dokumente – Kommentare – Materialien. Donauwörth: Auer 1981.

Siller, Rolf/ Walter, Günter (Hrsg.): Zur Entdeckung der Wirklichkeit im Sachunterricht. Texte zur Grundlegung und Entwicklung. Donauwörth: Auer 1999.

Snow, Charles Percy: Die zwei Kulturen. Literarische und naturwissenschaftliche Intelligenz. Stuttgart: Klett 1967.

Soostmeyer, Michael: Das exemplarisch-genetisch-sokratische Verfahren und die kognitive Strukturtheorie der Entwicklung des Lernens. In: Köhnlein, Walter/ Schreier, Helmut (Hrsg.): Innovation Sachunterricht – Befragung der Anfänge nach zukunftsfähigen Beständen. Forschungen zur Didaktik des Sachunterrichts, Band 4. Bad Heilbrunn: Klinkhardt 2001, S. 235-256.

Soostmeyer, Michael: Genetischer Sachunterricht. Unterrichtsbeispiele und Unterrichtsanalysen zum naturwissenschaftlichen Denken bei Kindern. Baltmannsweiler, Hohengehren: Schneider 2002.

Soostmeyer, Michael: Zum Verhältnis zwischen Allgemeiner Didaktik und der Didaktik des Sachunterrichts aus der Sicht der Didaktik des Sachunterrichts. In: Keck, Rudolf W./ Köhnlein, Walter/ Sandfuchs, Uwe (Hrsg.): Fachdidaktik zwischen Allgemeiner Didaktik und Fachwissenschaft. Bestandsaufnahmen und Analyse. Bad Heilbrunn: Klinkhardt 1990, S. 216-232.

Soostmeyer, Michael: Zur Sache Sachunterricht. Begründung eines situations-, handlungs- und sachorientierten Unterrichts in der Grundschule. Frankfurt am Main u.a.: Lang 1998[3].

Spranger, Eduard: Der Bildungswert der Heimatkunde (1923). Stuttgart: Reclam 1949.

Spreckelsen, Kay: Curriculumentwicklung für den Physikunterricht in der Grundschule. In: Hempel, Marlies/ Wittkowske, Steffen (Hrsg.): Entwicklungslinien Sachunterricht. Einblicke in die Geschichte einer Fachdidaktik. Bad Heilbrunn: Klinkhardt 2011, S. 139-152.

Spreckelsen, Kay: Naturwissenschaftlicher Unterricht in der Grundschule. Stoffe und ihre Eigenschaften. Frankfurt am Main, Berlin, München: Diesterweg 1971.

Spreckelsen, Kay: Phänomenkreise als Verstehenshilfen. In: Köhnlein, Walter/ Marquardt-Mau, Bunhilde/ Schreier, Helmut (Hrsg.): Kinder auf dem Wege zum Verstehen der Welt. Forschungen zur Didaktik des Sachunterrichts, Band 1. Bad Heilbrunn: Klinkhardt 1997, S. 111-127.

Spreckelsen, Kay: SCIS und das Konzept eines strukturbetonten naturwissenschaftlichen Unterrichts in der Grundschule. In: Köhnlein, Walter/ Schreier, Helmut (Hrsg.): Innovation Sachunterricht – Befragung der Anfänge nach zukunftsfähigen Beständen. Forschungen zur Didaktik des Sachunterrichts, Band 4. Bad Heilbrunn: Klinkhardt 2001, S. 85-102.

Spreckelsen, Kay: Strukturbetonter naturwissenschaftlicher Unterricht auf der Grundstufe. In: Die Grundschule 3 (1970), S. 28-37.

Stiehlsche Regulative (1854). In: Michael, Berthold/ Schepp, Heinz-Hermann: Die Schule in Staat und Gesellschaft. Dokumente zur deutschen Schulgeschichte. Quellensammlung zur Kulturgeschichte. Göttingen, Zürich: Muster-Schmidt 1993, S. 169-173.

Süß, Winfried: Die gegenwärtige Situation des Sachunterrichts in der Grundschule. In: Heuß, Gertraud E. (Hrsg.): Lehrbereich Sachunterricht. Einführung in das Studium des Sachunterrichts der Grundschule. Donauwörth: Auer 1978, S. 42-69.

Terhart, Ewald: Konstruktivismus und Unterricht. Gibt es einen neuen Ansatz in der Allgemeinen Didaktik? In: Zeitschrift für Pädagogik 5 (1999), S. 629-647.

Thiel, Siegfried: Der springende Ball – Erfahrungen und hochschul-didaktische Reflexionen. In: Hempel, Marlies/ Wittkowske, Steffen (Hrsg.): Entwicklungslinien Sachunterricht. Einblicke in die Geschichte einer Fachdidaktik. Bad Heilbrunn: Klinkhardt 2011, S. 175-186.

Thiel, Siegfried: Grundschulkinder zwischen Umgangserfahrung und Naturwissenschaft. In: Bauer, Herbert F./ Köhnlein, Walter (Hrsg.): Problemfeld Natur und Technik. Studientexte zur Grundschuldidaktik. Bad Heilbrunn: Klinkhardt 1984, S. 78-87.

Thiel, Siegfried: Grundschulkinder zwischen Umgangserfahrung und Naturwissenschaft. In: Wagenschein, Martin u.a.: Kinder auf dem Wege zur Physik. Weinheim, Basel, Berlin: Beltz 2010, S. 90-180.

Thiel, Siegfried: Phänomen und Aspekt. Martin Wagenschein und der romantische Blick auf das Kind. In: Köhnlein, Walter (Hrsg.): Der Vorrang des Verstehens. Beiträge zur Pädagogik Martin Wagenscheins. Bad Heilbrunn: Klinkhardt 1998, S. 58-65.

Thiel, Siegfried: Rückblick 1989. In: Wagenschein, Martin: Kinder auf dem Wege zur Physik. Mit Beiträgen von Agnes Banholzer, Siegfried Thiel, Wolfgang Faust. Vorwort Andreas Flitner. Weinheim, Basel, Berlin: Beltz 2010, S. 190-205.

Thiel, Siegfried: Sachunterricht genetisch. In: Köhnlein, Walter/ Schreier, Helmut (Hrsg.): Innovation Sachunterricht – Befragung der Anfänge nach zukunftsfähigen Beständen. Forschungen zur Didaktik des Sachunterrichts, Band 4. Bad Heilbrunn: Klinkhardt 2001, S. 181-199.

Thiel, Siegfried: Wie die Menschen lernten, Feuer zu machen. In: Grundschule 4 (1987a), S. 22-28.

Thiel, Siegfried: Wie springt ein Ball? In: Grundschule 1 (1987b), S. 18-23.

Thiel, Siegfried/ Gümbel, Gerhard: Sachunterricht heute – curriculare Ansätze im Sachunterricht der Grundschule. In: Arbeitskreis Grundschule (Hrsg.): Grundschulkongreß Niedersachsen. Lehrpläne und ihre Verwirklichung. Unterricht in der Grundschule I. Beispiele aus den Bereichen Sachunterricht, Mathematik, Religion, Vorschule, Rechtschreibunterricht. Frankfurt am Main 1975, S. 61-80.

Thomas, Bernd: Archaeopteryx. Kinder lernen den einzigartigen Urvogel kennen. In: Grundschule Sachunterricht 57 (2013a), S. 28-33.

Thomas, Bernd: Der Sachunterricht und seine Konzeptionen. Historische und aktuelle Entwicklungen. Bad Heilbrunn: Klinkhardt 2009³a.

Thomas, Bernd: Everything You Need to Know about Pirates. Wissenswertes über Piraten, Seeräuber, Freibeuter. In: Grundschule Englisch 42 (2013b), S. 6-9.

Thomas, Bernd: Fächerübergreifende Unterrichtsaufgaben. In: Arnold, Karl-Heinz/ Sandfuchs, Uwe/ Wiechmann, Jürgen (Hrsg.): Handbuch Unterricht. Bad Heilbrunn: Klinkhardt; UTB 2009²b, S. 393-400.

Thomas, Bernd: Lernorte außerhalb der Schule. In: Arnold, Karl-Heinz/ Sandfuchs, Uwe/ Wiechmann, Jürgen (Hrsg.): Handbuch Unterricht. Bad Heilbrunn: Klinkhardt; UTB 2009²c, S. 283-287.

Thomas, Bernd: Raum als pädagogisch-didaktische Herausforderung in der Heimatkunde und im Sachunterricht. In: Gaedtke-Eckardt, Dagmar-Beatrice/ Kohn, Friederike/ Krinninger, Dominik/ Schubert, Volker/ Siebner, Blanka Sophia (Hrsg.): Raum-Bildung: Perspektiven. München 2009d, S. 111-126.

Thomas, Bernd: Rollenspiel. In: Arnold, Karl-Heinz/ Sandfuchs, Uwe/ Wiechmann, Jürgen (Hrsg.): Handbuch Unterricht. Bad Heilbrunn 2009²e, S. 243-246.

Thomas, Bernd: Sachunterricht – gesellschaftlich-politisches Lernen. In: Erziehung & Unterricht. Österreichische Pädagogische Zeitschrift 161 (2011) 7-8, S. 662-669.

Thomson, Barbara S./ Voelker, Alan M.: Science Curriculum Improvement Study. In: Tütken, Hans/ Spreckelsen, Kay: Zielsetzung und Struktur des Curriculum, Band 1. Frankfurt am Main, Berlin, München: Diesterweg 1971², S. 61-80.

Wagenschein, Martin: Erinnerungen für morgen: eine pädagogische Autobiographie. Weinheim, Basel: Beltz (1983) 1989².

Wagenschein, Martin: Kinder auf dem Wege zur Physik. Mit Beiträgen von Agnes Banholzer, Siegfried Thiel, Wolfgang Faust. Vorwort Andreas Flitner. Weinheim, Basel: Beltz 2010 (2. Auflage des Nachdrucks; erste Auflage 1973).

Wagenschein, Martin: Ursprüngliches Verstehen und exaktes Denken, Band II. Stuttgart: Klett 1970.

Wagenschein, Martin: Verstehen lehren. Genetisch – Sokratisch – Exemplarisch. Mit einer Einführung von Hartmut von Hentig und einer Studienhilfe von Christoph Berg. Weinheim, Basel (1968) 1992¹⁰.

Wagenschein, Martin: Zur Selbstkritik der Höheren Schule. Referat bei der Tagung „Schule und Hochschule" im Leibniz-Kolleg der Universität Tübingen. In: Die Sammlung. Zeitschrift für Kultur und Erziehung 3 (1952), S. 142-152.

Weinert, Franz Emanuel/ Helmke, Andreas (Hrsg.): Entwicklung im Grundschulalter. Weinheim: Beltz, Psychologie Verlags-Union 1997.

Wenzel, Achill: „Social Science" – eine Anregung für den grundlegenden Sachunterricht. In: Die Grundschule. Beiheft zu Westermanns Pädagogischen Beiträgen (1968), Heft 4, S. 34-40.

Wiater, Werner: Lehrplan, Curriculum, Bildungsstandards. In: Arnold, Karl-Heinz/ Sandfuchs, Uwe/ Wiechmann, Jürgen: Handbuch Unterricht. Bad Heilbrunn: Klinkhardt 2009², S. 127-133.

Wiegmann, Ulrich: Zur Geschichte der Unterstufenpädagogik in der DDR. Ein Aufriss ihrer Entwicklung bis 1989. In: Einsiedler, Wolfgang/ Götz, Margarete/ Ritz, Christian/ Wiegmann, Ulrich (Hrsg.): Grundschule im historischen Prozess. Zur Entwicklung von Bildungsprogramm, Institution und Disziplin in Deutschland. Bad Heilbrunn 2011, S. 119-159.

Wiesenfarth, Gerhard: Kontinuität oder Diskontinuität – eine überflüssige Diskussion? In: Lauterbach, Roland/ Köhnlein, Walter/ Spreckelsen, Kay/ Bauer, Herbert F. (Hrsg.): Wie Kinder erkennen. Probleme und Perspektiven des Sachunterrichts, Band 1. Kiel: IPN 1991, S. 98-122.

Wilhelm, Theodor: Theorie der Schule – Hauptschule und Gymnasium im Zeitalter der Wissenschaften. Stuttgart: Metzler 1967.

WVD World Vision Deutschland (Hrsg.): Kinder in Deutschland 2010. 2. World Vision Kinderstudie. Frankfurt am Main: Fischer 2010.

Zabel, Nicole: Die Unterstufenpädagogik im Deutschen Pädagogischen Zentralinstitut (DPZI) der DDR. Institutionelle Entwicklungen. In: Einsiedler, Wolfgang/ Götz, Margarete/ Ritz, Christian/ Wiegmann, Ulrich (Hrsg.): Grundschule im historischen Prozess. Zur Entwicklung von Bildungsprogramm, Institution und Disziplin in Deutschland. Bad Heilbrunn 2011, S. 161-182.

Zietz, Karl: Kind und physische Welt. Psychologische Voraussetzungen der Naturlehre in der Volksschule. München: Kösel 1955.

Zimmer, Jürgen: Das kleine Handbuch zum Situationsansatz. Weinheim, Basel: Beltz 2006[2].

Zimmer, Jürgen: Ein Bezugsrahmen vorschulischer Curriculumentwicklung. In: Zimmer, Jürgen (Hrsg.): Curriculumentwicklung im Vorschulbereich, Band 1. München: Piper 1973a, S. 9-60.

Zimmer, Jürgen: Situationsbezogene Curriculumentwicklung in der Eingangsstufe. In: Die Deutsche Schule 10 (1973b), S. 684-691.

Zimmer, Jürgen/ Preissing, Christa/ Thiel, Thomas: Kindergärten auf dem Prüfstand. Dem Situationsansatz auf der Spur. Seelze 1997.